종교는 신앙이 아니라, 윤리로 가야 함이 바르지 않을가!

부자(富者)와 귀인(貴人)이 될 얼굴을 한 눈에 보고
슬기롭게 대처하는 처세학(處世學)이다.

觀相과 人生論
관 상 인 생 론

관상보다 마음상이 먼저!
관상학의 최고의 명저!

汀玫 朴 賢 洙 編著者

나는 몇 세에 소망을 이룰까? 재운은 언제!
하고자 하는 사람에게는 운명이 비켜준다

도서출판 조 은

머 리 말

　대우주 공간에 비하여 우리 인간은 너무나 미세한 존재입니다. 어디서 와 어디로 가는지 그 누구도 모르고 태어난 우연의 실체, 세월 속에 형성된 역사라는 문화권에 잠시 머물다가 사라져 가는 순간적 생명체임은 틀림이 없을 것입니다.
　인간은 생존을 위하여 자연과 시간을 소지하고 지혜와 노력의 몸부림으로 오늘에 왔으며, 또 끝없는 내일로 가고 있음이라 하겠습니다. 생존된 순간이 일률적으로 고르지 않아서 인간마다 닥쳐오는 길흉화복과 희로애락이 뒤따름을 슬기롭게 대처해 나가려는 삶의 과정을 우리는 인생이라 하겠지요.
　따라서 연구한 학문이 곧 수화목금토(水火木金土) 오행 용어를 기본하여 동양의 철학이 발전하여 왔고, 그중 자연을 비유하여 소우주를 형성한 인간 자체를 연구한 학문이 관상학이라 할 수 있습니다.

　　비유하건대,
　　하늘의 해와 달이 인간의 눈을
　　땅위의 산악은 인간의 골격을
　　땅위의 초목은 인간의 털을
　　흐르는 강은 인간의 혈맥을
　　흙은 인간의 살집을
　　바람과 구름은 인간의 화복을

이와 같은 요소가 배합여부를 감안하여 관상에 이치를 깨달아 불행을 막아 가면서 살아가고자 필자는 수년간 달마조사님의 형상과 마의 상법을 연구하게 되었습니다.

 또 근대사의 임상 체험으로 유명하셨던 작고하신 이석영(李錫暎) 선생님께 강의를 받고 일본 와세다 대학에서 심리학을 전공하신 백두진 선생에게 37년 전에 개인 지도를 받은 바를 토대로 체험담을 수록하여 '관상(觀相)과 인생론(人生論)'을 발간하게 되었습니다.

 우리의 생활에 응용하여 오늘의 불행과 실망을 행복과 희망으로 바꾸는 길에 다소나마 도움이 되고 처세의 지침서가 되기를 바라며, 책이 출판되기까지 협조해주신 도서출판 조은과 (사)한국문인협회 중구지부 회장으로 있는 김화인 사장과 편집을 하느라 수고가 많은 김진순 팀장께 심심한 감사를 드리며, 강호제현님께 내용과 오자에 착오 없도록 최선을 하였으나 행여 실수가 있더라도 바로 잡고 선의에 책임을 질 것을 약속드리는 바입니다.

차 례

머리말 / 3
심상이야기 / 10

제1장 달마대사의 관상과 영상 / 17

1. 무아경 / 19
2. 남자의 상 / 24
3. 여자의 상 / 28
4. 골상과 색 / 31

제2장 기본상과 부위 해설 / 37

1. 팔상 분류 / 39
2. 관상의 형태 / 45
3. 외향 형상 / 47
  (1) 골격 / 47
  (2) 근육 비육살 / 48
  (3) 음성 / 49
  (4) 삼정 / 50
  (5) 오악 / 52
  (6) 사독 / 53
  (7) 오관 / 53
  (8) 육부 / 54
〈팔학당이란?〉 / 55

제3장 십이궁과 빈부론 / 57

1. 십이궁 해설 / 59
2. 부귀한 상과 비천한 상 / 71

제4장 안면분과 해설 / 77

1. 머리와 인생 / 79
2. 귀와 인생 / 80
3. 이마와 인생 / 81
4. 눈썹과 인생 / 83
5. 눈과 인생 / 84
6. 코와 인생 / 87
7. 입과 인생 / 89
8. 입술과 인생 / 91
9. 치아와 인생 / 92
10. 혀와 인생 / 93
11. 관골과 인생 / 94
12. 수염과 인생 / 94
13. 법령과 인생 / 95
14. 인중과 인생 / 96

제5장 신체분과 해설 / 99

1. 목과 운명 / 101
2. 어깨와 운명 / 101
3. 등과 운명 / 102

4. 허리와 운명 / 102
5. 가슴과 운명 / 103
6. 유방과 운명 / 103
7. 배와 운명 / 104
8. 볼기(엉덩이)와 운명 / 104
9. 무릎(정강이)과 운명 / 105
10. 팔·다리와 운명 / 105
11. 음부와 운명 / 106
12. 손과 운명 / 106
〈손금 보는 법〉 / 108
〈손바닥의 팔괘 위치 해설〉 / 114
13. 발과 운명 / 115

제6장 오행 신체 해설과 글자모 형상 / 117

1. 오행체 해설 / 121
2. 얼굴 모양 해설 / 124

제7장 두골상과 대운 세운론 / 129

1. 대운위치 중요성 / 131
2. 두골(머리골)의 해명도 / 132
3. 유년 부위 해설 / 135

제8장 오관과 육친 관계 / 161

1. 오관 / 163
2. 육친궁 / 173

3. 오관과 잡론 / 185

제9장 찰색과 기색 / 195

1. 찰색 해설 / 197
2. 찰색 보는 법 / 198
3. 기색 해설 / 203
4. 육기의 구별 / 203
5. 관상용어상의 색상 이야기 / 207
6. 세부 기색분론 / 210
7. 발색의 해설 / 212
8. 검은 점이 부위에 있으면 / 217
9. 흠집이 부위에 있으면 / 220
10. 일월별 찰색도 / 222

제10장 면상과 음성 / 225

1. 면상이야기 / 227
2. 음성 이야기 / 239

제11장 경험 비결 / 241

1. 상식론 / 243
2. 남자의 41종 빈곤할 상 / 248
3. 여자의 41종 빈곤할 상 / 250
4. 팔대 / 252
5. 팔소 / 253

6. 오장 / 253

7. 오단 / 253

8. 오소 / 254

9. 오로 / 254

10. 십대 공망 / 255

11. 십살 / 256

12. 천라 / 257

13. 육천상 / 257

14. 육악 / 258

15. 여인의 고독 / 259

제12장 형외론과 질병 / 261

1. 습관 바로 잡기 / 263

2. 질병론 / 264

3. 빨리 죽을 사람 / 266

4. 질병중의 생사 분별 / 266

5. 길운와 흉운 / 267

6. 질투론 / 269

7. 기쁜 이야기(희기론) / 269

8. 재물 파재론 / 270

9. 면부 총론 / 270

제13장 임상 체험 이야기 / 273

1. 체험담 / 275

2. 학문과 임상에 응용 / 295

심상 이야기

 만 가지 상이 좋다 하여도 심상만 못하다는 것은 마음가짐이 중요하다는 것이며, 마음에 따라 인상이 변하여 화가 복으로 변한다는 뜻이라 다음과 같은 이야기가 있었다.

 어느 소녀가 매일 세수를 하면서 얼굴을 닦을 때마다 예쁘게 보이게 해 달라고 거울에게 했더니, 어느날 소원을 들어주겠다고 하면서 해뜨기 전 마을 뒷산 연못물에 한 달 동안 세수를 하되, 화가 나는 일이 있어도 화를 내지 않으면 소원을 이룰 수 있다고 하여 천진난만한 소녀는 거울이 일러준 대로 한 결과, 마음속으로 우러나오는 아름답고 진실 되며 순박한 모습으로 변모하게 되었다.
 자신의 모습이 흉상이라 낙담치 말고 심성을 고치고 마음의 밭을 가꾸어 나가면 악운을 호운으로 개척할 수 있다는 것이다.
 그 옛날 고사의 예로서 중국 송나라 위희라는 관상가가 시대의 일인자인 제상에게 서슴지 않고 단언하기를, "당신은 남을 위하여 좋은 일을 하지 않으면 끝내는 굶어 죽을 운명이다." 한 즉, 그 제상은 코웃음을 쳤다.
 "미친 놈, 나는 현재 이 나라의 제상으로 부귀영화를 누리고 있으며, 권력을 쥐고 세상을 좌지우지하는데 어찌 굶어 죽는다는 말을 하다니" 하며 그를 내쫓고 말았다. 그러나 호언장담하던 제상은 얼마 못가 옥에 갇히게 되었고 끝내는 옥중에서 굶어 죽고 말았다.

위의 내용에 독자들은 의아해 할 것이다.

제상은 제상이 될 만한 관상을 타고 났음은 틀림이 없다. 그래서 제상이 되기는 했으되, 그의 마음의 상은 아주 고약하여 남의 사정은 조금도 돌보지 않는 지독한 탐욕가였으므로, 자기의 이익을 위해서는 남의 목숨을 초개같이 여겼다.

현재 자기가 모시고 있는 임금께는 충성을 다하였지만 나라의 백성을 위하는 충성은 아니었기에 다른 임금이 정치를 맡자 소위 숙청 제1호로 감옥에 갇혀 생을 마감한 것이었다.

비근한 예로 조선말에 어느 청빈한 선비가 우연한 기회에 관상가를 만나 상을 보게 되었는데, 관상가는 한참 만에 입을 열어 "당신은 부귀와는 거리가 먼 상이나 단 한 가지 당신은 욕심이 없고 현실을 저주하지 않는 밝은 상이요. 이에 따라 당신은 큰 복을 받아 남부럽지 않게 생활할 것이다."

한 즉, 그 후 몇 해를 지나도 일정한 거처 없이 방황생활을 하던 중 유명한 사찰을 지나게 되었는데, 절간에 들어 우물물을 먹으러 우물가로 다가선 그는 휘황찬란한 금은보석으로 장식된 노리개가 있어 깜짝 놀랐다.

보통 사람으로는 도저히 소유할 수 없는 왕족이나 귀족의 소유임이 틀림없었다. 주위에는 스치는 바람과 새들의 지저귐뿐 사람은 아무도 없었다. 하지만, 그는 그 보물에 손을 대지 않고 물만 떠 마신 후 발걸음을 옮겨 떠났다.

한참이나 걸었을까? 저 만치서 허둥지둥 달려오는 몇 사람의 관인을 보았다. 그러나 그는 자신과는 관계가 없었기에 태연했다. 그런데 그를 유심히 보던 관인들은 불문곡직, 그를 끌고 가는 것이었다.

영문도 모른 채 얼마를 끌려가니 숲 속에 왕실용 수레가 있고, 그는 관인들에 끌려 그 수레 앞에 서게 되었다.

수레의 문이 열리고 고귀한 자태의 부인이 나타났다. 옆에 시립을 하던 관인이 입을 열어 말하기를,

"네 이놈, 거기서 무엇을 하였느냐" 하자,

"저는 걸인입니다. 목이 말라 물을 먹고 내려가는 길입니다."

"그렇다면 아무것도 본 것은 없느냐?"

"우물가에 귀한 보석이 떨어져 있는 것을 보았습니다."

"그래. 그러하면 그 보물은 어디에 숨겼는가? 똑바로 대면 용서하겠다."

"예, 그냥 두고 손도 대지 않았습니다."

관인은 어리둥절했다. 그럴 리가 없다는 듯이,

"정말인가? 만일 거짓이면 여기서 당장에 너의 목을 벨 테다."

"사실입니다."

사람을 우물가에 보내본 즉, 거짓이 아니었다. 탄복한 것은 수레에 타고 있던 사람이 왕후였다.

곧 왕후는 그를 궁중으로 데려가 많은 상금을 하사하고 동시에 높은 벼슬도 주었음은 물론이다. 이렇게 하여 그 청빈한 선비는 관상가의 말대로 된 것이다.

인간의 마음이란 그 형상의 근원이다. 그 마음을 살펴보면

그 선악을 알게 되고, 사람의 행동은 그 마음의 발현이므로 그 화복을 알 수 있다.

　분배를 공정하게 하지 않으면 불평을 사게 되어 결국은 그 화를 입게 되고 헛된 소리를 많이 하면 신용을 잃는다.

　반대로 마음이 온화하고 기운이 평하여 만사를 너그럽게 하면 만인의 칭송을 받게 되고 후손에게도 조상의 음덕으로 복이 온다.

　헛된 고집으로 비리를 행하면 망신을 당하고, 큰 재앙을 면치 못하며, 급한 성품을 참지 못하고 베풂이 없으면 수명에도 해롭고 재물에도 손해가 있다.

　공명정대하게 사심이 없으면 기필코 자손에게 복이 된다. 마음이 지나치게 강한 자는, 일을 도모하기는 쉬우나 급한 재앙을 만나기 쉽고, 마음이 지나치게 유한 자는 일은 이루기는 어려우나 실수할 염려는 없다.

　항상 측은한 마음으로 외로운 자를 돕는 가난한 자를 불쌍하게 생각하면 어려운 일을 당함이 있어도 중도에 사람의 구원을 얻을 것이다.

　고려 말엽에 혜중이라는 승려는 이태조의 상을 보고 임금이 될 것을 예언했으며, 조선의 초엽에 명신 한명회의 상을 영풍사 도승이 보고 장래 제상이 될 것을 예언한 것이 한보의록에 기재되었고, 오늘의 현실 정치인에게도 뚜렷한 실증이 많으나, 그 분들의 명예에 손실이 될까 생략하는 바이며 후편에 잠깐 예를 들겠다.

흘러내리는 물은 앞을 다투지 않고 마침내는 대해에 도달한다. 왜 흘러야 하는지 모르고 또 이리로 흘러가는지도 모른다. 그저 그대로 멈출 수 없어 흐를 뿐이다. 이러한 자연 속에 진리가 있고 철학이 있으며, 인간은 모태로부터 이 세상에 태어나서 시간의 흐름에 따라 자라나고 자라서는 분수에 맞는 꽃을 피우다가 시들어 죽고…….
 곧 생사의 되풀이가 수천억만 겁이 지나도록 반복될 뿐, 인간은 무엇 때문에 태어났다가 돌아가는지, 그 이치를 아는 사람은 아무도 없었다. 그저 태어났으니 살아야 하고 살려하니 노력하여야 할 뿐이다. 그리고 생명이 있어야 하는 이상, 생각이 따르고 감성이 따른다.
 그러자니 욕망이 생기고 그 욕망이 마침내는 투쟁 의식을 초래한다. 결국 인간은 나서부터 죽음에 이를 때까지 투쟁 속에서 헤어나지 못한다.

 그 옛날 조상들은 검불 속에서 잠을 자고 풀뿌리로 목숨을 연명했으나 만족하였다. 지금은 호화로운 주택에 온갖 편한 의식주 가운데 생활하여도 만족할 줄 모르며 무엇을 더 어떻게 원하는지 무한정의 욕구 속에 살고 있다.
 이것이 곧 문명의 발전 과정이며 물질과 정신문화의 발달에 근원이 되겠지만 전 인류 아니, 한 이웃 간에도 골고루 베풀어 질 수도 없다고 본다.
 부귀와 빈천의 차이가 자연의 섭리에 이루어져 왔고 인위적 분배로는 어렵다고 하겠다. 그래서 인간은 갈등이 생기고 번뇌도 생기며 투쟁이 일어나 종내는 참상이 일어나고 싸우지 않을 일도 싸우는 일들마저 생겨나기도 한다.
 어찌 보면 인간은 동물만도 못하게 자연의 섭리와 이치를 모르는 것 같다. 우주자연을 창조하신 하나님은 인간의 과욕과 갈등을 고루 충족시켜 주지는 않는다.
 남이 해서 잘 되는 일을 내가 해도 잘 된다는 보장은 없다. 이목고비와 사대골절이 너나 나나 다를 바 없는데, 나라고 못할 바 없다. 하지만 그것이 뜻대로 안 된다.
 요약하건대 인간은 그래서 숙명이나 운명에 '있음'을 깨달은 것이며, 자연의 섭리를 신이라는 명분을 세워 종교라는 이름을 붙이고 연약한 인간들은 거기에 의존하여 마음의 평안과 자족을 얻으려 한다.
 무릇 어떤 인간도 각자의 가야 할 길이 있고 정해진 분수가 있다. 그런데 그것을 알지 못한다. 나름대로의 분수를 알면 다투지 않고 번민하지 않아도 자신이 처해 있는 환경과 범위 안에서 만족을 느낄 것이다. 거기에 좀 더 진취적이고 창의성 있는 정신을 계발해서 상부상조하면 복지사회가 이룩되고 평화가 지속될 것이다.

 운명학의 의의는 정신계발에 있다. 분수를 망각하는 사람이나 절망에 빠져 허덕이는 사람에게 분수를 찾아주고 정신적인 안정을 부여함과 동시에 이성을 가진 삶을 살도록 함이 운명학의 목적이 아닌가 한다.
 우리 인간들 앞에는 상상조차 할 수 없는 변화가 잠재해 있다. 하늘에는 헤아릴 수 없는 풍운의 조화가 있고 사람에게는 조석으로 변하는 화복이 있다는 고서를 인용하여, 우리는 그

것을 깨닫고 닥쳐올 영광을 위해서 참고 살아야 한다. 오늘의 영화가 내일의 비극이 되고 오늘의 절망이 내일의 행복이 되는 실례가 얼마든지 있음을 부언하지 못한다.

  이 한 권의 책에는 불가사의한 삶의 신비와 인간 본연의 분수를 알아 미래를 예지할 수 있는 이치적으로 입증된 과학적인 통계철학이 담겨져 있다. 그런고로 소홀히 생각지 말고 연구하고 터득해서 절망 속에서 방황하는 인생의 등불이 되어주고, 겁 없이 방종하는 어리석은 인간들의 채찍이 되어주어야 한다는 생각에서—.

  옛 선현들의 전서를 다듬고 요약하여, 현세인의 임상과 생활 처세사에 만에 하나라도 도움이 되었으면 하는 마음으로 강호제현에 전하는 바이며, 또한 인간사 발전에 도움이 되어야 할 학문이 도외시되었음을 안타깝게 여겨 정리 집필하였다.
  육체란 자연 우주 공간에 오행(五行)의 섭리로 존재되었지만, 영혼은 시간과 공간을 초월하였으므로 무형의 마음에 상이 더 중요함을 강조하며, 따라서 우리는 심상의 밭을 잘 가꾸어 나가면, 그것이 곧 길상으로 나타나 운명이 변화됨이 당연하지 않은가 한다.

제 1 장

달마 대사의 관상과 령상

고도의 집중으로 자연을 알았노라

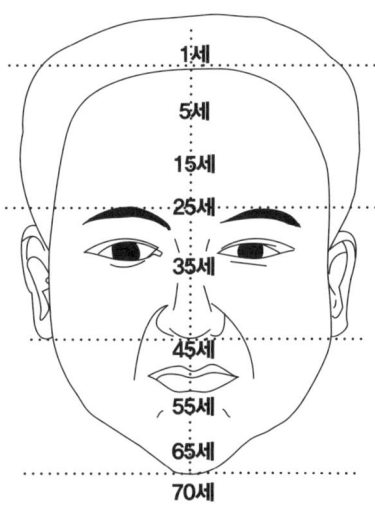

1. 무아경

9년간이나 면벽을 하고 앉아 있으니 형상이 흐리멍덩한 것도 같고 없는 것도 같은데 하루아침에 홀연히 미미한 빛이 돌아오니 세계가 알이 없는 쭉정이 같이 허황하더라.

소천세계 중천세계 대천세계를 생각하면 대천세계 사람이나 보통의 모든 인간이 마찬가지로 공상과 색상이로다. 본 조사는 몸과 마음은 텅 비어 있지만 고요하면서도 진리가 충만하여 아주 텅 빈 것이 아니요 뱃속에 오관이 구비되었으니 오욕칠정에서 벗어나니 다시 공이다.

그르므로 공허하면서도 가득하고 가득한 것 같으나 공허하다. 대천세계 모든 사람이 그러하나 실제로 그것을 깨닫지 못하는 것은 오욕칠정이 떠나지 않으므로 공의 경지를 느끼지 못한다. 즉 도(道)를 닦아(修) 참된 진리를 깨달은 사람만이 무아경에 도달할 수 있는 것이다.

사람의 몸을 십(十)으로 나누게 된다면 그 가운데 얼굴에는 여섯의 지배력이 있는데 얼굴은 평평하고 반듯해야 한다. 일그러지거나 상처가 없어야 분수를 빠르게 얻을 것이다.

나머지 넷의 지배력은 몸에 있는데 몸은 부약하지 않고 튼튼해야 분수를 빠르게 얻을 것이다. 얼굴에는 다시 십분(十分)이 있는데 눈에 오분(五分)이 있고 이마에 삼분(三分)이 있으며 눈썹 입 코 귀에 나머지 이분(二分)의 힘이 있다.

눈은 바르게 생기고 바른 자세로 보아야 마음도 올바르게 되어 사물처리에 진취성이 있다. 눈이 바르고 험악하지 않더라도 신(눈빛 또는 정기)이 있어야 하며 신이 없으면 일을 처리함에 바르지 못하지만 부귀한 사람은 눈이 바르고 신이 있는 것이므로 한 가지의 재간을 부리더라도 진취성이 있다.

　가장 좋지 못한 눈의 상은 흘려보고 요염하고 음흉한 것이다. 흘려보는 사람은 업을 성취하지 못하는데 마치 수려한 듯 보이고 요염한 사람은 색을 좋아 하지만 올바른 체하는 것이니 분별함에 있어서 터럭 끝만한 차이가 천리의 거리를 만드는 것이니 그 분별은 매우 어렵다 할 것이다.

　이마는 넓고 평평하여 주름이 없으면 눈을 도와 정신이 배로 맑아진다. 넓다하면 옆으로 넓은 것이요, 평평함이란 기울지 않고 곧은 것이요, 주름이 없는 것이란 소년의 이마와 같은 것이다.

　만일 눈에 수려한 기운이 없거나 신이 없으면 이마가 비록 평평하고 넓으며 주름이 없더라도 아무 효력이 없는 것이다. 눈썹은 짜임새가 있어야 하고, 코는 단정한 가운데 평평해야 하고, 귀는 높이 솟아 밝아야 하며, 입은 넓적하고 아궁이처럼 생겨야 할지니 여기에 눈이 좋은 격을 이루면 늦게라도 형통한다. 눈썹의 짜임새라 함은 거칠거나 흩어지지 않아야 한다는 것이며, 코는 바르고 곧아야 한다는 뜻이요, 귀가 솟고 맑다는 것은 윤곽이 분명해야 된다는 뜻이다.

　입은 크고 위아래 입술이 야무지게 다물어지는 것을 해구라 하고, 입의 두 끝이 위로 올라가고 이가 보이지 않음을 아궁이라 한다. 말년은 입을 위주로 해서 일컫는 말이다.

　벗을 사귐에 있어서 사람됨을 살펴가려 사귀어야 할지니 사람의 선악을 알아보려면 눈을 살펴야 한다. 눈이 악한 사람은 인정이 박약하여 사귀면 해가 있다. 눈이 솟은 사람은 무심한 사람이니 가히 자세히 살피지 않을 수 없다. 사람의 귀천을 구분하려면 눈을 살펴야 하니 눈에 신이 없으면 귀하거나 장수하는 법이 없다. 신이 부족하고서 장수하고 귀한 사람은 없다. 비록 귀는 누릴지라도 반드시 요절한다.

뜻하는 바를 성취하는 것은 음성에 있으니 사농공상의 직업에 있어 소리가 맑게 울리면 반드시 성취하고 소리가 맑지 못하면 일의 끝맺음이 없다.

상을 봄에 있어 가장 중요한 부분은 이 다섯 가지 법을 벗어나지 않은 것이니 입, 귀, 눈썹, 이마, 손, 배 등에만 집착하면 올바르지 못한 관상인 것이다.

이 세상에 태어난 사람은 아무 목적없이 우연히 태어난 것은 아니다. 모두가 태어나야 할 운명과 또 태어난 후에 일생을 보내야 할 자기 나름대로 운명을 짊어지고 태어나온 것이다. 이것을 달마조사는 다음과 같이 다섯 가지 원인에서 태어났다고 했다.

첫째, 전생에서 도를 닦고 행을 배우므로 이 세상에 온 자이다.

이러한 사람은 전생에서 적선한 근본이 있으므로 해서 이 세상에 태어난 것이므로 그 체격은 각각 달라 같지 않으나 눈에 사랑스런 빛이 서리고 안모(얼굴의 털)는 풍후하여 뭇사람이 즐겨 믿게 된다.

기운이 너그럽고 성품이 착하며 소리가 맑고 유연하여 멀리서 뭇사람이 즐겨 듣게 되고, 수족이 부드럽고 고우며 그것에 얽힌 문체의 금도 깊고 묘하다. 살갗의 빛이 희고 맑아 선명하고 뚜렷하며 조금도 추후함이 없고 지혜와 심령과 거동 등이 특이하며, 말이 이치에 적당하고 불사를 좋아하며 벼슬을 하면 마음이 청렴결백하여 대중을 사랑하고 집에 있어서는 재가를 잘하여 중인에 모범이 될 것이다.

둘째, 그 어떤 령기를 따라 세상에 태어난 자이다.

이런 사람은 전생에 날짐승으로 오랫동안 깊은 산과 넓은 골짜기에 있어 백년 혹은 천년동안 신선의 물품을 먹고 또는 천지일월에 정화를 얻어 이 세상에 태어났으므로 형용이 고귀하여 사자, 원숭이 또는 코끼리와 같고, 혹은 범, 학, 물소와도 같아 기운이 장하고 형체가 견고하여 눈이 넓어 보이는데 위엄이 있다.

또 정신이 영특하여 씩씩하며 손바닥과 손에 괴이한 문체가 있다. 그러나 행동거지가 음독하여 말을 하면 간사한 중에도 장하고 위인이 용맹하여 항상 살벌한 마음을 지니고 있다.

셋째, 신선 중에서 세상에 태어나온 자이다.

이 사람은 전생에 넓게 도덕을 닦고 비범한 성품과 마음을 수양하되 전세의 어지러운 세상을 벗어나지 못하고 나왔으므로, 골격이 비범하고 형모가 청수하고 눈빛이 맑고 푸르며 성품이 지혜롭고 기운이 약하고 귀한 데가 있으나, 행동거지가 바람이 나면 산림 좋은 곳에서 놀기를 좋아하고 즐기니, 항상 마음을 닦고 인격을 단련할 뜻을 두어 심령의 기틀을 잡으면 이로부터 뜻밖의 위인이 나타나게 된다.

넷째, 하늘의 별이 사람으로 이 세상에 태어난 자이다.

이 사람은 곧 천상의 성신으로 강생함이니, 흉한 별로 태어난 자는 살성이라 형상이 엄하고 눈빛이 부리부리하며 기운이 용맹스럽고 마음에 충의가 있다. 영맹함이 세상을 덮고 행동거지가 단정하고 엄숙하며 성품이 밝고 마음이 영특하여 항상 무지개나 번개같은 뜻이 있다.

　이와는 반대로 길한 별에서 태어난 자는 얼굴에 붉은 기운이 많고 눈의 빛은 북두를 쏘며 신선의 골격이 뚜렷하고 특이하게 나타나며 얼굴의 모든 구멍이 맑고 아름답다. 항상 심중에 자비심을 품어 창생을 널리 제도할 마음이 있고 위인이 활달하여 능히 조화가 많다.

　다섯째, 사람이 전세에서 선을 닦지 못하고 모든 악업만 짓고 세상에 나온 자이다.

　이런 사람은 둔박하여 상모가 짧고 축 처지며, 눈도 붉고 신기가 없고 기운이 짧다. 매의 뺨과 쥐의 귀와 파리머리에 구슬빛 낯이다. 눈이 어둡거나, 귀가 멀거나, 풍을 맞거나, 벙어리가 되거나, 꼽추가 되거나, 절름발이가 되거나 그 외 모든 악질을 얻고 입이 더러워 추한 냄새가 나고 마음은 탐욕이 많다. 어리석고 혼미하여 항상 형벌과 법을 당하고 악한 병이 몸에 있어 남이 보기 싫어하고 의식이 없으며, 고독하여 의지할 곳이 없고 종내는 결과가 없어 윤전고(돌아온 고달픔)를 면치 못한다.

　여섯째, 착한 신명으로 이 세상에 태어난 자이다.

　이런 사람은 전생에서 충신과 효자로 죽어 다시 인간세계에 인연을 맺음이니 형모가 준수하고 신통한 빛이 얼굴에 가득하다. 눈이 넓고 청명하여 광채가 분명하고 총명정직하여 능히 간사함과 간악함을 제어한다. 성품이 신령하여 남보다 먼저 깨닫고 말을 함에 위엄이 있고 복스러우며 항상 신령을 제

시하기 좋아하고 위인이 충렬스럽다.

2. 남자의 상

　돌아갈 곳을 생각하여 무아세계에 도달하라. 이와 같아야 법륜이 항상 회전하여 부처님의 불성과 불법이 모일 것이다. 인간은 번뇌와 욕심만이 몸에 가득하니 어찌 신상으로 감히 여래를 볼 수 있으랴. 상(얼굴)이 있음이 모두 허망된 일이로다.

　중생에게 이르노니 불법을 통하면 나도 없고 남도 없고 부귀 공명수요(수명)가 궁달(통하고 막힘)도 없고, 법도 없고, 법 아닌 것도 없으며 만사 만물에 집착이 없는 것이다. 뭇 중생에 이르노니 먼저 심상을 보고 실상을 살펴야 바야흐로 모든 상법에 진리를 볼 수 있는 것이다.

　여래(석가모니)는 불안(佛眼), 법안, 혜안, 천안, 육안(불교관 상용어)을 모두 갖추고 있는 분이니, 이 다섯 가지 안을 족히 살필 줄 알아야 여래(석가모니)의 위대한 상을 볼 수 있는 것이다.

　달마대사께서 사람의 상(相)을 보는 신묘한 법을 총결하였으나, 범인(凡人)으로서는 해득하기가 어려우므로 감히 풀어가지 못하고 다만 짐작으로 간략하게 풀어야할 뿐이다.

　대사의 말씀은 이목구비 및 모든 신상이 좋더라도 심상이 좋은 것만 못하므로 심상을 살핀 뒤 신상을 논해야 상이 있는 것이요, 심상이 없으면 신상도 이에 따라 없는 것이 된다 하였다.

오행(五行) = (수목화토금(水木火土金))

수(水) : 형은 겨울, 물로써 얼어 있음이 좋으므로 그 빛이 검어야 한다.

목(木) : 형을 얻은 사람은 마땅히 길쭉하고 맑고 튼튼해야 하며 그 빛은 푸른 것이 좋다.

화(火) : 형을 얻은 사람은 형모의 위가 뾰족한 사람이며 그 빛은 붉음이 좋다.

토(土) : 형을 얻는 사람은 신(神)이 멈추었으니 흙빛이 누런 기색이어야 한다.

금(金) : 형을 얻은 사람은 마땅히 튼튼하고 작아야 하며 그 빛은 흰색이어야 한다.

오행이 같이 나타나면 기신(氣神)이 화합하고 상반되면 기신(氣神)이 불화(不和)하게 된다. 대개 그 형체를 살피고 그 기색의 변화를 살펴 바른가, 바르지 못한가를 판단하면 영험치 않음이 없다. 만일 하나의 올바른 형상을 얻어 항상 상생지기(相生之氣)를 띄워서 다른 형상을 도우면 어찌 이롭지 않음이 있으리오. 육안(肉眼) 이하의 구절은 오로지 눈에 대한 말이다. 대사의 상을 보는 법이 유독 눈에 두었음으로 특별히 이에 대하여 강조하는 바이다.

눈 육안이라 눈아래 남녀궁(자식궁)의 살이 충만하고 눈빛은 안정되고 느릿하여 급하지 않으면 이는 육안에 있어 꽤 좋은 모양으로 반드시 대귀하는 자식을 두어 높은 벼슬의 봉함을 받는다.

하늘빛은 푸르고 푸르니 눈동자가 하늘빛 같이 푸른 것을 천안(天眼)이라 하는 바, 이 천안을 가진 사람은 반드시 최고의 귀를 누린다.
　눈이 수려하고 기운이 안정되어 봉안, 용안을 가진 사람은 부귀가 풍족하다. 누당이 적당히 풍만하면 자손이 편안하고 급한 경사가 있으면 반대로 자손에게 질병이 따른다.
　혜(慧)란, 밝음이니 눈이 수려한 것을 혜안(慧眼)이라 하여 반드시 부귀하고 문장이 뛰어나게 되는 상으로 지위는 재상의 지위에 오른다.
　법(法)이란 율법이요, 바름이니 눈이 바르고 시선이 바르면 그 심행이 단아하여 목숨과 처자를 의탁할 만한 인물이요, 성인군자로 부귀와 수복을 누리는 상이다.
　불(佛)의 본성은 자비를 추구하는 바이니 눈이 인자하게 보이는 사람은 불안(佛眼)이라 일컫는다. 이 부처의 눈을 가진 사람은 인의(仁義)를 좋아하는 인물로서 복록이 본인은 물론 자손에게까지 미치게 된다.

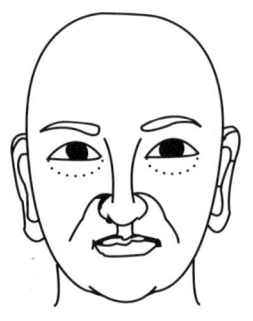

남녀궁(누당 + 자식궁)

그러나 부처의 자비의 눈을 분별하기 매우 어려운 것으로 솟아나지 않고 흘려보지 않고 치켜뜨지 않고 눈빛이 사람을 쏘지 않고 접근하기 어렵거나 두렵거나 하지 않은 것이다. 이 모든 조건이 부합되어야 자비로운 부처님의 눈이라 한다.

눈동자 두 눈동자가 서로 모아지면 재물이 많아도 도리어 재앙이 된다. 성질이 급하고 마음이 음험하여 예의를 좋아하지 않는다.

이마 이마가 모지고 풍륭하여 인당이 밝으면 영귀하다. 변성역마가 풍만하면 문장이 뛰어나다.

눈썹 눈썹 모서리에 두 줄기 주름이 생겨 간문에 드러나면 처첩에 시달림이 있다.

코 산근이 끊기면 만 가지 일이 실패하고 당한다. 연수와 준두는 모두 끝이 솟아야 좋으나 너무 지나치게 우뚝 솟으면 도리어 자식과 재운에 해롭다.
콧구멍이 드러나 보이거나 코가 약하면 재물이 들어올 기미가 없으니 늙도록 가계를 세우지 못한다. 좌우 관골이 높이 솟되 뼈가 튀어나오지 않으면 중년 이후에 크게 복이 온다.

골격 관골과 좌우 턱과 턱 모서리가 서로 어울려 모양이 나야 중년 말년 운이 길하고 수염은 맑고 성글며 힘차게 뻗어야 오십에 명예와 재산을 성취한다.

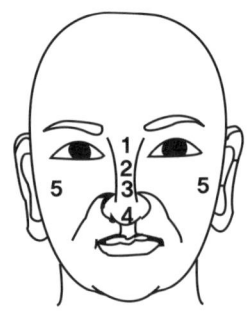

1. 인당 2. 산근 3. 연수 4. 준두 5. 좌우 관골

골격이 거칠거나 살이 뒤뚝하거나 걸음세가 가벼우면 늙도록 편안치 못하고 기가 씩씩하여 행보가 힘차고 눈썹이 한일자와 같으면 문무를 겸비한 사람이다.

얼굴이 깨끗하다 해서 꼭 귀히 된다고 믿지 말라. 고단한 명과 요절하는 명은 모두 천박한 상인 까닭이다. 얼굴이 탁하다 해서 그 사람이 어리석다 웃지 말라. 부귀인은 매양 탁한 듯 후중한 상에서 나온다. 박약하면 맑은 것같아 보이고 후중하면 탁한 것같이 보인다.

3. 여자의 상

이마 얼굴에 이마가 높이 솟아 몹시 좁고 불꽃같이 삐죽하면 청춘에 과부가 된다.

인중 코 밑의 인중에 패인 골이 없이 평평한 것은 수 만 충이라 하는 바 자식이 없는 상이다.

일월각 일월각이 높이 솟으면 삼십 육칠 세에 남편을 잃고, 산림총묘(씹는 부위)가 돌출하면 반드시 귀한 남편을 만난다.

인당 인당에 빛이 항상 밝으면 그 남편이 과거에 오른다.

누당청사 누당청사에 청흑색이 항시 교차되면 음란하여 남자를 밖에서 불러온다.

간문 간문이 빈약치 않고 풍만하면 어진 자식을 많이 두고 누당에 두두룩한 살집이 생기면 딸을 많이 두는데, 그 딸이 귀하게 된다.

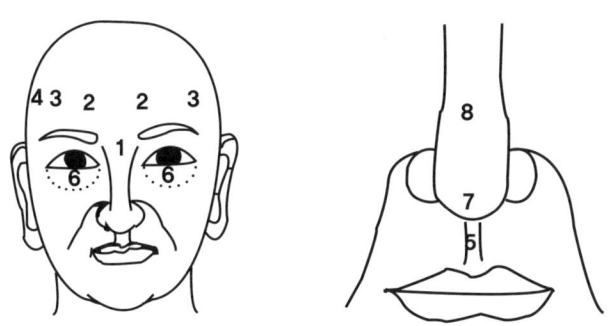

1. 인당 2. 일월각 3. 산림 4. 총묘
5. 인중 6. 누당(와잠) 7. 준두 8. 연수

코 코가 지나치게 높으면 남편을 속이고 아들을 극한다.

살결 형용이 단정한 가운데 살결이 매끄럽고 윤택하며,

향기로우면 덕이 있고 현숙하며 부끄러움이 많다.

거동 거동이 신중하며 말이 없고 몸과 머리털에서 향기가 풍기면 역시 덕성스러운 아내의 상이다.

목 여자가 목이 굵고 억세고 또 가슴이 솟아나면 남편을 능멸히 여기고 자식을 극하는 상이다.

머리통 머리통이 쇠뭉치같이 단단하고 가슴이 높이 솟으면 질투가 많고 자식을 극하며 자신도 단명하거나 빈궁하며 과부가 된다.

얼굴빛 여자는 얼굴빛이 희고 깨끗함을 요하고 황명하고 윤택하면 덕망이 있고 남편과 자식 또한 길하다.

눈빛 눈빛이 항상 생각에 잠긴 듯하고 옆머리가 턱에 닿고 꿈속에서 잠꼬대를 잘하는 여자는 음탕한 기질이 있다. 눈매가 부드럽고 쏘아 보지 않으면서 살이 적어 튼튼하면 남편과 자식을 이롭게 한다.

음부 음부가 납작하거나 모발이 없으면 함부로 정(情)을 준다.

현숙한 여자 소리는 맑고 기색은 안정되고 웃을 때는 살짝 웃고 걸음이 단정하고 기쁠 때나 괴로울 때나 표정이 변하지 않는 것 등은 모두 현숙한 여자의 상(相)이다.

　기쁠 때 엎어졌다 일어났다 하며 소리 나게 웃거나 근심이 있을 때 사람을 원망하듯이 보는 여자는 선량하지 못한 상(相)이다.

　연수　좌우의 관골과 준두가 연수보다 높이 솟았으면 사납고 질투가 많으며 남편과 자식이 없다.

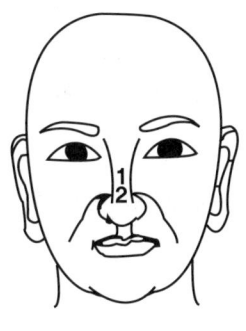

1. 연상 2. 수상

4. 골상과 기색

(1) 골상

　두골　먼저 두골을 살피고 후에 코의 뼈를 보아야 한다. 골은 거칠거나 뼈만 앙상히 솟으면 좋지 않은데, 머리에 두골은 전후좌우를 막론하고 있는 것이 좋으며, 비골(코뼈)은 불거져 솟지 말아야 하니, 비골이 솟으면 파하고 패하는 일이 많다. 대개 골은 살보다 수려하여야 아름답다.

살이 옆으로 늘어지면 요절한다. 살은 옆으로 쭈글쭈글하지 않아야 하며, 살이 뜨면 단명하고 쭈글거리면 천한 상이다. 살결이 빛나고 윤택하며 매끄러우면 귀히 되는 상인데 살이 뼈에 비하여 비중이 많으면 평범하지만 길한 상이다.

걸음 걸음은 무겁고도 경쾌하여 활기차게 걸어야 귀한 상이요 무겁게 걷기만 하고 활기차지 못하면 빈천하다.

앉은 자세 앉은 자세는 산악같이 튼튼하고 어깨, 등, 허리가 곧아 마치 산봉우리 같이 의젓하면 부귀를 누리는 상이요, 오래 앉아 있으면 점점 어깨가 높아져 턱위에 오르거나 허약해서 흔들릴 듯 쓰러질 듯 불안해 보이면 빈천한 상이요 단명한다.

말 말을 끝내지 못하는 사람은 머리는 있되 꼬리 없는 사람이다. 말을 빨리 함으로 인하여 입에 거품이 생기는 사람은 반드시 조업을 파하고, 바쁜 일이 없는 데도 항시 바삐 서두는 사람은 마침내 조업을 잃고 곤궁하게 된다.

힘줄 붉은 힘줄이 눈자위에 침범하거나 산근에 근육이 솟은 사람은 무거운 형벌을 받는다.

도화빛 도화빛 입술이 시뻘겋고 얼굴 전체에 도화빛이 가득하면 방탕한 생활로 떠돌아다닌다.

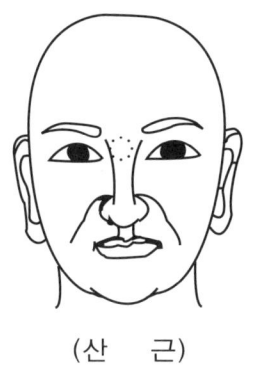
(산 근)

(2) 기색

기색은 피부에 보이는 색을 칭하며, 팥알 혹은 실이나 머리가락같이 생겨 은은하게 피부 속에 있고, 가늘기는 누에실 같은 것이다.

오방에 정색을 살펴보면

목형인(木形人)은 푸른 색, 화형인(火形人)은 붉은 색, 토형인(土形人)은 황색, 금형인(金形人)은 백색을 요하고, 수형인(水形人)은 흑색을 칭한다. 무릇 기(氣)란 한 가지 원리이나 이를 구별해서 말한다면, 세 가지가 있으니, 그 하나는 자연지기요, 두번째는 소양지기요, 세번째는 소습지기라 한다.

자연지기 오행의 수기로서 내가 본래 받은 기인 바 그 맑음이 항상 존속되고,

소양지기 의로운 것을 본받아 생기는 것으로 내 자신이 길러 낸 것이다. 그러므로 이는 사물에 의하여 동요되지 않는다.

소습지기 사기 곧 정상적 기(氣)가 아니니까 자연지기가 두렵지 않다. 곧 소양지기가 충실치 못하므로 나쁜 기(氣)가 닥친 것이다.

대의적으로 정신력과 육체적 표현을 곧 신(神)과 기(氣)로 표현하여 생각하면 이해가 될 것이다.

① **청색** - 목색이며 맑은 하늘에 해가 뜨기 직전의 윤택한 상태의 색깔이니 바른 청색이 길한 것이다. 청색이 건조하거나 뭉클뭉클 응결되거나 군데군데 흩어지면 불길하다. 연수에 청색이 보이면 우환과 질병이 있다.

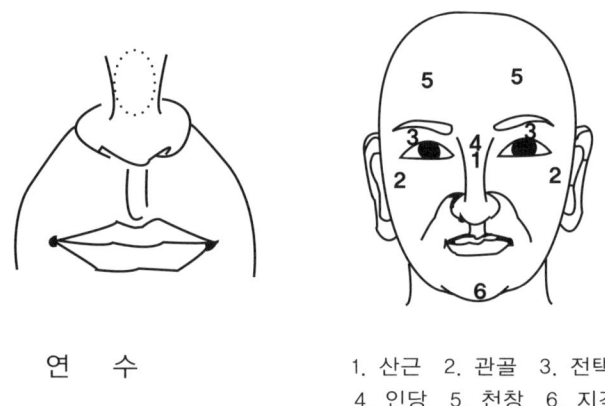

연 수

1. 산근 2. 관골 3. 전택
4. 인당 5. 천창 6. 지각

② **백색** - 금 또는 구슬같이 맑고 윤택해야 금의 정색이요, 분가루 같거나 눈 같으면 주로 상액을 당한다. 연수에 백색이 보이면 확실하다.

③ **적색** - 적색은 화(火)이니 관재구설과 허경지사에 이르며, 백가지 일이 성취되지 못한다. 연수에 적색이 보이면 송사재물을 파한다.

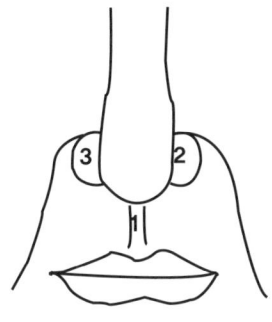 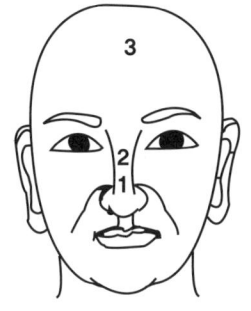

1. 인중 2. 난대 3. 정위   1. 연수 2. 질액궁 3. 관록궁

④ 황색 - 황색은 귀상에 속하니 연수에 황명한 기색이 나타나 남의 일을 기뻐한다. 황색이 윤택치 못하면 질병과 손재수가 있다.

⑤ 흑색 - 흑색은 수(水)로서 수생목이 되어 좋기는 하나 흑색이 적절하면 길하고 짙으면 재앙이 있고 너무 심하면 중병환자는 사망한다.

⑥ 홍색 - 홍색은 화색이니 틈사이로 햇빛이 비치는 형상으로 빛이 있어야 길하다. 만일 빛이 초열하거나 건조하여 마치 훨훨 타는 것 같은 빛을 발하면 큰 재앙이 있다.
  이러한 기색이 질액궁에 있으면 사망하고 관록궁에 있으면 강등이나 파직, 불상사가 있다. 이와 같이 기색이 여러 형태로 나타나매 그 길흉의 변화가 다르며 상을 봄에 있어, 첫째로 기본 색을 중요시하여 판단할진데 비록 정색을 띠었다 하더라도 신이 부족하면 좋은 기색은 헛되고 마는 것이다.

제 2 장

기본상과 부위 해설

아름다운 사람은 어디서든 사람을 부른다

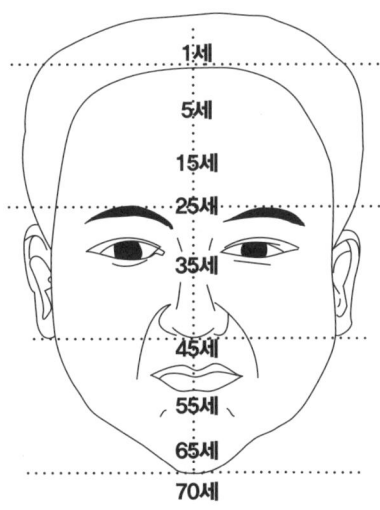

1. 팔상분류

(1) 영웅형

뼈와 살이 알맞으며 인당과 관골이 특히 발달하였으며 한번 대하면 보는 이가 고개가 숙여지는 존엄을 갖춘 상이다.

장중하면서도 활달한 기상을 가진 것이 특징인데, 그 신색의 엄숙함이 만인을 두렵게 한다. 인당에서 산근, 준두까지 힘차게 생겼고, 성품이 인자할 때는 한없이 너그럽지만, 한번 비위에 거슬리면 묵과함이 없다.

정의감 극기심이 강하고 언제나 약자를 돕는다. 신망을 얻어 통솔력이 뛰어나 군인과 정치인으로 입신함이 좋다.

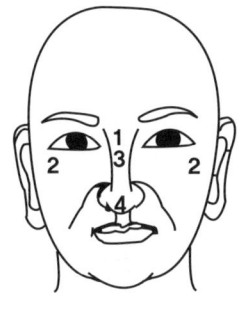

〈영 웅 형〉   1. 인당 2. 관골 3. 산근 4. 준두

(2) 부귀돈후형

그 체모가 육중하고 부덕해 보이는 상으로, 그 인상은 창해와 같이 넓고 그 기량은 배와 같아 조금도 요동치지 않는다.

다만 의지가 굳지 못하여 현실과 곧잘 타협하며, 정치적 압력에 변절하는 일이 간혹 있다.

이런 형은 대개 경제적인 방면이어야 성공이 빠르며 투기적인 사업도 많이 하나, 인생의 본질과 가치에 대한 철학적인 사고에 몰두하는 일은 드물다. 금융계, 의학계, 회사중역 등으로 진출하면 길하다.

〈부귀 돈후형〉　　　　〈문관 청수형〉

(3) 문관청수형

마음이 언제나 청렴하고 성품이 온유 내강하여 의지가 굳고 맑고 깨끗하다. 곤륜산에 묻힌 옥같고 절대 속세의 때에 묻지 않는다. 특히 지능이 남달리 뛰어나 어려운 문제를 빨리 터득한다.

자존심이 강하며 오만하고 법칙에 집착하기도 한다. 사업에는 적합지 못하고 종교, 교육, 기능 또는 사무직공무원, 법관 등이 적합하다. 감수성이 발달하여 예술가에 적합할 수도 있다. 이런 상은 돈후하지 않으면 도리어 경박해 질 수도 있다.

(4) 이주형이면서 고괴형

이런 상은 청(淸)이 없으면 도리어 속된 상에 가까워진다. 이 얼굴은 옆에서 보면 코를 중심으로 불룩 튀어나온 상이다. 이런 상은 능동적인 타입으로 모든 일에 적극적인 편이지만 기획성이 부족하여 만사에 손을 대다가는 실패할 확률이 높으며 따라서 안정감이 없어 방탕벽이 있고, 또 눈치가 빠르기 때문에 타인의 보좌역을 많이 한다. 정보원, 수사관이 적격인데 무역업을 하면 한 때 많은 재물을 모을 수는 있으나 오래가지는 못한다. 흔히 가정을 등한시 하는 경향이 있다.

여성의 경우 맞벌이 부부에 많고, 남편과의 인연이 박하여 독수공방이 많으며 노력의 대가로 근근이 지낸다.

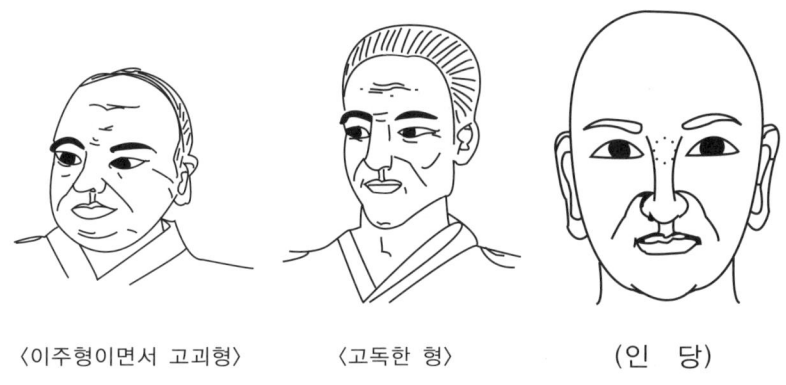

〈이주형이면서 고괴형〉　〈고독한 형〉　　（인　당）

(5) 고독한 형

그 형골이 지독히 외로워 안면이 빈약하고 목이 길고 어깨가 오므라지고 다리가 가늘고 비꼬이며 두골이 어질어지고 앉아 있을 때 몸을 흔들고 걸음을 걸을 때는 뒤뚱거린다.

이마가 특히 발달하였고 인당은 청수하다. 아래턱이 뾰족하여 얼굴 전체는 살보다 뼈가 더 많은 것이 특징이다. 마치 물가에 홀로 서있는 학과 같고, 비를 맞고 있는 원앙같이 쓸쓸함이 그 상에 나타난다.

이런 상은 매사에 자신이 없어 사업성공의 연이 없다. 환경이 좋은 곳에 태어나 지덕을 갖추게 되면 말년까지 복록을 누리며 살 수 있으나, 환경이 빈천한 곳에 태어나면 자수성가로 초년 중년은 큰 시련없이 지나지만 말년에는 많은 액고를 당하게 된다. 이런 형은 사무직이나 공직계통에 있음이 안정하다.

(6) 빈천 박약형

박약한 상은 그 체모가 열약하여 행동이 가볍고 늘 겁(무서움)을 감추지 못한다.

마치 일엽편주가 큰 파도를 타고 있는 것 같은 불안이 있다. 만사에 자신감을 가지지 못하므로 사업은 물론 모든 일에 성공하기 힘들다.

이런 사람은 자기수양에 힘써 인간으로서 도덕과 교양을 쌓아야 한다. 이마가 좁고 관골부분이 특히 발달하였고, 지각이 좁으면서 뾰족하고 살보다 뼈가 많은 것이 흠이다.

오행상 화형인에 속하며 이마의 일월각이 낮아서 깎인 듯한 모양으로 친인척과 인연이 없다.

오십 세가 넘어 뜻하지 않은 재화로 신고를 면치 못한다. 안정된 부동산이 없을 때는 많은 고생 끝에 의지할 곳도 없는 상이다.

자기의 성질을 완화하고 처세하여 온유한 마음으로 모든 일에 신중을 가하면 소복을 누리게 될 것이다.

이런 형은 모든 일을 분수에 맞게 처리하며, 언제나 노력의 대가만 바라는 마음을 가져야 한다.

<빈천 박약형>

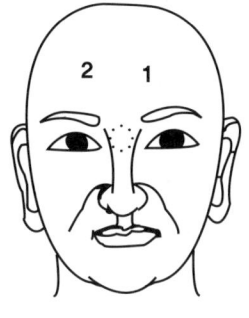
1. 일각 2. 월각

(7) 독설사기 완악한 형

　모양이 흉악하고 완미하며 그 목소리는 짐승의 소리와 같고 성품도 흉포하여 조금의 아름다움도 없다. 뼈와 살이 균등하여 이마와 관골이 특히 발달하고 아래턱이 모나게 생겼으며 부드러운 것같으면서도 단단한 것이 특징이다.

　심성 또한 깨끗지 못한 사람이니 인간으로서는 최하등의 범죄자들에게 공통되는 상이다. 언제나 자기이익을 위하여 다른 사람을 희생시키는 사람이라 하겠다. 이런 형이라도 자기 수양에 힘써 그 심성을 아름답게 가지면 외모의 흉악으로 인한 재앙은 면할 수 있다.

　재산의 정도는 중간 정도 될 것이며, 모든 일에 노력과는 달리 막히는 일이 많아서 말년에는 하던 일을 청산하고 정신 수양하면 안정이 온다. 대체로 이권 운동에 모험적인 성품으로 한 때 곤경을 당한다. 생업은 상업보다 공업, 목재업, 광업, 수산업 등의 직업이면 많은 발전을 기대할 만하다.

〈독설 사기 완약한 형〉   〈고전 혼탁형〉

(8) 고전 혼탁형

그 형모가 혼탁해서 마치 쓰레기 속에 섞여 있는 것같이 천속하여 비록 의식은 있어도 많이 축제는 못한다. 뼈와 살이 균등하나 뼈가 밖으로 나타나 있고 얼굴에 굴곡이 많이 보이는 형상이며, 살결이 검은 편이고 목이 긴 것이 특징이다.

이와 같은 사람은 초년에 고생이 많았으나, 30세 넘어 자립능력이 생긴 후부터는 자수성가로 상당한 기반을 갖게 되어 "이제 살만 하구나" 하며 한숨을 돌리지만, 생각지 않던 재앙이 생겨 재물을 탕진하고 극한 고생을 하게 된다. 다시 살만한 기반이 잡히기가 바쁘게 풍파가 닥치는 등의 액고를 만나는 사람으로, 심약하면 자살로까지 몸을 망치게 된다.

이런 형은 극기심을 가지고 백가지 일을 참고 살면서, 부하고는 인연이 좋지 않으니 과욕을 부리면 몸을 망치게 될 우려가 있다. 이와 같은 사람은 특히 기술 분야에 종사하면 돌아가는 기계소리에 고액이 씻기고 기름옷으로 재화를 면할 수 있다.

2. 관상의 형태

〈심　상〉

　상의 형상이지만 마음은 형상이 없다. 상은 무형의 마음에서 지배 변화한다. 예를 들면 부끄러운 일은 얼굴이 붉어지고 기쁜 일은 환해지고 성날 때는 찌그러진다. 모두 무형의 마음에서 나타난 유형의 표현이다. 마음은 형상의 근원이며 그 마음을 살피면 선악을 알 수 있다.

　부귀와 빈천을 정하는 요소는 상에 의지하지만 그 상을 형상한 것은 마음이다. 마음이 선량한 사람은 빈천한 상이라도 도리어 부귀할 수 있다.

　얼굴이 짐승같아도 마음이 인자한 사람, 안면 수심의 철면피 등등 친구를 사귀려면 눈을 먼저 보아야 한다. 사람의 마음이 신속히 전달되는 곳은 눈이다. 눈이 불량하면 마음이 선량치 못하다.

　비리로 재산을 모은 사람은 오래 가지 못하고 마음이 조석 변개하여 책임을 회피하는 사람은 신용을 잃어 성공이 어렵다. 좋은 말을 귀에 대고 소곤소곤하면 음흉하고, 간담을 제치고 실정을 말하는 사람은 호걸한 사람이다.

　고집이 세고 자기주장을 내세우는 사람은 큰 재앙을 면하기 어렵고 부자에게 친절하고 빈자를 멸시하는 사람에게는 큰일을 맡길 수 없다.

　부하를 얕보며 권세에 아부 친절하면 그 권세가 길지 못하고 강독한 사람 누르고 약한 사람 돕고 늙은이 공경하면 복록이 있다.

　의리를 위하여 죽음을 각오하는 뜻으로 말하는 사람은 정작에 도망가고 겉으로는 청백하나 명예와 이권을 따르는 사람은 소인에 불과하고, 사소한 일에 책임을 회피하는 사람에게는 심복의 일을 맡길 수 없다.

　입이 경솔하여 쓸데없는 말을 함부로 하면 큰 재앙이 있고, 은혜는 져 버리고 사소한 원한만 생각하는 사람은 도량이 적어서 발전이 없다.

　쥐꼬리만한 권세의 재산을 가지고 남용하는 사람은 장래에 패가 망신한다. 과음과 탐색은 실수와 망신의 근본이요, 자기의 장점을 자랑하는 사람은 그릇이 작아 큰 성공이 어렵다. 공을 남에게 돌리고 잘못을 자기에게 돌리는 사람은 환난을 면한다.

　참기를 오래하고 잘못을 용서하고 도량이 넓으면 크게 성공하고 희로애락의 경중을 가리지 못하는 사람과 백사불성 일 없이 바쁜 사람은 복이 번개같이 간다. 남의 단점을 드러내는 사람은 박덕하여 생명에 위험이 있다.

　모양이 청수하고 약간 거만한 사람은 사귀기 어렵지만 그 가운데 크고 귀히 될 사람이 많다. 부드럽고 약하다고 비웃지 말라. 때를 만나면 비상한 공격이 있을 수 있다. 보통사람으로 보지 말라.

　어려운 일을 당할 때도 태연한 사람은 복이 무궁한 사람, 큰 소리를 자주하고 낯빛이 자주 변하는 사람은 박복한 사람이다.

3. 외향 형상

머리는 하늘을 형상 하므로 높고 둥그러야 하고 발은 땅을 형상하므로 모지고 둥글어야 한다.

눈은 해와 달의 형상에 비유하므로 빛이 밝아야 하고 소리는 우뢰와 같이 진향이 있어야 한다.

혈맥은 강하를 형상하므로 윤택해야 하며 골절은 금석의 형상으로 굵고 무거워야 한다. 살은 흙을 형상하므로 풍후해야 하고 이마, 턱, 코, 관골은 선악을 형상하므로 높이 솟아야 한다. 이와같이 천지의 형상에 잘 응하고 있는 상은 부귀의 상이요, 반대로 천지형상에 응하지 못하는 상은 기가 단해서 (기운이 짧음) 일생을 고생으로 마칠 것이다.

(1) 골격

무릇 골격이란, 땅속의 금석같이 높이 솟은 것은 좋아도 옆으로 뻗은 것은 좋지 않고, 둥근 것은 좋아도 모진 것은 좋지 않다. 뼈가 튀어나와 말랐다 해도 불거지지 않으면, 적은 살이나마 골고루 균형만 잃지 않으면 오히려 살이 많고 뼈가 적은 사람보다 낫다.

뼈와 살이 서로 합하고 기와 살과 혈이 서로 응해야 원만한 건강이 있다. 야윈 형에 뼈가 불거지면 고독하다. 살찐 사람의 살이 너털하면 단명한다.

앞가슴이 넓지 못하고 등이 좁고 두 어깨가 축 늘어지면 마치 병든 닭모양으로 생긴 것으로 가난하지 않으면 요절한다.

일각(왼쪽), 월각(오른쪽), 이골(귀두골)이 반듯한 사람을 금성골이라 하는데, 이러한 사람은 장관에 이를 것이다.
　인당골이 천장까지 뻗고 천중골이 천정의 발제에서 깨끗하면 지위가 향상되고 기골이 있어도 얼굴이 청수치 못하면 부귀하더라도 오래가지 못한다.
　관골이 높고 솟은 형, 살비듬이 좋은 사람은 권세가 좋은 상이요, 여자는 관골이 높으면 과부될 상이다. 관골(양쪽볼)이 계란형은 무자식이므로 재취로 가야 액을 면한다.

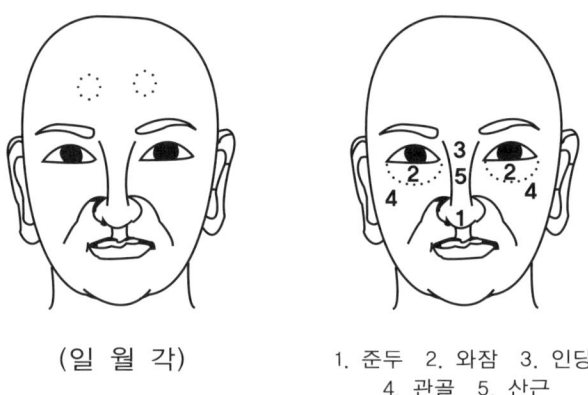

(일 월 각)　　　1. 준두　2. 와잠　3. 인당
　　　　　　　　4. 관골　5. 산근

　귀두뼈가 높으면 장수할 상이고, 골은 둥글고 단단하고 무거워야 좋고 모지고 부드럽고 가벼운 것은 좋지 않다.
　골이 살보다 많은 사람은 적극적이요, 살이 골보다 많은 사람은 소극적이다.
　골은 양이요, 살은 음이니 풍후하여 탄력이 있어야지 너털너털한 허벅살은 좋지 않다. 살이 많이 찐 것은 육다골소, 음승어양, 양승어음하니 모두 치우쳐서 좋지 않다.

(2) 근육(비육살)
　살이 너무 찐 것은 기가 단하여 병을 재촉하고 살이 옆으로 많이 찐 것은 성질이 흉악해서 적을 많이 산다.
 살이 죽쳐진 사람은 성질이 너무 유해서 기회를 잃기 쉽다.
 허벅살이 너무 찌고 살이 많은 사람과 40세 전에 배가 나온 사람은 요사할 것이다.
 살결은 향기로워야 귀인이 되고 희고 윤택한 사람은 귀격이다. 검고 거친 사람은 천격이며 몸의 살빛이 얼굴보다 희면 귀할 상이요, 모가지가 얼굴보다 희면 말년에 늦게 이름을 날린다. 피부가 귤껍질 같으면 고독할 상이다.

(3) 음성
 무릇 소리란 하늘의 뇌성과 음향이 있어야 하니, 북·종소리는 크면 큰 대로 웅장하고 적으면 적은 대로 작은 소리가 청량하여야 한다. 정신이 맑으면 기운이 화평하고 소리도 화창하다. 정신이 탁하면 기가 단단하여 소리도 촉급하다.
 귀한 소리는 배꼽 아래(단전)에서 나기 때문에 마음과 기운이 서로 통해서 흔연히 밖에 나온다.
 단전은 소리의 근원이요, 혀끝은 표현의 그릇이다.
 성공할 음성은 소리가 단전에서 나고 평생 가난할 상은 입에서 우물쭈물 한다.
 사람의 소리는 천인천성 - 만인만성으로 하나도 똑같지 않다. 천태만상의 소리를 일일이 분별할 수 없어, 이것을 오음(목·화·토·금·수)으로 구별한다.

　목성은 고창하여 끝에 조급하고,
　화성은 초열하여 끝에 여운이 없고,

토성은 침후하나 끝이 웅장하고,
금성은 화운에 끝음성에 음향이 남고,
수성은 원급하니 끝이 유창하다.

남자는 음성이 웅장하여 음향이 있어야 좋고, 여자는 음성이 화윤하여 유창해야 좋다. 깨진 종소리, 찢어진 북소리는 좋지 않다.

남자가 여자소리·비천한 소리 또는 여자가 남자의 소리는 팔자가 세어 재가 할 음성이다. 체구는 작은데 소리가 웅장하면 발전이 있고, 이와 반대면 발전이 더디다. 위대한 정치가치고 소리가 작은 사람은 없다. 혹여 있다 하더라도 그 정치적 수명은 길지 못하다. 음성이 맑았다 탁했다 하면 형벌을 당한다. 음성이 컸다 작았다 하면 빈천하다.

먼저 급했다가 뒤에 더듬는 것은 일에 막힘이 많다. 말을 다하기 전에 끊어 버리거나, 말도 하기 전에 얼굴색부터 변하는 것은 천상이다.

(4) 삼정

삼정 얼굴을 삼분하여 상 중 하부로 분류한다.
상부는 발제부터 인당까지,
중부는 산근에서 준두까지,
하부는 인중에서 지각까지 칭한다.
상정은 15~30세
중정은 31~50세
하정은 51~70세

상정 넓고 둥글면 대귀하다.

상정이 길고 풍만하여 윤기가 있으면 귀격으로 본다. 만약 상정이 부어오르든가 좁든가 하는 결함이 있으면, 형액이 많고 부모가 일찍 죽든가 빈천하다.

이마의 상정은 15~30세까지를 보는데, 인간의 정과 자식을 보는 자리이다. 조상, 도덕, 관사, 관록과 땅(토지)을 암시한다.

중정 바르고 두터우면 부와 수를 누린다.

중정은 눈썹 밑에서 코끝까지를 보는데 31~50세까지를 본다. 중정이 잘 차면 수명이 길고, 짧든가 작든가 비뚤어지면 인정이 없고, 의리도 없고, 아는 것도 없으며 형제 덕도 없다.

중정에 흉터가 있으면 중년에 반드시 한번 패하고 자수성가, 명예, 야심, 야망을 암시한다.

하정 두텁고 모지면 말년 행복하다.

하정은 평평하고 풍만하게 잘 차면 부자로 보고 하정이 만약에 길고 좁고 뾰족하든가 얕던가 하면 늙어서 빈곤하다.

만일 하정이 잘 생겼으면 자녀덕을 보고 부귀 편안하다.

자손, 가정사, 거주지 등 말년의 모든 길흉을 보는 곳이다.

하정이 상정과 바라보듯이 하면 말년이 길하다.

삼정의 균형이 맞으면 부귀영화를 누리며 삼정의 균형이 맞지 않으면 고독하고 빈천하다.

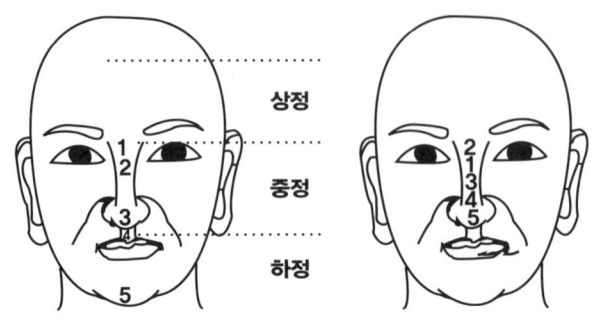

1. 인당 2. 산근 3. 준두   1. 산근 2. 인당 3. 연상
4. 인중 5. 지각   4. 수상 5. 준두
(발제 : 머리카락이 시작되는 부분)
〈삼   정〉

(5) 오악(중국의 명산이름을 대용)

좌관골은 동악 태산(왼쪽 광대뼈)

우관골은 서악 화산(오른쪽 광대뼈)

코는 중악(숭산이라고도 함)

턱은 북악, 이마는 남악형산이라 칭한다.

오악은 골육이 풍후하면 부귀하고, 오악에 흉터나 사마귀가 있으면 좋지 않다.

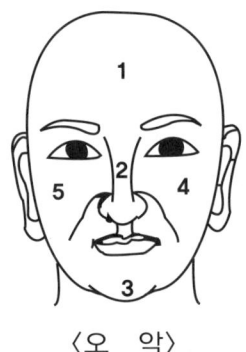

〈오   악〉
1. 남악 2. 중악 3. 북악 4. 동악 5. 서악

남자는 좌가 동쪽, 우가 서쪽, 이마가 남쪽, 턱이 북쪽, 여자는 우가 동쪽, 좌가 서쪽, 남북은 남자와 같다. 서로 상응하듯이 바라보면 분명 대길하다.

(6) 사독(얼굴의 깊은 곳을 말한다)
　눈은 하독이라 칭하고, 콧구멍은 강독이라 칭하고, 입은 희독이라 하며, 귓구멍은 강독이라 칭한다.
　콧구멍은 훤히 보이지 말아야 좋고, 입은 다물고 힘차며 살이 두터워야 하고, 귓구멍은 드러나지 말아야 좋다. 이와 반대면 흉한 것이다.
　눈은 맑고 흑백이 분명해야 하며 광채가 있어야 한다.

(7) 오관
　이목구비의 사독에다 눈썹을 더 한 것이다.
　귀를 체정관,
　코를 심병관,
　눈을 감찰관,
　눈썹을 보수관,
　입은 출납관이라 한다.
　귀는 윤곽이 분명하며 눈썹보다 높이 솟고 귀앞이 관대(넓은 것)하고 환해야 운이 트인다.
　눈은 들어가지 않고 붉어지지도 않고 흑백이 분명해야 한다. 눈동자가 단정하며 광채가 사람을 쏘는 듯 가늘고 긴 것을 감찰관이라 한다.

입은 모질고 눈은 희며 단정하고 두터우며, 활과 같이 벌리면 크고 오므리면 작은 것이 길하다.

코는 산근이 죽지 않고 인당이 넓고 산근이 인당과 년상 수상이 연하여 준두가 풍융하며 난대, 정위가 원만하여 마치 쓸개를 달아맨 듯이 색이 황명한 것은 심병관이 잘 났다 한다.

오관이 잘 되었으면 평생을 부귀, 겸전하며 한 곳만 잘 되었어도 그 운수에 10년의 운을 탈 수 있다.

모두가 잘못 되었으면 평생 고생할 상이다.

오관에서 세 곳만 좋아도 부귀할 수 있다.

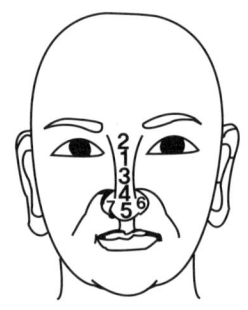

1. 산근 2. 인당 3. 연상 4. 수상 5. 준두 6. 난대 7. 정위

(8) 육부

육부가 풍만하면 좋고 골이 붉어지면 좋지 않다. 상위부는 보골에서 천창까지, 중위부는 관골에서 명문까지, 하위부는 시골에서 지각까지 칭한다. 이곳이 꽉 차고 곧고 죽은데가 없고 아무런 흠도 없으면 많은 배복이 있을 상이다. 이곳이 험하고 흠이 있고 주름이나 검은 사마귀가 있으면 좋지 않다.

천창이 솟았으면 권세가 많고 지각이 방후하면 만년에 아들 복이 많다.

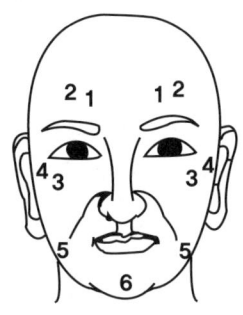

1. 보골 2. 천창 3. 관골 4. 명문 5. 시골 6. 지각

〈팔학당이란?〉

(1) **눈** 관학당이니 길고 밝으면 관록이 높고 짧고 탁하면 천하다.

(2) **이마** 학풍이니 넓고 길면 관록도 있고 수도 누린다. 좁고 짧으면 관운도 없고 단명한다. 이마는 일월각의 각이 서야 관록궁이 좋다.

(3) **귀** 윤곽이 분명하고 색이 어둡지 않고 결함이 없어야 한다.

(4) **치아** 내학당이니 꽉 차면 충효신의가 있고 성글고 멀어지면 간사하고 신의가 부족하다.

(5) **혀** 길어서 준두에 닿고 붉으면 구덕이 있어 좋다.

(6) 눈썹 눈썹은 초승달이 길하고 산란하면 흉상이다.

(7) 머리 몸에 비하여 머리도 지나치게 크고 잘 생기면 중후하고 함함히 없으면 철학, 소설 등의 정신면에 발달하나 현실 면에서는 기회를 놓치는 일이 많다. 예로 박종화, 이은상, 최남선, 송지영 선생 등은 머리가 잘 생겼다.

(8) 인당 거울처럼 맑고 밝아 알맞게 넓으면 학업성취하고 흠이 있고 좁고 함하면 학업은 이루기 어렵다.

(9) 관골 끝이 솟고 윤택하면 좋고 이와 반대는 흉하다.

(10) 의학당 귀앞이 의학당이니 풍만 명윤하면 외교에 능하고 어둡고 험하면 둔하다. 머리는 둥글고 끝이 솟았으면 귀상이요 비뚤고 죽은 상은 천한 상이다.

(11) 눈빛 흑광이 빛나면 귀상 흐리면 검은 빛이 희게 보이고 갈색이나 붉게 보이면 운이 없다.

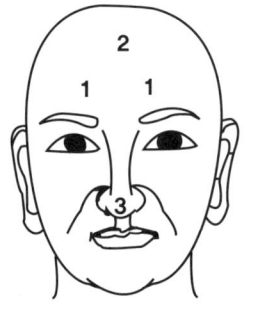 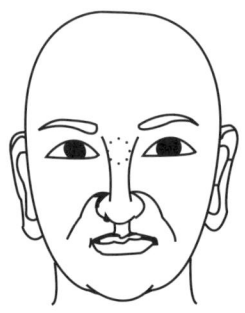

1. 일월각 2. 관록궁 3. 준두   인 당

제 3 장

십이궁과 빈부론

본능을 자제 시정하면 운명이 변하다

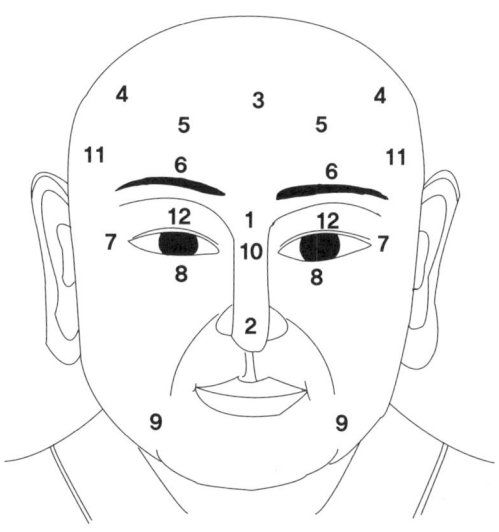

1. 십이궁 해설

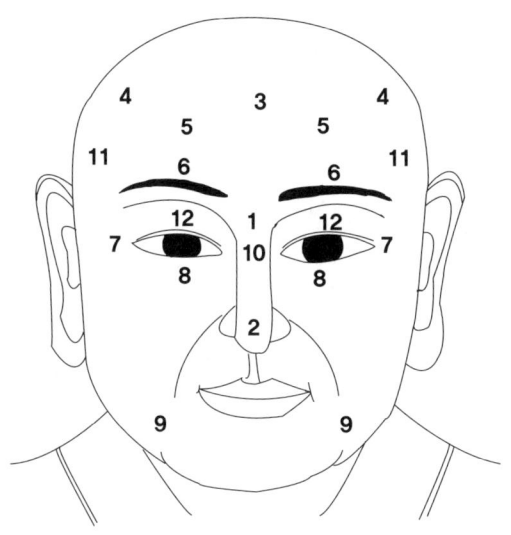

① 인당궁 : 천명과 직업궁
② 재백궁 : 재산의 유무(코)
③ 관록궁 : 관운의 유무(이마)
④ 복덕궁 : 복록의 유무(액각과 천창)
⑤ 부모궁 : 부모덕의 유무(일굴과 보골)
⑥ 형제궁 : 형제자매의 다소와 덕의 유무(눈썹)
⑦ 처첩궁 : 배우자와의 길흉(눈썹의 어미 간문 - 눈두덩이)
⑧ 남녀궁 : 남녀궁과 성기능(눈 아래의 와잠)
⑨ 노복궁 : 자식과 부하의 덕
⑩ 질액궁 : 명액(두 눈 사이의 산근)
⑪ 천이궁 : 역마, 천창, 천이궁
⑫ 전택궁 : 주택의 유무와 생활거처(두 눈과 눈두덩)

(1) 인당궁(명궁)

선천적인 학식, 성격, 직업 등을 판단한다. 명궁이 밝고 원만하여 거울같이 깨끗하고 산근이 끊어지지 않으면 무슨 학문이든지 전공하면 성공한다.

명궁은 운명의 강약과 후박을 볼 수 있다. 이곳이 깨끗하고 좋으면 뇌수 역시 좋은 형(명궁은 뇌수의 제일 선)이다.

희로애락, 우수사려, 명궁에 표현기색을 살필 때는 인당, 준두를 본다. 명궁은 현재의 상태, 명궁이 좁으면 소견머리도 어리석다. 또한 신경질적이다. 명궁이 깨끗한 사람은 선천적으로 좋은 운명이고, 명궁이 깨끗하지 못하고, 명궁이 들어가고 주름이 있고 흠이 있는 사람은 비관하고 불우하다. 명궁이 너무 넓으면 부모 유산을 탕진하고 명궁에 흉터, 사마귀, 주름이 여러 개 있으면 직업도 여러 번 교체한다.

명궁이 좋고 깨끗하면 양(陽)이라 하여 정치가, 군인이 좋고 또한 사업자 기질이 있으면 권력과 직결된다.

흠집이 있고 흉터 있으면 음(陰)이라 하여 종교가, 예술가, 철학자와 직결된다. 만일 여자가 인당에 흠집이 있으면 남편과 생이별한다.

〈인 당 궁〉
1. 명궁 2. 산근 3. 준두

(2) 제백궁

인당과 준두의 양처를 보아서 길흉을 판단한다.

구멍이 드러나지 않고 보기 좋은 코가 재운이 좋다. 코가 굽었거나 비뚤어 졌거나 너무 높거나 얕거나 살이 부족해서 뼈가 붉어지면 다 좋지 못하다.

콧구멍이 훤히 보이는 사람은 재운이 아주 부족하다. 코가 얼굴에 비하여 아주 작아도 좋지 않다. 코가 얼굴에 비해 너무 커도 좋지 않다.

얼굴 전체와 잘 어울려 끝이 대나무를 끊어놓은 듯 가지런 하면서 위는 약간 가늘고 아래로 점점 커지는 코는 훌륭한 재산가다. 대나무 코는 대통이나 현담처럼 생기고 살이 뼈를 폭 싸줘야 한다. 너무 높거나 너무 낮거나 하면 재산을 파산하며 콧구멍이 아주 작은 사람은 퍽 인색한 사람이며 큰 사람은 낭비벽이 많다.

코가 작고 뾰족하며 살이 부족하고 뼈가 불거져 나온 사람은 결국 패가하고 종내는 가난할 상이다. 40~50세까지 재산 날리고 50세 이후 고생할 상이며, 코가 훌륭히 생긴 사람도 이런 여자는 훌륭한 남편과 살 수 없다. 생이별하거나 사별의 경우 남편이 첩을 얻어 항상 불우하게 산다.

검은 점이 있으면 타인의 방해가 있고, 흠집이 있으면 자기 성질이 급하여 다 나간다. 후천적으로 상처 입어도 순간 뇌신경에 영향을 미쳐서 성질이 급하며, 매사 일에 더욱 신중하여 신경 쓰이는 일은 하지 말라. 무조건 얼굴 안면의 흠은 흉하다.

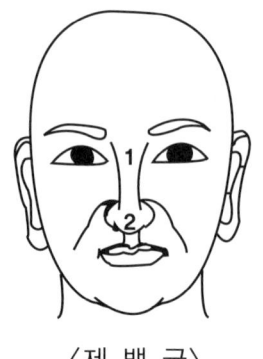

〈제 백 궁〉
1. 인당 2. 준두

〈관 록 궁〉
1. 천정 2. 사공 3. 중정

(3) 관록궁(천정, 사공, 중정 등을 주로 본다)

관록궁은 아름답고 끝이 죽지 않고 동물에 간을 엎어놓은 듯 두둑하게 생긴 사람은, 높은 지위를 차지하고 귀인의 천거를 입어 신분이 점점 향상하며 관록이 높아진다.

이마가 쑥 들어가고 흠이 있고 더럽게 생긴 사람은, 여러 번 직장 변경하고 지위도 항상 고민에 빠져 헤어나지 못한다.

관록궁은 중요한 곳이다. 고관이나 거부는 이마가 죽은 데가 없다. 고관은 코보다 이마가 훨씬 중요하고, 상인은 이마보다 코가 중요하다. 그리하여 관상적으로 이마 30%, 눈 50%, 코 10%, 귀와 입이 10%로 본다.

이마가 울퉁불퉁 생기면 마음이 침착하지 못해 무슨 일이든지 싫증을 내어 그만 두게 된다. 여자는 높이 솟은 이마는 좋지 않다. 이마는 죽은데 없이 넓어야 남편운이 좋다. 이마가 좁고 작으면 재취 시집가고, 이마가 색이 검으면 남편은 불길 재앙이 있고 남자 이마가 검으면 좌천이나 파직한다.

(4) 복덕궁

천창지고 양이마가 풍만하고 오악이 꽉 끼지 않고 좌우관골의 코를 폭 싸주고 지각이 안으로 다정히 이마를 바라보고 이마도 자빠지지 않고 상응하면 평생 복이 많다(메뚜기처럼 자빠진 이마는 복이 없다). 천창과 하공이 조공하면(이마 + 턱) 덕행이 많고 오복을 겸전한다. 옛 사람들은 오복은 수부(壽富)요, 강령이요, 배우자 복이요, 자식복이요, 건강복이라 했다.

요즘은 첫째로 건강하고 수(壽)하며 재산이 많고, 재산이 없다면 두번째로 지위가 높거나 귀(貴)나 부(富)를 해야 할 것이다. 셋째로 부모복, 넷째로 처복(여자는 남편복), 다섯째는 자식복이 오늘날 오복(五福)의 인생관이다.

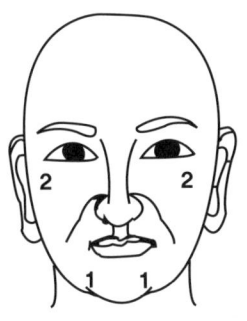

〈복 덕 궁〉
1. 천창지고 2. 좌우관골

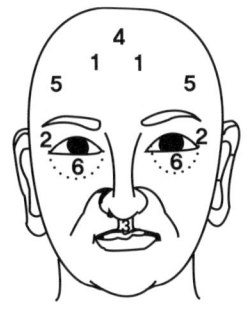

1. 일월각 2. 간문 3. 인중
4. 관록궁 5. 천창 6. 와잠

복(福)이란 눈으로는 보이지 않는 관념상의 뜻이며 천창지고 액각만 볼 것이 아니라 안면 전체를 본다.

부모복은 일월각, 형제덕은 두 눈썹, 남편과 처복은 간문, 자녀복은 인중(와잠), 재복은 코를 보며, 관록궁은 이마를 보면서 판단한다. 언제든지 국부적인 판단은 피하고 종합적인 판단을 해야 할 것이다.

가령 코가 아무리 현담처럼 잘 생겨도 좌우 관골이 싸주지 않으면 재복이 있다고 단정하면 착오다.

이마가 넓어도 눈에 살기가 있으면 반드시 상처하고 상부와잠이 아무리 좋아도 지각이 후퇴했으면 자녀복이 없다. 다음으로 인중(윗입술 윗부분의 홈)이 대나무 쪽같이 길고 깊고 해도 눈에 정기가 없으면 절대 오래 살기 힘들다.

이마는 좁고 턱이 풍후하면 초년은 곤란해도 말년은 행복하다. 눈썹이 눈과 가깝고 너무 귀가 쫑긋한 사람은 복이 없다. 천창이 풍후 풍만해야 복이 많다.

(5) 일월각(부모궁)

두 눈썹에서 1촌 가량 위에 일각, 월각, 좌우 보골 즉 사공에서 좌우 1촌 위에 위치한 곳으로 이곳이 높고 원만하고 명륜하면 오래 살고 부모복이 많다.

이곳이 낮고 침침하고 어두우면 조실부모한다. 생존해도 늘 병약한 편(좌편 액각이 아버지, 우편 액각이 어머니)이다.

눈썹이 이중으로 있으면 이복형제가 있다. 또 이마가 몹시 좁고 머리가 비틀어지면 서자 출신, 이중눈썹의 눈썹 위에 골이 죽고 왼쪽눈썹이 높이 솟고 오른쪽이 낮으면 어머니와 사별한다. 이마가 깍 끼고 두 눈썹이 붙었으면 부모를 일찍 사별한다. 이것을 관상학에서는 격각살이라 하여 부자간에 의견충돌, 일월각이 죽거나 깍 끼고 빛이 침침해서 어두운 사람은 부모인연이 박하다. 천중이 깊으면 16세에 부모를 잃는다. 이마의 색은 홍색, 황색, 자색이 좋다.

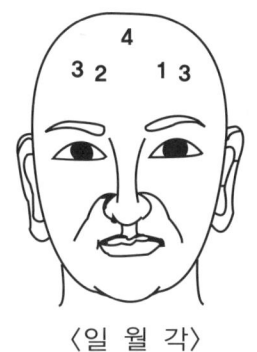 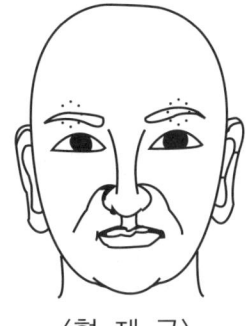

〈일 월 각〉　　　〈형 제 궁〉

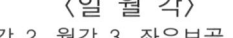
1. 일각 2. 월각 3. 좌우보골 4. 천중

(6) 형제궁

　형제궁은 두 눈썹을 보고 형제의 유무를 본다. 눈썹이 많은 사람은 형제가 많고 눈썹이 적은 사람은 형제가 적다.

　눈썹이 옅게 흩어지지 않고 눈을 지나면 친우간에 화목하고 협력심이 많고 유쾌하게 세상을 사는 사람이고 가정도 화목하며 친척, 친구의 덕이 많다.

　미두에 눈썹이 서있는 사람은 자기일신만 생각하고 형제간에 우애가 없다. 자기주장도 강하고 적이 많고 부하가 없다.

　눈썹은 그 사람의 마음을 표현하는데 눈썹이 아름다운 사람은 또한 마음도 그와 같다.

　눈썹이 거친 사람, 높이 눈썹이 난 사람은 마음도 그와 같다. 눈썹이 더럽고 거칠게 보이는 사람은 그만큼 풍파도 많다. 서양에서는 눈썹에 의해서 그 사람의 인물과 학식을 판정한다고 한다. 또한 여자의 눈썹이 깨끗하고 아름다운 사람은 그만큼 좋은 남편을 만날 수 있다. 부인의 눈썹이 극히 희박한 사람은 남편덕이 없고 자식의 덕이 없고 재운도 부족, 의식주 모두 부족하며 평생 고독하다. 눈썹을 곧게 그리고 마음을 수양하면 운이 올 수도 있다. 눈썹의 형태는 주택의 지붕과 같다. 지붕이 짧으면 집을 덮지 못하고 비바람이 집으로 들이치는 격, 눈썹이 부족하면 풍파가 많다.

(7) 부부궁(처첩궁)

 부부궁은 눈 끝의 어미의 바로 다음 눈꼬리에서 옆머리 털 부근까지 이른다. 이곳은 주로 혼담의 성사, 불성사나 부부의 화합, 불화, 연애의 성패 등을 판단한다.

 신경은 후두부 소뇌에 연관되어 있다. 그러므로 간문과 어미는 와잠과 함께 풍후한 사람이 부부 화합하고 화목하다. 남자는 왼쪽을 처로 보고 여자는 오른쪽은 남편으로 본다.

 간문(눈 두덩이)에 주름이 많거나 열십자 문이나 우물정자 문이 있으면 부부 인연이 박하거나 부부간에 마음이 맞지 않고 의견 충돌이 생기어 남편이 아내를 구타하고 아내는 남편을 배반한다.

 검은 점이나 흠이 있으면 악처나 악부를 맞는다. 늘 우울한 남자는 오른쪽에 흠이 있으면 악처를 맞고 자기로부터 왼쪽에 있으면 아내가 악부를 맞게 되며, 여자는 그와 반대이다.

 부부가 화목한 즉 간문이 윤택하고 불화한 즉 간문(눈두덩)이 거칠어진다. 간문에 주름과 흑자, 흠 등은 배우자 궁에 불리하며 빛이 깨끗하면 가정이 원만하다. 대개 간문이 움푹 들어가거나 간문이 나빠도 색이 좋고 윤택하면 액은 면한다. 남녀 간에 살기(남을 해하려는 악한 눈) 등을 한 눈은 반드시 상부, 상처한다.

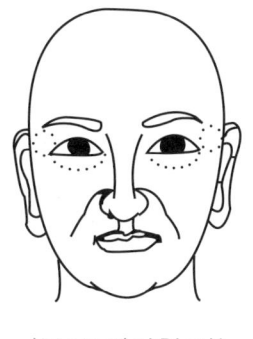
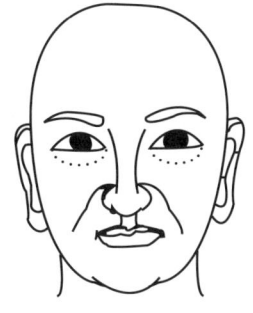

〈부부궁(처첩궁)〉   〈남녀궁(누당)〉

(8) 남녀궁(누당)

와잠이라고도 하는데, 눈 밑의 뼈가 없는 곳을 누당이라고 한다. 이곳은 자녀의 유무나 자녀의 덕, 부의 덕을 본다. 남녀간에 검고 푸르면 험한 성생활을 하고 탕아가 많다.

붉으레 하고 빛이 좋으면 반드시 아들을 얻고 와잠(남녀궁/누당)이 바늘 같이 기다란 현침문이 있거나 우물 정자문 또는 불룩한 살이 있으면 자녀가 없다. 자녀를 생산했더라도 여러 번 땅속에 묻고 와잠이 명윤하고 깨끗한 사람은 선대가 음덕을 베푼 사람으로 마음이 바르고 타인을 잘 도와주고 돌봐주는 사람이다.

와잠이 검푸르거나 더럽게 생긴 사람은, 음덕과 반대로 악의 징조이다(여성의 눈밑 누당이 밋밋하면 남편복이 없고 푸른빛이 있는 여성은 성욕이 강하다). 누당이 너무 부풀거나 납작해도 안 된다.

와잠의 신경은 직접 소뇌의 표현이다. 검푸른 사람은 생식기에 이상이 있고 깨끗한 사람은 가정이 화목하다. 와잠의 빛깔은 좋은 데 주름살이 있거나 우물 정자문이 있는 사람은 무자이다. 마음은 좋아도 자식복은 없다.

눈알이 삼백안이거나 사백안(검은 자가 흰 창에 떠있는 정도)은 신경이 잘 흥분되고, 분쟁 후에도 심성이 삐뚤어진 사람으로 횡액으로 사망하거나 생이별, 사별 또는 흉악하게 죽는다고 했다. 피부에 점은 윤택해야 좋다.

(9) 노복궁(턱의 하관)

턱이 튼튼한 사람은 부하덕이 있고 턱이 약한 사람은 부하덕이 빈하다. 턱이 두텁고 이중 턱인 사람은 수령이 된다. 또한 김일성처럼 턱이 늘어진 이중 턱은 욕심이 많고 남의 것 내 것이 없는 형이다.

시골(아구통)이 완강한 형은 계산적인 베품을 하고, 이마가 부족한 사람일 때는 안 되는 것을 밀고 나가다가 실패한다. 턱에 흠이 없어야 하고 있다면 부하로 인하여 손해 본다.

송곳 턱은 부하를 두기 어렵다. 책상에서 학문을 연구하는

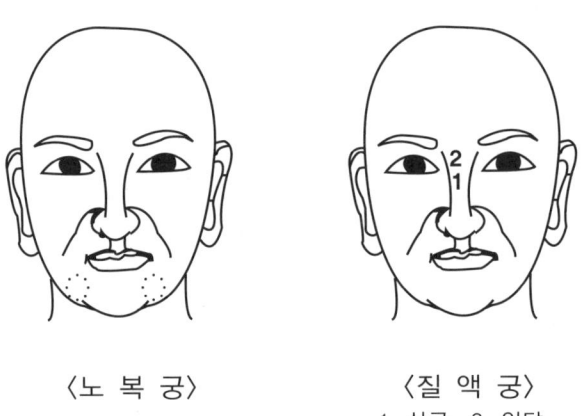

〈노 복 궁〉   〈질 액 궁〉
              1. 산근 2. 인당

학자나 철학자에 적당하며 턱이 뾰족한 사람은 50세가 넘은 즉시 활동력이 약하여 재운도 없고 병약하게 된다.

(10) 질액궁(산근에 위치)

산근은 인당의 아래 콧뿌리이다.

옛말에 하늘에는 측량할 수 없는 비와 바람이 있고, 사람에게는 조석으로 바뀌는 복과 재앙이 있다고 하였다.

모든 생물은 동물, 식물 심지어 무생물까지도 우주의 기공과 인생의 생로병사를 피할 수는 없지만 뜻밖의 병이나 재난을 어느 정도 살피면 예측할 수 있다. 천문학 기상관측 풍우의 습예를 알듯이 사람의 화복도 질액궁을 살피고 기색을 살피면 미리 알 수 있다.

산근이 깨끗하고 끊어지지 않으면 질액에 잘 걸리지 않는다. 산근에 흠이 있으면 목적이 깨지고 처자 이별하며 거주를 여러 번 옮기고 재산도 탕진하며 고생도 많다.

이와 같이 산근이 약한 사람은 항상 병을 조심하고 수양을 쌓아야 할 것이다. 특히 위장병이 있으면 산근과 연수상이 검푸르다.

(11) 천이궁

이마 양 옆의 천창이 풍만하고 깨끗한 사람은 더욱 더 향상 발전하고 이곳이 요합하거나 잡색이 있는 사람은 이사하면 점점 패하기 쉽다. 요합하더라도 기색만 깨끗하면 이사해도 손해도 없고 오히려 좋을 수 있다. 천이궁이 풍만하고 아름답게 생긴 사람은 늙을수록 복이 많다. 이곳이 풍만하면 선대의 유산도 있다.

(12) 전택궁

두 눈의 윗뚜껑이 아름다운 사람(눈의 주택)은 훌륭한 전택이나, 이와 반대로 전택궁이 좋지 못하거나 또 전택에 흠이 있거나 검은 점이 있으면 주택을 여러 번 교체한다. 전택이 좋은 사람은 부모와 선조도 좋다.

전택이 나쁜 사람은 부모와 선조의 운이 좋지 못하고 전택이 깨끗한 사람은 마음이 정직하고 신앙심이 강하다. 대개 종교를 믿는 사람은 전택궁이 넓고 무지론만 주장하는 사람은 전택궁이 좁다. 즉 신앙심의 차이로 볼 수 있다.

전택궁이 좁은 사람은 신앙심이 부족하고 억지로 믿는 경우도 있다. 전택궁이 넓은 사람은 여유가 있고 후덕스러운 귀성을 주며 여기에 눈썹이 수려하고 길면, 하는 일에 더욱 발전이 오며 신망을 받고 지각 있는 처세를 할 수 있다.

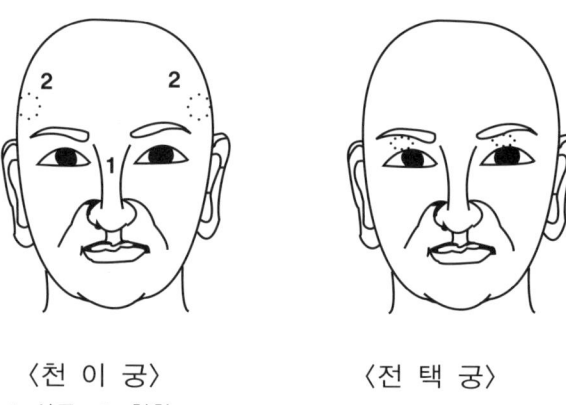

〈천이궁〉
1. 산근 2. 천창

〈전택궁〉

2. 부귀한 상과 빈천한 상

(1) 부귀한 상

 인물이 준수하고 궁상이 없고 활달 위풍이 있어야 하고, 이마는 넓고 함몰하지 않고 둥글며 마치 간을 엎은 듯 빛깔은 명윤해야 한다.
 눈은 가늘고 길며 흑백이 분명하고 눈썹은 가늘고 윤택하며 눈과 거리가 멀고 눈보다 길고 눈을 잘 덮어야 하며, 광채가 사람을 쏘는 듯, 너무 깊거나 툭 삐져나오지 않아야 한다.
 코는 산근이 함몰하지 않고 콧대가 풍후하고 반달형으로 준두의 좌우가 맞아야 하고 콧구멍이 빤하지 않고 빛깔이 분명해야 한다.
 입은 크고 꼭 다물어져 힘차게 보이면서 입술은 붉고 치아는 희며 이빨은 30개 이상 나야 한다.
 인중은 대나무를 쪼개는 듯 골이 분명한데 위는 약간 좁고 아래는 약간 넓으면서 남자는 수염이 나야 한다.
 귀가 크고 높이 솟고 견실하며 윤곽이 분명하고 빛깔이 선명하고 약간 뒤로 자빠진 것이 좋다.
 좌우관골이 솟고 하관이 쪽 빠지지 않고 체격도 건강하고 뼈와 살이 상반되고 체중은 적어도 60kg 이상이 나가고 풍채가 당당하면 평생 부할 상이다.
 부귀할 상은 대개 체격이 풍만한 사람이 많고 귀할 상은 청수한 얼굴이 많다.

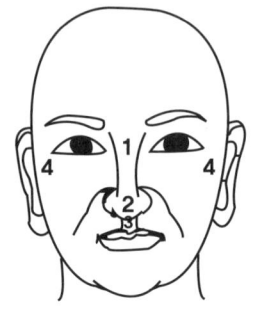

〈부귀한 상〉   1. 산근 2. 준두
                  3. 인중 4. 좌우 관골

(2) 빈천한 상(가난한 상)

궁상이 흐른다. 귀, 눈썹, 코, 입 등을 하나씩 따져보면 그럴 듯하나 종합하여 보면 어딘지 궁상스럽고 어색하여 화려한 의복을 입어도 어울리지 않고 허수룩한 노동복을 입어야 어울린다.

이마가 넓은데 죽은 면이 많고, 혹은 좁고 잔주름이 많고 빛깔이 침침해서 어둡다.

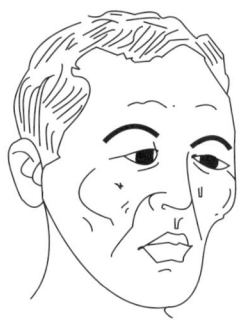
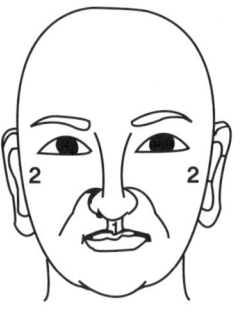

〈빈천한 상〉   1. 인중 2. 좌우 관골

눈썹이 농탁하거나 너무 희박하거나 혹은 산란하거나 추잡해서 눈 위에 바싹 붙고 눈을 길게 덮지 못하거나 너무 압도해서 마치 집은 작은데 처마가 긴 것과 같다.

눈은 둥글고 짧으며 몽롱해서 붉은 살이 엉키고 광채가 없다. 코는 비뚤어 졌거나 희고 움푹움푹 죽고 난대와 정위가 힘이 없고 콧구멍이 드러나 보인다.

입은 너무 작거나 귀도 헤벌어져서 힘이 없고 입술은 검거나 희고 치아는 28개 이하이고, 인중은 골이 희미해서 분명치 않고 윗입술이 짧아서 이가 드러나고 주름이 많으며 남자라면 수염이 너무 많거나 또는 없는 경우이다.

턱은 쪽 빨라서 송곳 턱이나 뒤로 자빠졌다. 귀는 백지처럼 얇거나 안으로 몹시 오므라들고 혹은 크다해도 선명치 못하며, 하관이 없고 혹은 높아서 붉어지거나 체격도 작고 약하거나 하며 건강하더라도 뼈가 드러나고 살이 너무 비만하여 전체에 어울리지 않아서 사람을 대접할 때 필요 이상 굽실거리며 비굴하게 보인다. 빈천한 상은 너무 굽실거린다.

(3) 빛깔로 본 부귀의 상

푸르기가 가지와 같고 누르기가 서숙과 같고 붉기가 자두와 같고 희기가 크림과 같고 검기가 흑칠과 같다. 이상의 청, 황, 적, 백, 흑이 오색대로 윤기가 있으면 부귀한 상으로 본다.

(4) 빛깔로 본 빈천한 상

푸르기가 녹슨 주석과 같고, 누런 빛깔이 햇빛에 바랜 종

이와 같으며, 붉기가 불과 같고(단명한다), 희기가 마른 뼈와 같고, 검기가 재와 같다.

　이상은 윤기가 없는 빛깔이므로 다 빈천한 상의 색깔이다. 얼굴빛은 색깔보다 윤기가 먼저요, 털색이 혼탁하여 먼지와 같은 사람은 기가 단(短)하여 일찍 요사한다.

　얼굴빛이 성낼 때 푸른기로 변하는 사람은 마음이 독해서 사람을 해칠 상이다.

　얼굴의 상하가 깨진 사람은 남자는 부모복과 자녀복이 없고 여자는 남편복, 자녀복이 없어 빈천하다.

(5) 총론

　얼굴이 둥근 달과 같이 청수하여 눈의 광채가 좋은 남자는 재상의 상이요, 여자는 재상의 부인이 된다.

　얼굴의 피부가 얇은 사람은 성질이 야비하고 빈천하며 가난하고 불효한다.

　얼굴의 피부가 두터운 사람은 성질이 순하고 부모에게 효도한다.

　몸은 살찌고 얼굴이 야윈 사람은 수명이 길고 이와 반대면 성질이 급하고 단명한다.

　얼굴이 검거나 몸이 흰 사람은 성질을 가리기가 힘이 드나 부귀한다.

　얼굴은 희나 몸이 검은 사람은 솔직한 성질이며 빈천한 편에 속하며, 귀가 얼굴보다 희면 늦게 이름을 조정에 떨치고 몸이 얼굴보다 희면 더욱 귀할 상이다.

　귀가 보이지 않으면 대귀하고 얼굴은 거칠지만 몸이 윤택한 사람은 길상이고 얼굴은 윤택해도 몸이 거친 사람은 빈천한 상이다.

　얼굴은 좋고 고우나 가난한 것은 몸이 곱지 못한 까닭이다. 이처럼 얼굴보다 몸이 더 중요하며 정면에서 시골이 보이지 않는 사람은 빈천하다.

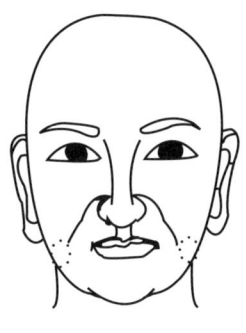

시 골

제 4 장

안면분과 해설

상대가 강하면 몸을 조심하라

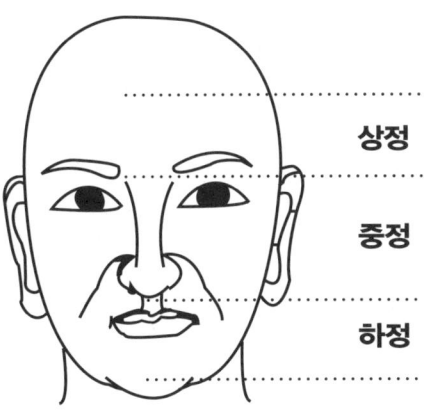
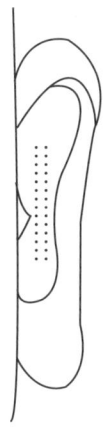

1. 머리와 인생

　머리는 둥글고 코뼈가 죽은 데가 없어야 하며 만일 비뚤고 작고 둥글지 못하고 가죽이 얇으면 좋지 못하다.
　전두골이 발달한 사람은 성공률이 높다. 후두은 상층이 발달해서 백전 불굴의 추진력이 있다.
　얼굴과 머리 전체를 삼등분하는데, 중앙 상부가 발달하면 고등 감정이 발달하여 도덕과 종교심이 많고 인품이 고상하다.
　좌우 횡부가 발달하면 허영심이 많고 인품이 고상하지 못하며 권모술수를 잘 쓰고 임기응변을 잘하며 때에 따라서는 거짓말도 잘한다.
　하부가 발달한 사람은 애정심이 많고 성욕이 많아 동물적으로 흐르기 쉽다.
　머리털은 비옥한 땅에 나는 풀에 비유해서 가늘고 부드러운 머리털을 가진 사람은 성질도 부드럽다. 머리털이 희박한 사람은 지능은 발달했으나 정력은 왕성치 못하다. 머리털이 억세고 숱이 많은 사람은 호색가이다.
　머리털이 누렇고 거친 사람은 고독하고 재액이 많다(특히 화재 조심).
　머리털이 거칠고 악취가 나는 사람은 가난하고 천하다. 머리털이 쑥대처럼 우거진 사람은 평생 가난하다. 머리털 뿌리 부분이 농밀한 사람은 재운이 부족하다.
　소년에 머리털이 희고 수염이 누런색이면 수와 복이 없다. 두 귀 위에 머리털이 드문 사람은 사기꾼이며, 노년에 털이 윤택한 사람은 복도 많고 장수할 상이다. 머리털이 눈빛같이 희고 얼굴이 불그레하면 80세까지 장수한다. 그러나 권세를 너무 누리면 횡액한다.

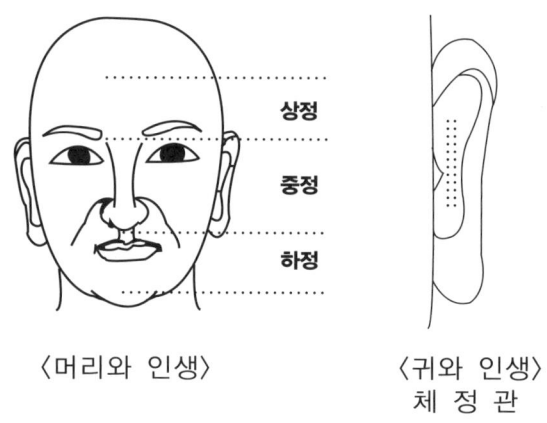

〈머리와 인생〉　　　　〈귀와 인생〉
　　　　　　　　　　　체 정 관

2. 귀와 인생

귀는 체정관이며 장부로는 신장에 속하고 신이 왕성한 때면 잘 들리고 허하면 덜 들린다.

여자는 오른쪽, 남자는 왼쪽부터 세상에 나온다.

귀가 단단한 사람은 건강하고 약한 사람은 건강치 못하다.

귀가 높이 솟고 길면 녹이 많고, 귀가 두텁고 둥근 사람은 의식이 풍족하다.

여자의 귀가 뒤집힌 사람은 본 남편과 해로하기 힘들다. 귀는 모양보다 빛깔이 중요하다. 빛이 어두우면 좋지 않은 상이다.

귀는 뒤로 잡아진 듯해야 좋고, 앞으로 오므라든 귀는 좋지 못하다. 두 귀가 어깨까지 내려오면 대귀하고, 귀가 검고 꽃 핀 것처럼 뒤집힌 사람은 조업을 없애고 타향살이한다. 백지처럼 얇은 사람은 요사한다.

귀 뒤에 뼈가 솟은 사람은 장수하고 뼈가 죽은 사람은 단명한다. 토끼 귀처럼 쫑긋하고 쥐의 귀처럼 뒤집힌 사람은 의식이 풍족하고 살이 전혀 없는 사람은 의식이 부족하다.

귀가 눈보다 높은 사람은 선생의 대우를 받을 상이요, 귀의 윤곽이 분명한 사람은 총명하다.

수주가 입쪽으로 향한 사람은 재운이 좋다. 수명 또한 길다. 귀아래 살이 부족하면 재운도 부족하며 귀속의 털이 길면 장수하고 귀속에 사마귀가 있으면 귀한 아들을 둔다.

귀가 붉은 사람은 일찍 출세하고, 흰 사람은 늦게 출세한다. 귀가 작고 앞으로 향한 사람이나 좌우가 크고 작은 짝귀는 일에 막힘이 많다.

귀에 먼지가 끼고 빛깔이 검으면 가난하고 어리석은 사람이다. 귀가 너무 앞으로 붙은 사람은 애정이 적고 이성에 무관심하며 너무 뒤로 붙은 사람은 격정적이며 치정에 흐르기 쉽다. 건강한 사람치고 귀가 적은 사람은 없다.

3. 이마와 인생

이마는 발제(털난 부분), 천중, 천정, 시골, 중정, 인당까지 좌우로 이마 전체를 이룬다.

이마는 15~24세까지 10년을 지배한다.

소운은 15~30세까지 15년을 지배한다.

이마는 높이 솟고 높고 넓고 액골 전체가 정백이까지 뻗었으면 극귀할 상이다. 얕고 좁고 험한 사람은 좋지 않다.

높이가 벽같고 넓이가 엎어 놓은 간 같고, 밝고 윤택하고 길고 모지면 고귀하고 장수한다. 좌편이 함몰하고 약한 사람은 부(父)가 선망하고, 우편이 함몰하고 약한 사람은 모(母)가 선망하며 삐뚤어지고 좁고 얇은 즉 관운이 없다. 발제가 풍후하고 높이 솟은 사람(앞천정 높고 숨구멍 부위가 높은 형)은 웅변 잘하고 호걸이다.

천창좌우가 풍후하면 부와 귀를 한다. 일월각이 솟은 사람은 귀를 하거나 큰 부를 한다. 이마가 죽은 사람은 남자는 관록이 있더라도 오래가지 못한다.

여자의 이마가 좁은 것, 죽은 것은 본 남편과 해로하지 못하고 두번 시집갈 상이다. 여자의 이마가 뾰족하고 또는 깍긴 사람은 일찍 재취로 시집가는 것이 좋다. 그렇지 않으면 본 남편과 해로하기 힘들다. 이마가 좁은 사람은 초년 고생, 넓고 둥근 사람은 일찍 출세한다.

남자의 이마가 좁으면 대개 서자이거나 고생이 많고, 조실부모 혹은 부모가 있더라도 큰 덕이 없다. 이마 넓은 사람은 장남이나 적자의 상이요, 보골이 솟은 사람은 왕후가 될 상이다.

인당에 골이 솟은 사람은 대길하고 이마가 좁아도 가죽만 두터우면 부와 수를 하고 어느 정도 귀하다.

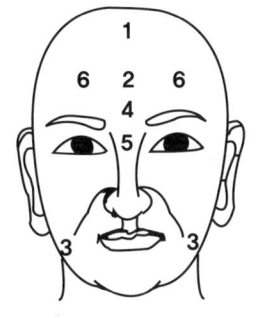 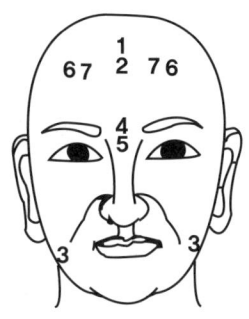

1. 천중 2. 천정 3. 시골 　1. 천중 2. 천정 3. 시골 4. 중정
4. 중정 5. 인당 6. 좌우천창 　5. 인당 6. 좌우천창 7. 일월각

4. 눈썹과 인생

 눈썹이란 눈을 보호하는 지붕이다. 26~35세의 10년을 지배한다. 가늘고 길며 윤택하면 좋고 거칠고 탁하면 좋지 않다. 눈썹이 탐스러우면 체격도 건강하다. 그러면 정력도 강하고 눈썹이 약하면 정력도 약하고 운명도 고독하다.
 눈썹이 눈보다 길면 부귀하다.
 눈썹이 눈을 지나지 못하면 곤궁하다.
 눈썹이 힘차게 보이면 성격이 강하다.
 눈썹이 위로 난 사람은 성질이 쾌활하다.
 눈썹이 아래로 숙인 사람은 성질이 후하며 궁하다. 눈썹이 인당까지 나서 연한 사람은 관액이 있고 형제간에 해롭다.
 눈썹이 많은 사람은 형제궁도 좋고 눈썹이 부족한 사람은 형제궁도 좋지 않다. 눈썹이 거슬러 난 사람은 불량해서 처자에게 해롭고 미골이 솟으면 흉악하고 일에 막힘이 많다.
 눈썹 속에 검은 사마귀가 있으면 총명하다.

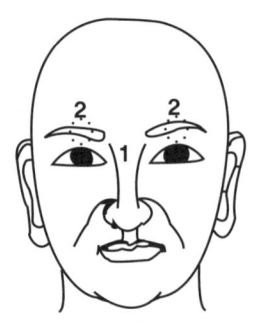

1. 인당 2. 형제궁

눈썹이 높고 수려한 상으로 대귀하다.
눈썹에 흰 털이 난 사람은 장수한다.
눈썹 위에 선 주름이 많은 사람은 부귀하다.
눈썹이 윤택하면 재운이 좋다.
눈썹이 마주 붙으면 액운이 많다.
눈썹이 반달 같으면 총명하다.
눈썹이 맑고 머리털이 맑을수록 귀하게 된다.
눈썹 위에 옆주름이 많은 사람은 가난하다.
눈썹 중간에 흠이 있는 사람은 간사하다.
눈썹이 아주 없는 사람은 고독하다.

5. 눈과 인생

 눈은 오장 중간에 속하므로 간에 피가 적절하면 맑고 열이 있으면 흐리다. 눈은 가늘고 길며 흑백이 분명하고, 광채가 사람을 쏘는 듯하면 크게 성공한다. 둥글고 탁하면서 분명치 못하면 요사 한다. 대운은 35~44세의 10년간, 소운은 35~

40세까지 지배한다.

  눈은 마음의 창문이다. 그러므로 마음에 선악을 알고 성패를 판단한다.

  병을 치료하는 의사들의 말을 인용 해보면 어떠한 병이라도 제일 잘 나타나는 곳이 눈이라 한다. 더욱이 정신병은 눈을 보면 알 수 있다. 쉽게 설명해보면 귀부인과 매춘부는 얼굴만 보아서는 판단이 어려우나 눈을 잘 살피면 알 수 있다. 귀부인의 눈은 위엄이 있어 감히 범할 수 없는 태도가 있고 매춘부의 눈은 위의가 없고 부끄러운 듯한 태도가 있다.

  여자는 눈이 고와야 자녀를 많이 두고 여자의 눈이 곱지 못하면 남편궁도 좋지 못하고 자녀운도 나쁘다. 눈이 불그레하거나 둥근 사람은 절대로 좋지 않다. 눈이 불량하면 마음도 역시 불량하다. 왼쪽 눈은 태양이며 아버지, 오른쪽 눈은 달을 형상하며 어머니를 상징한다.

  눈에 빛이 있는 사람은 성질이 급하다.

  옆눈질하는 사람은 도둑질한다.

  삼각진 눈은 간악한 사람이다.

  활처럼 생긴 눈은 간사한 영웅

  물먹은 듯한 눈은 남녀가 모두 음란하다.

  여자의 눈이 흰 창이 사방으로 보이면 간통할 상이다(더욱이 목에 흉터까지 있으면 운이 없다). 남자는 흰 창이 사방으로 나있으면 반드시 횡액으로 사망한다.

  남자의 눈이 오른쪽은 크고 왼쪽 눈이 작으면 반드시 처를 두려워하고, 여자가 그와 반대이면 남편을 두려워한다. 좌우의 눈이 크기가 다르면 간사하기는 하나 재산은 있다.

눈이 깊고 길고 광택이 있는 사람은 대귀하고 눈빛이 흙칠과 같으면 문장이 훌륭하다. 눈이 샛별과 같이 반짝거리면 부귀할 상이다. 눈이 가늘고 깊은 사람은 성질도 온순하고 장수할 상이다.

눈 아래가 누운 누에와 같은 사람은 귀한 자식을 낳는다. 눈에 빛이 번개같이 번득하면 극귀할 상이다. 눈의 길이가 일촌 이상 되는 사람은 경윤이 있고 정승이 될 상이다. 눈에 열기가 있고(쏘는 빛) 위의가 있으면 무리의 두목이 될 상이다.

눈이 툭 솟은 사람은 요사할 상이다. 눈이 크고 둥글고 성낸 눈은 명을 재촉한다.

눈이 짧고 작은 사람은 어리석은 상이며 천하다. 눈이 크고 작은 것이 분명히 드러나면 이복형제가 있다. 붉은 줄이 눈의 검은 창을 지나면 법을 어기고 악사할 형액이 있다.

눈의 붉은 줄이 눈동자까지 침범하면 관재 구설이 있다. 눈 아래가 붉은 색을 띤 사람은 산액이 있다.

옆눈질하는 사람은 음탕하며 언제나 정사를 즐기는 형이다. 눈이 툭 솟고 흰 창이 사방으로 보이는 사람은 전사한다.

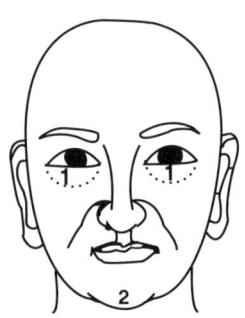

〈눈썹과 인생〉
1. 와잠   2. 지각

눈 끝이 아래로 죽으면 부부간 생이별한다. 눈에 살기가 등등하면 부부간에 사별한다.

눈썹이 위로 뻗는 눈은 복록이 많다. 눈이 가늘고 희고 길고 힘이 없으면 가난할 상이다.

눈 아래 뚜껑(와잠)이 곱고 깨끗하면 자녀가 많고 지각이 좋으면 아들이 많고 지각이 부족하면 딸이 많다.

남자의 좌측 눈이 작으면 부(父), 선망 여자의 우측 눈이 작으면 부(父) 선망한다. 긴 눈은 장수하고 꼬리눈은 횡사한다.

6. 코와 인생

코는 얼굴의 중앙이며 오악(남악, 북악, 동악, 서악, 중악) 중에 중악이 되고, 사독(눈, 코, 입, 귀) 중에 재독, 오성(화, 수, 목, 금, 토) 중에 토성이 되고, 십이궁 중에 재백궁이 된다.

장부로는 폐(肺)에 속하고 폐에 열이 있는 즉 코가 막히고, 폐가 맑은 즉 코가 통하면서 호흡이 잘 되고 냄새도 잘 맡는다. 안으로는 폐, 밖으로는 비위에 속한다.

그러므로 산근을 질액궁이라 하여 건강한 즉 산근과 연수상이 깨끗하고 만일 몸에 병이 있은즉 연수상과 산근이 어두워진다. 특히 위장병은 산근과 연수상이 어둡다.

코는 얼굴의 상하, 좌우보다 약간 높아야 하고 산근이 험하지 않고 연수상과 준두가 풍부하고 난대정위가 잘 싸주어야 하며, 콧구멍은 코가 커도 드러나지 않아야 한다.

대운은 45~55세까지 10년을 지배하며, 소운은 41~50세까지 10년을 지배한다. 풍후하고 윤택하면 40세 후에 운이 크게 열리고 살이 엷으면 또 뼈가 붉어지면, 이런 형은 40세 이후 재산 실패하고 말년에도 늦게 만년 고생한다.

난대정위가 좋은 사람은 부자가 되든지 고관이 될 상이다. 연상, 수상이 검고 뼈가 죽은 즉 천하지 않으면 요사한다. 콧대가 높은 형에 살이 풍부한 사람은 장수할 코이다. 코가 현담과 같은 사람은 부귀할 상이다.

실한 사람은 장수하고 준두가 풍후한 사람은 마음이 독하지 않다. 준두가 뾰족한 사람은 간사한 사람이다.

콧등에 가로금이 많으면 위태로운 일이 많다(교통사고 조심). 콧등에 세로로 금이 많은 사람은 양자를 드릴 상이다.

코가 산근에서 인당까지 뚫린 사람은 미모의 처를 얻을 상이다. 준두가 둥글고 바르면 밖에서 의식을 얻고 준두가 훌륭하면 틀림없는 부자 상이다.

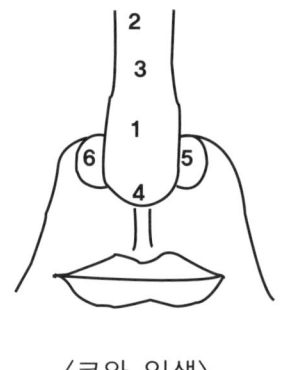

〈코와 인생〉

1. 재백궁 2. 질액궁(산근)
3. 연수상 4. 준두 5. 난대 6. 정위

1. 산근 2. 인당 3. 준두

콧구멍이 뻔히 보이는 사람은 가난하지 않으면 요절한다. 멧부리같이 생긴 코는 사람의 등골을 빼먹고 코가 여러 번 굽은 사람은 고독하다. 코에 요철이 있는 사람은 육친의 덕이 없다.

코끝이 붉은 사람은 동분서주하고 콧대가 붉어진 사람은 평생 골몰하다. 코끝에 붙은 살이 아래로 숙은 사람은 고단하고 가난하다. 콧등의 골이 죽은 사람은 일찍 요사한다. 콧등의 뼈가 붉어진 사람은 객사한다.

코가 윤택한 사람은 재운이 좋을 상이고 빛깔이 어두우면 재운이 막힐 상이다. 코만 홀로 높은 사람은 가난하며 자기주장만 강하다.

7. 입과 인생

입은 천지에 비유하면 바다가 된다. 오성 중에는 수성, 오관 중에는 출납과 말하는 기구 또는 먹는 기구다.

대운에 55~64세까지 10년을 지배한다. 입은 꽉 다물고 힘차게 보이며 좌우로 끝이 약간 올라간 듯해서 마치 배 모양 같아야 좋다. 오므리면 작고 벌리면 큰 사람은 만년에 복줄이 많다.

입에 힘이 없고 배가 뒤집힌 형으로 좌우 끝이 아래로 숙인 형은 좋지 않다.

입은 상벌과 시비의 근본이다. 입이 무거워 함부로 말하지 않는 것을 구덕이라 하고, 입이 경솔해서 타인의 허물을 함부로 말하는 사람을 구적이라 한다.

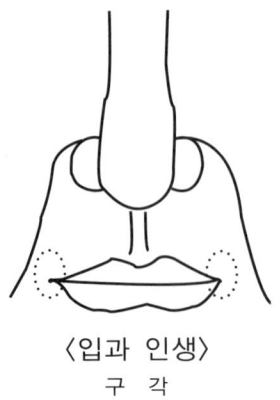
〈입과 인생〉
구 각

　입이 모지고 넓으면 수와 부를 얻고, 입이 휜 활과 같으면 관록이 많다. 입이 바르고 틀어지지 않으면 의식이 풍족하다.
　입이 사(四)자 모양이면 재산이 풍족하고 입이 뾰족이 나온 사람은 빈천할 상이다. 입이 부은 듯 뾰족한 사람은 늙어서 자식덕이 없다. 말하지 않을 때 입을 움직이는 사람은 가난하여 굶기를 밥 먹듯 한다. 말하기 전에 입술이 움직이면 어두운 마음이 있는 표시이다.
　입이 검붉은 사람은 일에 막힘이 많다. 입이 벌어져 이가 드러난 사람은 손재가 있다. 입술이 거칠고 치아가 드러난 사람은 구설이 많다. 입이 커서 주먹이 들어갈 상은 장관이나 대장의 상이다.
　입술에 사마귀가 있으면 술을 좋아한다. 입술이 붉은 사람은 평생 배고프지 않다. 입이 너무 적은 사람은 가난하다. 입은 작은데 입술만 큰 사람은 가난하고 요사하다.
　사람 없는데 혼자 말하는 사람은 빈천하다. 입술은 두텁고 말소리는 맑아야 좋고, 잇속이 보이지 않는 사람은 병권을 질

사람이다. 입은 큰데 혀가 얇은 사람은 노래를 잘 부른다.

8. 입술과 인생

입술은 입의 울타리이며 혀의 문이요, 행과 불행이 달린 곳이다. 그러므로 두터워야 좋고 얇으면 흉하다.

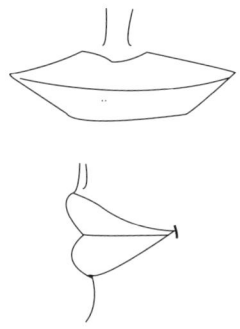

〈입술과 인생〉

입술은 잘 덮어야 좋고 너무 두터운 남자는 야심이 있고 만족을 모르는 사람이며 여자는 성욕이 강하고 과부되기가 쉬운 형이다. 입술이 얇으면 진보성이 결여되어 욕심이 적고 여자관계는 없다.

입술색이 주자색 같이 붉으면 부귀하고 남녀 모두 애정도 풍부하고 자녀의 인연도 좋다. 입술이 노랗고 불그레하면 귀한 자식을 얻는다. 입술은 길되 치아가 짧은 사람은 장수한다.

입술이 거친 사람은 일찍 죽고, 입술이 얇은 사람은 간사한 말을 잘 한다. 입술이 푸른 사람은 재앙이 많고 요사한다. 입술이 어둡고 검은 사람은 병액이 있다.

윗입술이 두터우면 추하다. 위, 아래 입술이 얇으면 정직하지 못하다. 위, 아래 입술이 붙지 않으면 가난하거나 마음이 검다.

위, 아래의 입술이 고르고 잘 겹쳐진 상은 부귀하고 마음도 깨끗하다.

9. 치아와 인생

치아는 모든 뼈의 정기가 입속에 모여 칼날을 이루어 씹어 장부를 편하게 하는 것이다. 사람의 기혈이 왕성한 즉 치아가 견고하고 기혈이 허약한 즉 낙치가 된다.

크고 많고 길고 곧고 희며 맑은 즉 이것이 부귀할 상이다. 치아가 어긋어긋하게 난 사람은 교활하다. 이가 너무 드문드문 난 사람은 가난하다.

치아가 짧고 찌그러지면 어리석다. 치아가 바르고 윤택하지 못하면 횡사한다. 말을 할 때 치아가 보이지 않으면 부귀하다. 몸은 건강한데 치아가 쉽게 낙치된 사람은 명을 재촉한다. 희고 윤택하면 재운이 왕성하다. 희고 반짝반짝하면 백번 모사해도 백번 성사한다. 치아가 하얀 은(銀)같으면 청귀하다.

치아가 석류알 같이 잘 박혀 있으면 복녹과 행복을 누린다. 치아가 칼날 같으면 장수한다. 치아가 뽕나무에 오디 같으면 그 사람은 단명한다.

뻐드렁니는 부모에게 해가 있다. 왼편 치아가 빠지면 중년에 실패를 보고 오른편에 이가 빠지면 여자로 인하여 패한다.
　앞니가 좌우로 갈라 벌어지면 교통사고를 당한다. 이가 톱날처럼 어긋어긋하거나 뻐드렁니는 14세 이전에 부모를 잃는 경우가 있다.
　남자 뻐드렁니는 좋지는 않으나 출세하는 데는 백절불굴의 정신으로 수완이 좋아 성공하는 이가 적지 않다.

10. 혀와 인생

　인간의 기를 모아 소리를 내는 곳. 모든 기를 모으는 곳이다. 정신의 집이 되고 몸과 마음이 배와 돛대가 된다. 생명을 좌우하는 기관, 운명의 득과 실이 담긴 곳이다. 혀는 생사를 좌우하는 곳이어서 함부로 놀리지 말 것이며, 혀는 모질고 길며 단정하고 맑으며 칼날처럼 생겨 무늬가 있으면 부귀한 상이다. 이와 반대로 둥글고 짧으며 좁고 얇아서 무늬가 없고 누런빛이 있으면 빈천하다.
　혀가 두텁고 짧으면 운의 막힘이 많다. 혀가 크고 얇으면 쓸데없는 말을 잘한다. 혀가 뾰족하고 작은 사람은 욕심이 많다.
　혀가 코끝까지 닿는 사람은 부귀할 상이다. 단단하기가 손바닥 같으면 대귀상이다. 혀가 붉고 깨끗하면 대귀하다. 혀가 무늬 길이로 있는 사람은 대귀할 상이다.
　혀에 아름다운 무늬가 있는 사람은 존경받을 처세를 한다. 혀가 뱀같이 생겼으면 독기가 있다.
　말하기 전에 혀를 빼는 사람은 음란하다. 말하기 전에 혀를 내두르는 사람은 거짓말 하는 사람이다. 혀는 붉으면 좋고 검거나 희면 좋지 않다.

11. 관골과 인생

관골이란 코를 보호하는 신하와 같다. 그러므로 코가 아무리 잘 생겨도 관골이 솟지 못하고 보좌하지 못하면, 마치 임금이 아무리 성군이라 해도 신하가 어질지 못하여 정치를 그르치는 것과 같다.

코는 약간 부족해도 관골이 좋은 즉 훨씬 좋다. 관골은 45~54세까지 지배하고, 소운은 46~47세의 양 년을 지배한다.

높이 솟고 살집이 좋아야 하고 얇거나 뼈가 붉어진 즉 좋지 않다. 관골이 솟으면 권세가 있고 약하거나 꽉 낀 사람은 힘이 없다. 관골에 뼈가 불거진 것은 고단하고 관골이 옆으로 뻗은 것은 흉악하고 여성은 과부가 된다.

12. 수염과 인생

입의 위로 나는 것은 '자'라 하고, 입아래 나는 것을 '수'라 한다. 자는 '녹'이 되고, 수는 '관'이 된다. 곱슬한 수염은 끈기가 없고 싫증을 잘 느낀다.

좌우 뺨에 나는 것을 구레나루라 하는데, 수염이 쑥대처럼 우거진 것은 좋지 않고, 맑고 깨끗하며 약간 드문 것이 귀상이다. 드문드문하여 너무 수염이 부족해도 흉하고 너무 탁해서도 흉하다. 수염이 돌돌 말리면 형벌이 있고, 수염이 윤택하면 말년에 복록이 많다. 수염이 뻣뻣해도 성질이 강해서 실패한다. 반면에 너무 부드러워도 용기가 없다.

인중에 수염이 없는 사람은 남의 일만 해 주고 공은 없다. 여자가 수염이 감실하게 난 사람은 중년에 과부된다.

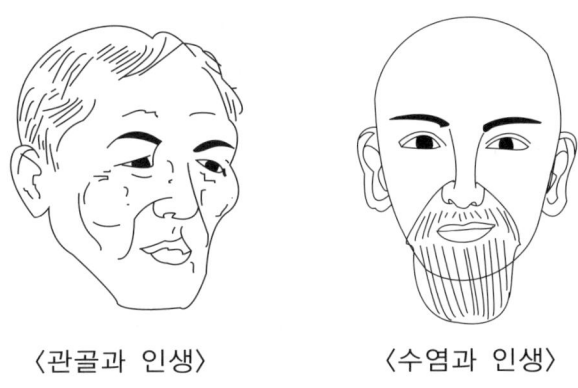

〈관골과 인생〉   〈수염과 인생〉

13. 법령과 인생

법령이란 법을 호령하는 인생의 이력을 보는 곳이다. 법령은 코끝에 좌우로부터 입가를 길게 뻗친 금을 칭한다.

대운은 입과 함께 55~64세까지 지배하고 소운은 56~57세의 양 년간을 지배한다.

법령이 입으로 들면 굶어 죽을 상이다. 법령 금이 입을 지나지 못한 즉 단명한다. 법령이 분명한 사람은 법을 지키는 사람이다. 법령이 분명하지 않은 사람은 법을 어길 상이다.

법령에 붉은 빛이 윤택하면 사령장을 받고 검으면 파면장을 맞는다. 여자도 법령이 깊고 끊겨 있으면 상부를 하고 독한 고집으로 살아온 증표라 할 수 있다.

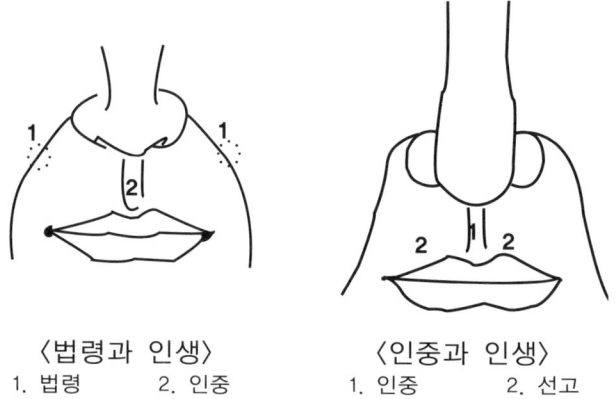

〈법령과 인생〉　　　〈인중과 인생〉
1. 법령　　2. 인중　　1. 인중　　2. 선고

14. 인중과 인생

　인중이 엷고 짧으면 볼 것 없는 상이요, 신용도 없고 자식도 없는 사람이다. 또한 불쌍하게 보이는 상이다. 인중은 몸의 도랑이다.
　인중이 잘 소통되면 물이 막힘이 없이 잘 흐르지만 도랑이 얇고(곧 도랑이 얕은 것) 낮고 또 좁은 데다가 평평하면 물길이 막혀 흐르지를 못한다.
　인중의 길이를 보고 수명을 단정할 수 있으며 또 자녀가 많고 적음까지 보는 것이다.
　인중이 곧아서 방천이 분명하며 하구가 넓은 형이면 최상의 형이다.
　인중이 굽거나 중간이 엷든가 또는 위가 엷고 밑이 좁거나 힘없이 깊든가 하면 흉한 형이다.
　인중이 평평하여 골이 없는 사람은 늙도록 자식이 없고 빈궁한 사람이다.

　인중이 기울거나 윤기가 없고 평평하면 게다가 좁을 때는 자손운이 없어 늙어서 고독하다.

　인중이 왼편으로 기울면 아버지를 잃고 오른쪽으로 기울면 어머니를 잃는다.

　선고라는 것은 인중의 양옆을 말함인데 인중에 가로선이 지면 자식도 안 되고 재산도 파한다. 또한 늙어서 고독하다.

제 5 장

신체분과 해설

큰 인물은 시대의 물결탄다.

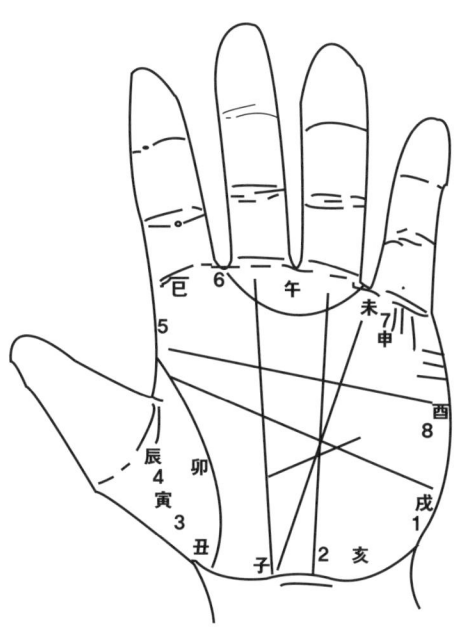

1. 목과 운명

 살이 찐 사람은 목이 짧아야 하고, 대귀할 상은 둥글고 실한 사람은 대부할 상이다. 목이 몸에 비하여 너무 길거나 짧고 크거나 작아도 좋지 않다.

 목의 뼈가 있으면 가난하거나 재앙이 있다. 목이 학처럼 길고 흰 사람은 청빈하다.

 목이 굽은 사람은 막힘이 많다. 목에 반점이 있는 사람은 좋지 않다.

 남자는 목이 짧은 것이 좋고 여자는 긴 것이 좋다. 목이 긴 사람은 귀하나 재산이 부족하고 짧은 사람, 부하나 귀함이 적다. 얼굴이 맑고 목이 짧은 사람은 부귀하다. 얼굴이 탁하고 목이 긴 사람은 가난하다.

 목이 앞으로 굽은 사람은 귀하며 목이 약간 뒤로 향한 사람은 좋지 않다. 목의 울대뼈와 치아가 드러난 사람은 객사한다.

2. 어깨와 운명

 어깨는 평평하고 살이 붙으면 좋고 어깨가 늘어지고 살이 없는 것은 좋지 않다.

 오른 어깨가 높은 사람이 성공할 상이요, 어깨가 축 처진 사람은 가난하다. 왼쪽 어깨가 오른쪽보다 높은 사람은 패가 망신한다.

 어깨가 넓고 얼굴이 모진 사람과 어깨는 넓으나 팔이 홀쭉

한 사람은 매사가 불성하다. 어깨는 약간 높은 것이 성공할 상이다.

걸음을 걸을 때 어깨를 바로 잡는 사람은 유랑할 상으로 길에 다니는 건달에서도 많이 볼 수 있다.

3. 등과 운명

등이 단정하고 두터운 사람은 대귀하다. 등이 길면 귀하고 짧은 것은 좋지 않다. 등이 엎드린 거북 같으면 대귀하고 두텁고 허리가 둥근 사람은 부귀할 상이다.

가슴은 내밀고 등은 넉사(四)자 같으면 가난하거나 요사할 상이다. 등이 깊어서 내천(川)자 같으면 빈천하다.

등이 도투락하고 등줄기에 고랑을 이룬 사람은 이름만 있으며 실상이 없다. 여자의 등이 둥글면 좋은 남편을 만날 상이다.

4. 허리와 운명

허리는 둥글고 등은 두터워야 부귀하다. 허리가 모질고 등이 얇은 사람은 빈천하다.

허리가 곧고 둥근 사람은 부자가 될 상이다. 허리가 곧지만 약하고 가늘면 가난하다.

등은 좋으나 허리가 약한 사람은 초년은 좋으나 중년에 패가한다.

등은 얇으나 허리가 둥글고 풍후한 사람은 초년은 곤하며 중년에 발복한다. 허리와 등이 모두 좋은 사람은 부귀할 상이다. 곰의 등은 두텁고 원숭이의 팔은 몽실하며 이리의 허리는 정하여 둥근 것으로 이와 같으면 대귀할 상이다.

5. 가슴과 운명

　가슴이 넓은 사람은 기운이 강장할 것이다. 가슴이 얇은데 좁은 사람은 기운이 약한 사람이며 매사에 두뇌로 살아야 한다.
　가슴에 빛깔이 윤택한 사람은 지혜와 복이 있다. 가슴에 빛깔이 어두운 사람은 어리석고 박복하다. 가슴이 평평하고 반듯한 사람은 부귀할 상이다.
　가슴이 좁고 긴 사람은 매사가 불성하다. 가슴에 털이 난 사람은 성공할 상이다. 가슴을 툭 내밀어도 빈천할 상이다. 가슴이 넓고 살이 풍후해야 귀상이다.
　가슴의 살이 부족한 사람은 천한 행동을 하며 어려움에 빠져서 헤맬 때가 많다.

6. 유방과 운명

　유방이 넓은 사람은 상쾌하고, 좁은 사람은 뜻이 좁아 어리석다.
　젖꼭지가 부드러운 사람은 자녀가 많고 단단하고 작은 사람은 자녀가 없다. 젖꼭지가 위로 향한 사람은 귀한 자녀를 둔다.

젖꼭지가 겨드랑이 밑에 가까운 사람은 부할 상이다. 젖꼭지에 검은 점이 있으면 반드시 귀자녀를 둔다. 젖꼭지가 붉으면 귀한 상이요, 희거나 누런색이면 천하다.

7. 배와 운명

배가 배꼽 중심으로 약간 솟은 사람은 지혜가 있다. 배가 배꼽 아래로 처진 사람은 어리석다. 배가죽이 얇은 사람은 가난하고 약하다.

배가 희고 붉고 윤택하면 부귀할 상이다. 배가 40세 이전에 나오면 단명, 요사의 상이다. 배는 두텁게 생기고 배꼽이 넓고 깊은 사람은 궁리가 넓다.

배꼽이 얇고 적고 뾰족이 내민 사람은 요사 빈천한다. 배꼽을 중심으로 탄력이 있는 살집으로 상·하·좌·우가 알맞게 부른 사람은 만사에 대통하다.

배꼽은 살구씨 한 알이 들어갈 정도로 큰 것이 부자의 상이다. 콩이 들어갈 만한 사람은 그릇이 적어 큰 부자는 되기 어렵다.

8. 볼기(엉덩이)와 운명

사람이 앉을 때 편하기 위하여 살이 있어야 되지만 얇아서 불거진 것은 좋지 않다. 사람이 쇠약한데 볼기가 없으면 배운 것이 많아도 성공하지 못한다. 살찐 이가 볼기가 없으면 가난하여 고생할 상이다.

볼기가 넓고 살이 많거나, 또한 배가 크고 배꼽이 깊은 사람은 큰 부자가 되거나 대귀할 상이다. 여자가 볼기가 크면 천한 상이며 몸도 볼기도 크면 또한 천한 상이다.

볼기가 뾰족하면 흉하고 도두룩한 즉 길상이다. 몸은 작아도 볼기가 풍후한 사람은 늙어서 부하다.

9. 무릎(정강이)과 운명

무릎은 둥글고 윤택해야 길상이다. 모지고 거칠면 흉상이다. 정강이가 크고 무릎이 뾰족한 즉 관재액을 많이 당한다. 정강이가 작고 무릎이 뾰족한 사람은 천할 상이다.

무릎이 작고 뼈가 부족한 사람은 단명한다. 무릎위에 힘줄이 생기면 길한 상이다.

털이 짧고 강한 사람은 형액이 있다. 무릎과 정강이가 뻣뻣하면 흉하다. 무릎은 둥글고 정강이에 털이 나며 부드럽고 실하게 보이며 윤기가 있어야 실하다.

10. 팔·다리와 운명

팔과 손은 다리와 발보다 길어야 하고 다리는 팔보다 짧아야 한다. 팔과 다리가 똑같이 길면 의식이 좋고 다리가 팔보다 길면 풍파할 상이다.

중정(목에서 배꼽)이 하정(무릎·발) 보다 길면 길한 상이다. 상정이 고루 평등한 형은 의식이 풍족하고 어떠한 위치에서도 구애를 받지 않고 모든 일의 뜻이 성취된다.

11. 음부와 운명

음부란 남자의 음경과 여자의 음순과 항문을 이른다.
신두에 흑자가 있으면 귀자를 둘상, 음문의 흑자도 귀자를 낳을 상이다.
음경이 강한 사람은 귀하고 음경이 작고 유한 사람은 좋지 않다.
음부에 털이 산란한 사람은 음란하고 털이 아주 없는 사람은 자궁이 좋지 않다.
항문에는 털이 약간 있는 것이 좋으며 남자의 음경은 배꼽 위로 향한 것이 길하다.

12. 손과 운명

손은 큰 산의 잎새를 보는 격이다. 그 삶의 부귀빈천과 육체의 마음까지 읽을 수 있다.
손은 부드럽고 두터우며 색이 붉어야 좋다.
귀인의 손바닥은 좋은 무늬가 있고 천인의 손바닥은 좋은 무늬가 없다.
손에 세로 금이 많은 사람은 대귀하고 가로 금이 많은 사람은 천하다.
엄지 손가락에 흠이 있으면 부모에게 흠이 있다.
둘째 손가락에 흠이 있으면 형제에게 해가 있다.
가운데 손가락에 흠이 있으면 자신에게 해가 있다.
무명지에 흠이 있으면 남자는 처궁에 흠이 있고, 여자는 남자에게 흠이 있다.

　새끼손가락이 몹시 짧으면 자식이 늦고, 길면 자식을 일찍 둔다.

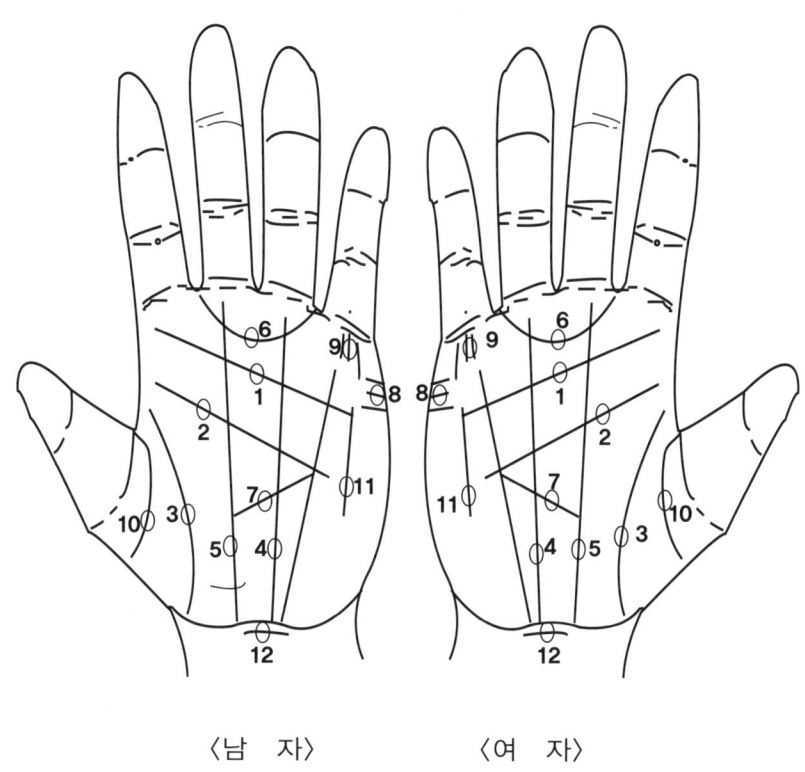

〈남　자〉　　〈여　자〉

1. 감정선　2. 두뇌선　3. 생명선　4. 태양선　5. 운명선
6. 황제문　7. 외예문　8. 결혼문　9. 자녀생산
10. 화성선(상속문)　11. 직각선(육감예술)　12. 수경문

⟨손금 보는 법⟩

손금이 가늘고 분명해서 세로 금이 많은 사람은 부귀하지만, 손금이 넓고 짧으며 선이 얕아서 분명치 못하고 가로 금이 많은 사람은 빈천하다.

(1) 천문(감정선)

중간에 끊기지 않고 선이 분명하면 부부간에 애정이 많은 사람이며 온화하다. 천문이 중간에 토막이 나고 톱날 같으면 신경질이 많다.

그리하여 가정이 원만치 못하다. 천문의 중간이 명확히 끊긴 사람은 상부 상처할 상이요 혹은 생이별할 수도 있다.

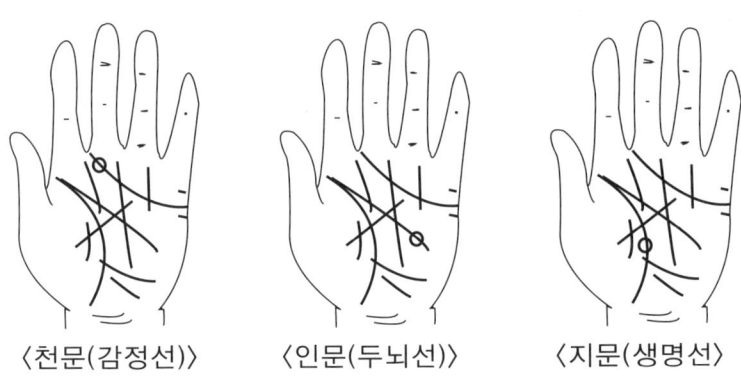

⟨천문(감정선)⟩   ⟨인문(두뇌선)⟩   ⟨지문(생명선)⟩

(2) 인문(두뇌선)

인문(두뇌선)은 길고 가늘며 끊이지 않고 분명하면 머리도 영리하고 성질도 온순하다. 인문이 산란하면 신경질이 많다. 인문이 길면 두뇌가 영리하고 짧으면 둔하다. 인문이 손바닥 중앙을 지나면 천재에 가깝고 미달되면 어리석은 사람이다.

(3) 지문(생명선)

지문이 짧고 넓어서 선이 희미한 사람은 대체로 건강치 못하다. 만일 건강하다면 요절하는 수가 있다.

수경문 부근에서부터 두번째 중지 부근까지 뻗어 올라간 사람은 명예가 높고 여러 사람의 존경을 받을 것이다. 중간부터 올라간 사람은 중년부터 시작해서 명예를 얻을 것이다.

(4) 고부선(태양선)

중앙에서부터 뻗어 무명지까지 올라간 사람은 초년과 중년보다는 말년에 이름을 얻는다.

손목 부근에서 무명지 손가락 부근까지 반듯이 길고 분명하게 뻗은 사람은 크게 성공하여 부귀하게 된다.

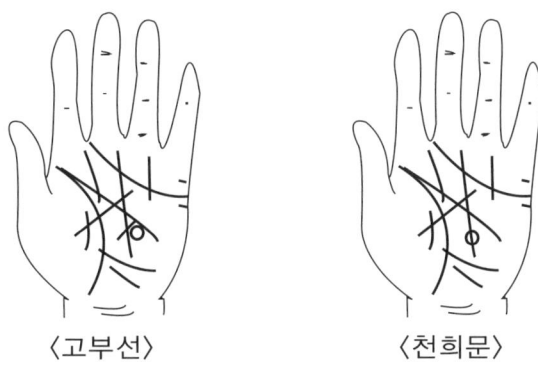

〈고부선〉　　　〈천희문〉

(5) 천희문(운명선)

중간 중간 끊어진 사람은 직업을 여러 번 바꾸기 때문에 성공이 몹시 더디다. 여자가 천희문이 길고 분명하면 사회적으로는 활동력이 있어 상당한 성공을 하지만, 가정적으로는 불행한 사람이 많다. 내 주장이 강하여 남편을 지배한다.

(6) 횡재문
성욕이 강하고 벌기도 잘 벌고 쓰기도 잘 쓴다. 흔하게 보이는 손금은 아니다.

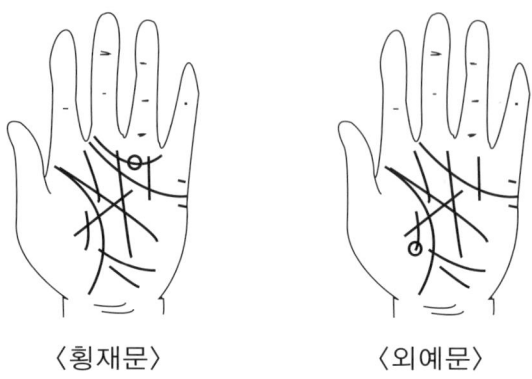

〈횡재문〉   〈외예문〉

(7) 외예문
대개 교육자, 철학자, 예술가 등이 많고 여하튼 특별한 기술이 있는 사람이다. 그러나 이 선이 있는 사람은 대개 위장병으로 고생하는 사람이 많다.

(8) 처첩문
처첩문이 옆으로 Y자형으로 된 사람은 생이별 할 상이다. 처첩문이 중간에 명확히 끊어진 사람은 남녀간에 사별한다.

(9) 남녀문
남녀문이 전혀 없는 사람은 자녀가 없고, 남녀문이 많은 사람은 자녀가 많다.

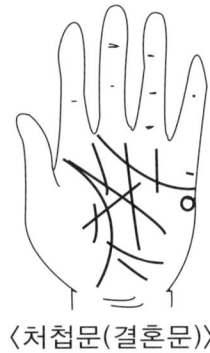 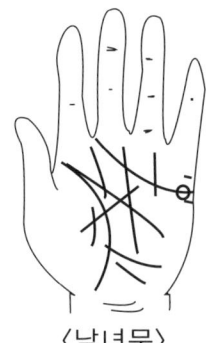

〈처첩문(결혼문)〉   〈남녀문〉

(10) 화성선(상속문)

대개 이 선은 장남에게 있다. 동생에게 이 선이 있다면 상속을 받을 장남 역할을 한다. 상속문이 많으면 이성교제도 보는데 많을수록 교제가 많고, 일명 부생명선이라 하여 차남이라도 장남 역할을 한다.

(11) 천안문(육감예술선)

이 선이 있는 사람은 육감력이 빠른 사람이다. 직업은 예술방 면이 좋다.

(12) 수경문(손목선)

수경문은 분명하여야 좋다. 손이 두텁고 푹신푹신 해야 부하고, 발바닥에 금이 아주 없는 사람은 평생 가난하고 죽도록 고생만 할 상이다. 손톱이 검은 사람은 천한 상이며, 손톱이 창백한 사람은 귀하기는 해도 가난한 사람이다.

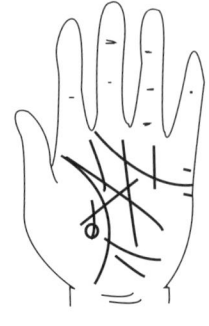 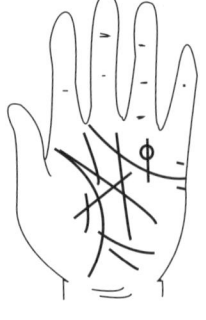 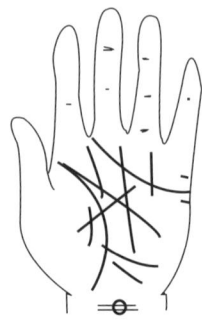

〈화성선(상속문)〉　　〈천안문(직각선)〉　　〈수경문〉

〈엄지손가락의 모형과 상의 설명〉

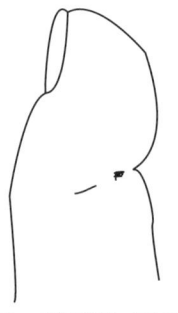 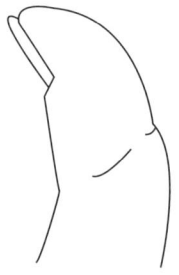

① 인색하다. 의지력 강하고 투지력 있다.

② 사교적이다. 의리 강하고 돈에 집착이 없다.

 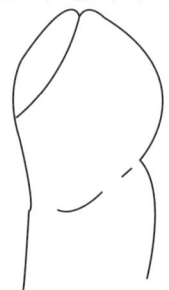

③ 신경이 예민하다. 정에 약하고 의지력 약하다.

④ 성격장애로 충동질 느껴 부모치고 자식치고 재물을 친다.

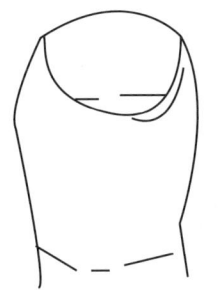
⑤ 성격이 우둔하고 극단적인 형, 원만한 가정생활 어렵다.

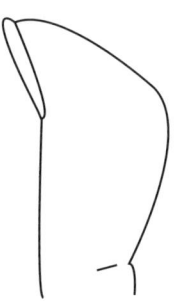
⑥ 친밀하고 교묘하며 언변이 좋다.

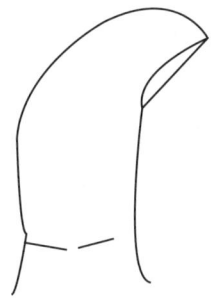
⑦ 감정이 풍부하고 활발하며 사교성 강하다.

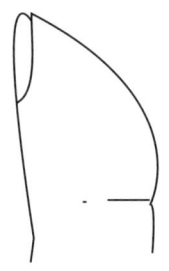
⑧ 의지력 강하다. 매사에 분명하고 전력추진하며 반드시 목적 달성한다.

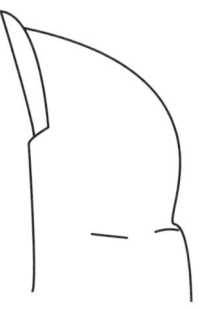
⑨ 심성이 풍만하다. 판단력 좋지만 재물은 낭비할 상이다.

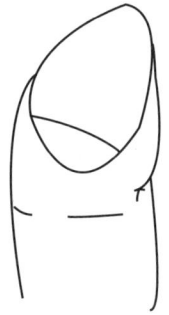
⑩ 이기주의자, 생각대로 추진하며 성공을 위해 모든 것을 이용한다.

〈손바닥의 팔괘 위치 해설〉

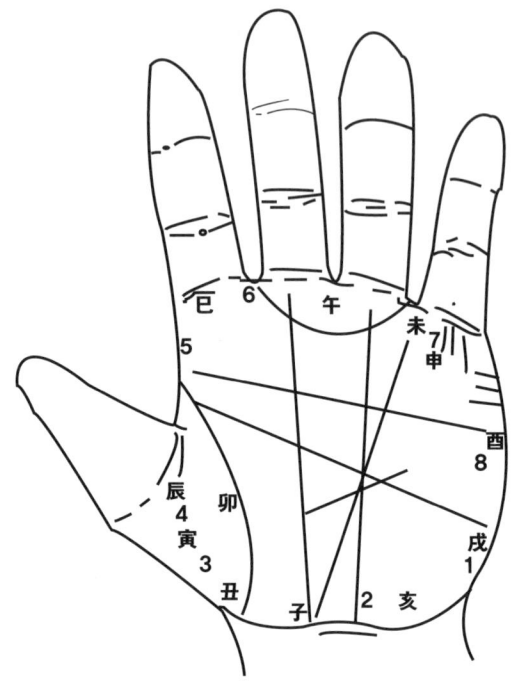

1. 乾 2. 坎 3. 艮 4. 震 5. 巽 6. 離 7. 坤 8. 兌

〈손바닥의 팔괘 위치 설명〉

① 건(乾)의 자리가 살이 통통하고 색이 좋으면 자손이 잘 된다.

② 감(坎)의 자리가 살이 찌고 금이 분명하면 생명도 장수하고 귀인의 도움도 받는다. 만일 반대하면 실수로 인하여 질병이 있다.

③ 간(艮)의 자리는 재물을 본다. 중년까지 보는 자리이며 하자가 있으면 고독하다. 주름이 죽죽 있으면 형제가 있어도 있으나 마나 하다.

살이 도독하고 주름이 없어야 길하다.

④ 진(震)의 자리는 처첩의 자리이다. 살이 너무 많아도 흉하며 알맞은 상태의 살이 있어야 좋다.

⑤ 손(巽)은 재복과 녹을 본다. 높고 강하게 올라가면 길하다. 쑥 들어가고 엷고 지나치게 높다 해도 출세 못한다.

⑥ 이(離)는 관록을 보는 자리이다. 살이 없고 엷으면 반드시 영화를 길게 가질 수 없다.

⑦ 곤(坤)의 자리는 복덕을 본다. 주름이 난잡하거나 쑥 들어가면 아들을 많이 두어도 키우기 어렵다.

⑧ 태(兌)형의 위치는 노복을 보고 자식을 본다. 이곳이 살이 통통하면서 윤택하면 마음이 온후하고 쑥 들어가든가 주름이 난잡하면 수명이 다할 때까지 자식이 받혀주지 않는다.

13. 발과 운명

우리의 발은 땅을 상징하며 비록 신체의 가장 밑에 있는 것이지만 그 쓰임은 대단히 많다. 그러므로 발이 곱고 추한 것을 구별하여 귀하고 천함을 판단해야 한다.

발이란 오직 모지고 넓고 바르고 둥글고 미끄럽고 부드러워야 하며 이렇게 생기면 일단 부귀 상이라 할 수 있다. 발이 좁고 얕고 옆으로만 넓고 짧으며 거칠고 뼈만 앙상하여 단단하면 빈천한 상이라 볼 수 있다.

발바닥이 무늬가 없으면 하천하고 발이 크더라도 얇으면 하천하고 비록 두터워도 옆으로 가로 퍼지면 빈곤하다. 발바닥에 세 개의 무늬가 비단결같이 있으면 식록이 많고 꽃무늬가 있으면 재물을 많이 모을 수 있으며 자손에게 유리하고 일세에 명예를 떨친다.

　발바닥의 뒤꿈치가 풍만하고 분명하면 복록이 자손까지 미치고 발바닥이 오목한데 없이 널판같이 평평하면 빈천하며 거북이가 들락날락할 정도로 오목하면 부귀를 누릴 수 있다.

　발의 네 모서리가 두터우면 거만의 갑부가 되고 발밑에 검은 사마귀가 있으면 권력을 장악할 수 있다.

　발가락이 가늘고 길면 마음이 어질고 귀히 되며 발바닥이 단정하면 성품이 온순하다.

　귀인의 발이란 작고 두터우며 소인의 발은 크고 얇은 것이다.

제 6 장

오행 신체해설과 글자모 형상

자신감은 어떤 일에 50% 힘을 받고 있다

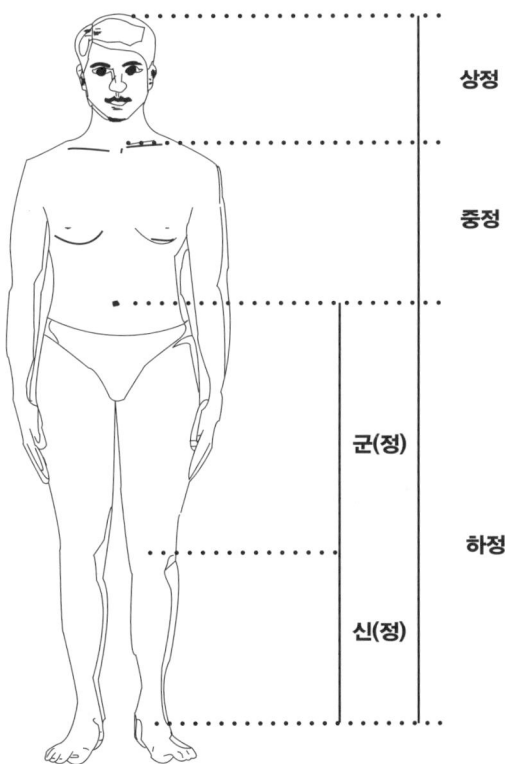

〈신체의 삼정〉

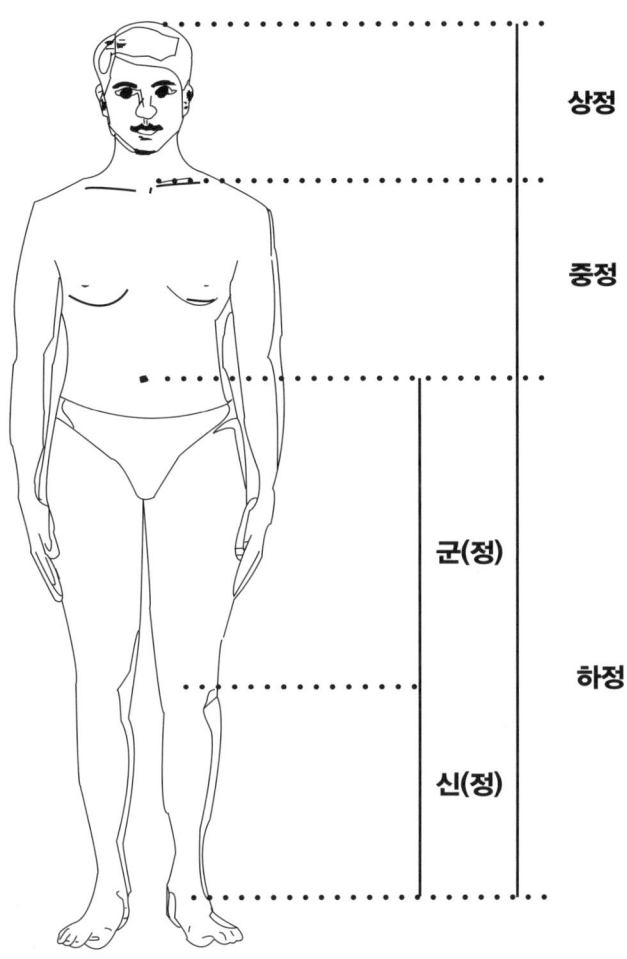

상정, 중정, 하정-군(정), 신(정)

　신체의 삼정이란, 머리에서 목까지 상정이며, 중정이란 목의 밑에서 배꼽까지이며, 하정은 그 중에서도 배꼽아래에서 무릎까지를 군(정), 무릎에서 발목까지를 신(정)이라 한다.
　상정은 머리의 골을 싸고 있는 가죽이 두터워야 평탄하고 단단해야 정신이 견실하여 좋다.

중정은 가슴배가 있는 부분이다. 이곳이 튼튼해야 모든 기능이 활발하여 하는 일에 자신이 생길 것이다.

하정은 배꼽아래 전부인데 그 중 배꼽부터 무릎까지를 임금이요 무릎에서 발목까지를 신하라고 일컫는다.

뼈와 살이 튼튼하고 특히 무릎의 살이 두둑하며 군신의 부위가 알맞게 발달한 것을 최상급으로 판단하게 된다.

아랫사람과 좋고 나쁜 관계를 구분할 때 나를 보좌하는 사람이 안전하게 되어 있어야 모든 일이 순조로우며 작은 노력으로 많은 성과를 거두게 되는 것이다.

임금(군) 부위가 길고 신하(신)의 부위가 짧은 사람은 마음이 충직하고 분수를 지켜 가는 사람으로 모험이나 위험한 일에는 뛰어들지 않으며 오직 자기 능력에 맞는 일에만 열중하는데, 이것은 신하가 임금을 받들고 보좌하는 것이 사명이며 충성의 형상으로 판단하기 때문이다.

반대로라면 신하가 임금을 지배하는 형상으로, 자기 윗사람과 뜻이 맞지 않고 장애물이 많아서 모든 일에 막힘이 많고, 자기 주장을 고집하기 때문에 서로 상합이 이루어지지 않아 독자적인 개척을 하여야 한다. 때문에 일신이 곤고하며 고독함을 면할 길이 없다.

다같이 길면 이상은 높아 현실에 불평불만이 많고 허영심이 많아 사치와 유흥에 흘러 불안한 가정생활이 될 것이다. 육체에 자신이 있기 때문에 연예계에 진출함이 적합한 사람이다.

모두 짧은 사람은 육친의 덕은 없으나 자신의 노력으로 자수성가하고 일상생활에서 절약심이 강하며 돈에 대한 관심이 누구보다 강한 사람이다. 이와 같으면 외교나 활동적인 직업보다는 기술이나 정밀한 세공업에 진출함이 적합할 것이다.

따라서 발과 다리(신)의 발목 부위도 잘룩한 편이 활동면에 좋고 살이 찌고 뼈대가 굵으면(신하의 움직임에) 발의 작용이 우둔하여 모든 일에 건체되는 불운을 만나게 된다.

발과 다리는 필연의 관계이므로 임상시에 연계적인 관계로 임상함이 바르게 보는 법이라 하겠다.

1. 오행체 해설

 (1) 목형(木型)

　얼굴이 검고 마른 편이며 뼈가 가늘고 살이 고루 쪄야 길상이며, 눈동자는 살기는 없고 정신력이 담겨 있어야 운이 온다.
골상에 살이 없어야 재복이 많다.
　목형에 흰색이 나타나면, 평생에 부모 일찍 여의고 처자를 편하게 거느리기 어렵고 이름과 열매를 얻기 어렵다.

〈목형〉

　붉은 색이 많이 나타나고 수염이 없고 머리카락이 없으면 자손덕이 없다.
　목형은 검은 색을 얻어야 부자가 되고 귀하게 된다.
정격을 얻지 못하고 다른 형이 가미되면 파격으로 좋지 못하다.

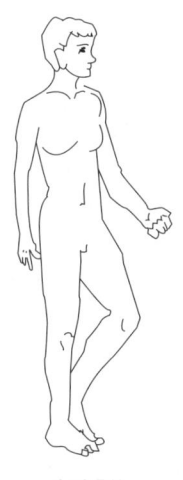

〈화형〉

 (2) 화형(火型)
　뾰족한 듯 보이고 머리두상이 불이 타는 것처럼 보이면서 뼈대는 굵고 짧은 듯 몽탁한 편인데 빛깔은 붉은 기색을 많이 띠고 있다.

얼굴에 광채가 나고 유기하면 재물이 들어오는 징조이다. 음성이 허스키 하면 초년부터 부자이며 불을 태우는 빛이 보이면 길한 징조이다.

청색은 길하나 지나친 검은 색은 배우자를 극하고 자식을 극하고 재물도 나간다. 또한 흰색이 있으면 부부이별 자식이별 재산운도 막힌다. 화형은 오관이 튀어나오지 않으면 중년에 파한다.

(3) 토형(土型)

뼈도 크고 얼굴색이 황색이 나고 윤택한 것을 가지면 거부가 된다.

등허리가 거북등과 같이 두툼하면 하늘의 복을 받을 사람이다. 항아리에서 울려 나오는 듯한 목소리면 반드시 믿음이 있다.

지나치게 맑고 깨끗한 것을 싫어하고 탁한 것을 좋아하며

〈토형〉

뼈도 누릇한 것은 좋은 진형이므로 유기할 때 대발한다.

만약 푸른색이나 검은 색을 띠게 되면 즉사하고, 붉은 색을 얻으면 재복이 더 한층 발달한다.

뼈가 튀어나오거나 거죽만 있거나 목소리와 체구가 어울리지 않으면 흉하다. 토형은 항시 누워 있는 것을 좋아한다.

(4) 금형(金型) - 준두(코끝)가 중요하다.

화색이 희면 영화가 길고
반드시 이름을 날린다.
단정하고 오관이 균형이 잡히고
깨끗하며, 얼굴색이 희고
허리는 가늘고 엉덩이는 살이
있어야 귀격이다.
　준두(콧망울)가 붉은색이면
자산을 탕진하고 자식을 극한다.
반면에 선행을 쌓고 음덕을
쌓으면 차선으로 운이 열린다.

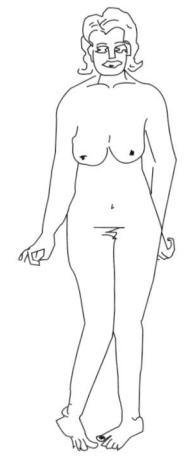

〈금형〉

앉아 있는 것을 좋아하고 처음도
나중도 깨끗하다. 목소리는
의리가 있고 모든 것을 거두어
들이는 수확의 기운이 있다.

반듯하고 단정하며 신체 살이
고르게 안정된 것이 특징이다.

〈수형〉

(5) 수형(水型)

뼈대는 둥글고 튼튼히 생겨야 하며 튀어 나오면 안 된다.
살집은 좋으며 탄력이 있어야 하고, 피부색은 검푸른 색이어야 하고 만일 거칠고 귤껍질 같이 생겼으면 파격이다.

걷는 것을 좋아하고 항시 움직이는 상태이다. 살이 후듯하고 둥글둥글하고 통통한 상이다. 수형이 백색을 얻으면 이름도 얻고 돈도 번다.

누렇게 뜨거나 지나치게 뼈가 튀어나오면 재액이 매년 발생하며 황색(누런 색의 거친 빛깔)이 있으면 관액이 따르고 흉하다.

결론적으로 오행의 공통점은 유기하여야 하고, 눈에 신기를 머금고 있으며 골격은 둥글어야 함이다(목형은 제외).

살집은 고르게 붙어야 하는데(수형은 군데군데 다소 찐 편도 괜찮다), 목형만은 뼈도 약하고 뼈에 살집이 살짝 고르게 앉혀 놓은 것이 특색이며, 눈은 쏘는 듯 신기가 있어야 한다.

이로써 진형을 갖추어야 복을 받을 상인데, 어느 정도 진형에 가깝느냐에 따라서 분복을 논함이 타당하다고 본다.

2. 얼굴 모양 해설

① 왕(王)자형

사교성·투기성·낭비성이 많으며 유흥을 좋아한다. 매사에 시작은 있되 끝은 없다. 초년운은 왕성하나 중년실패와 말년 빈곤하여 신음하며 세번 이사하고 주소를 바꾼다. 여자가 이런 상이면 화류계로 빠진다.

② 동(同)자형

오악이 균형이 맞으면 상격이다. 성격이 온화하고 유한 것을 겸비한다. 관계나 상계를 막론하고 성공한다. 혈색이 불그스레하고 윤기 나면 길하다. 여자는 귀인의 남편을 만나 덕을 본다.

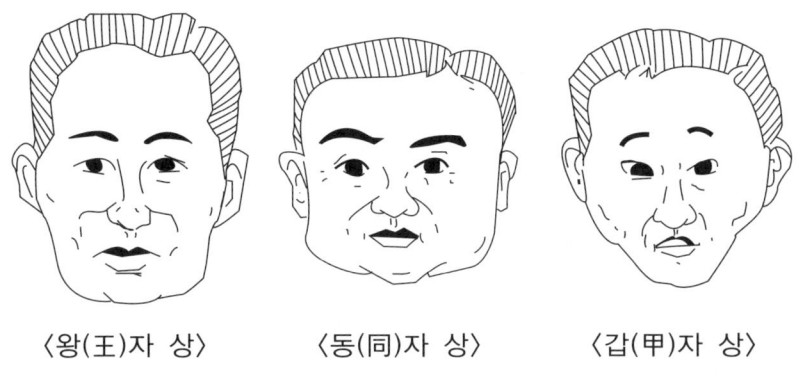

〈왕(王)자 상〉   〈동(同)자 상〉   〈갑(甲)자 상〉

③ 갑(甲)자형

관록을 얻음이 좋고 얼굴만 깨끗하면 중품이다. 26세부터 운이 트인다. 오관(눈, 코, 입, 귀, 눈썹)이 보기 싫지 않게 생기면, 처음은 부자이나 말년은 가난하다. 52세부터 재물이 나가고 빈한하며 노년에는 빈하고 고독하다. 명예직은 좋으나 탐욕 하면 안 된다.

④ 목(目)자형

감정이 예민하며 재능은 총명하고 궁리는 적다. 기술을 배우는 것이 좋고 고독하다. 오관이 조목조목 잘 드러나면 부귀하다.

27세에 재물을 동서남북으로 흩어버린다. 돈은 벌어도 고생이 많고 수명은 장수한다. 여자인 경우는 재취감이다.

⑤ 유(由)자형

초년에 부모와 이별하고 자수성가에 학운이 없다. 관록궁도 얻지 못하므로 상업에 종사함이 좋다.

초년의 25세까지 고독하고 40세부터 귀인의 도움을 얻어 말년은 형통하나 여자는 남자에게 기대기 어렵다.

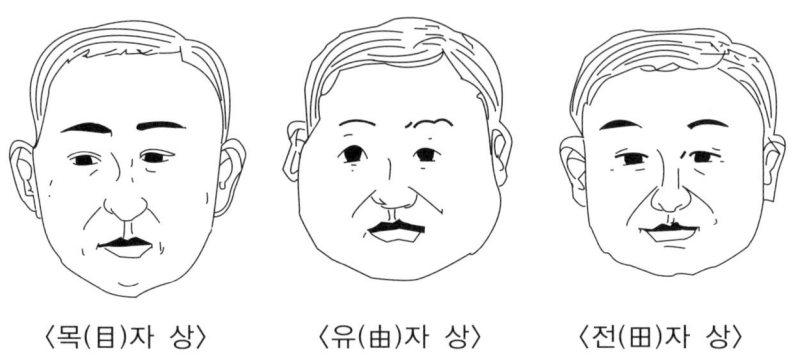

〈목(目)자 상〉   〈유(由)자 상〉   〈전(田)자 상〉

⑥ 전(田)자형

장부형이다. 남자는 성격이 급하고 강하며 30세 전 후에 대난을 당한다.

뼈가 한 개라도 튀어 나오면 주거지가 없다. 남녀불문하고 고독하며 여자는 혼인을 세번 해야 하고 무자식이며 불행 고독하다.

⑦ 용(用)자형

소년시절 고난이 많다. 신체건강하고 재물이 많이 모임이다. 말년에는 처자 이별하고 고독하다.

⑧ 원(圓)자형

 낙천적인 성격에 정력이 풍부하고 재물에 대한 애착이 강하다. 오관(눈, 코, 입, 귀, 눈썹)이 아름답지 못하면 파란이 많고 재물은 많이 얻으나 자식과 인연이 없으며 너무 풍뚱하면 단명한다.

⑨ 신(申)자형

 의지도 강하고 심독도 강하다. 초년운은 불길하며 27세부터 운이 열린다. 중년에 자수성가, 52세부터 몰락하며 세 번 이사하고 있을 주소가 없다. 그러나 오관이 좋으면 명예를 얻는다.

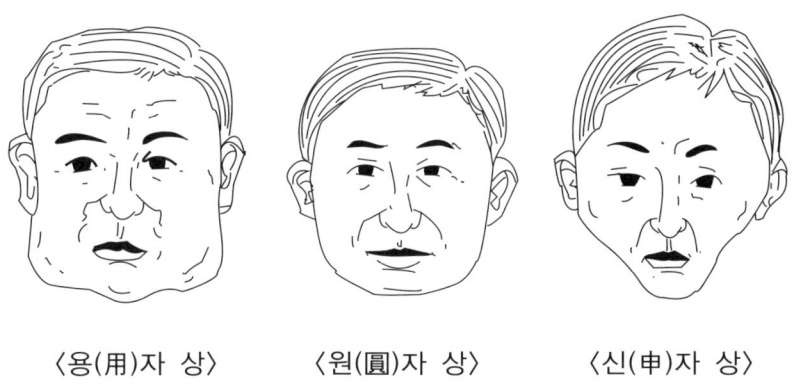

〈용(用)자 상〉   〈원(圓)자 상〉   〈신(申)자 상〉

제 7 장

두골상과 대운 세운론

흥분과 분노는 어리석은 행위자

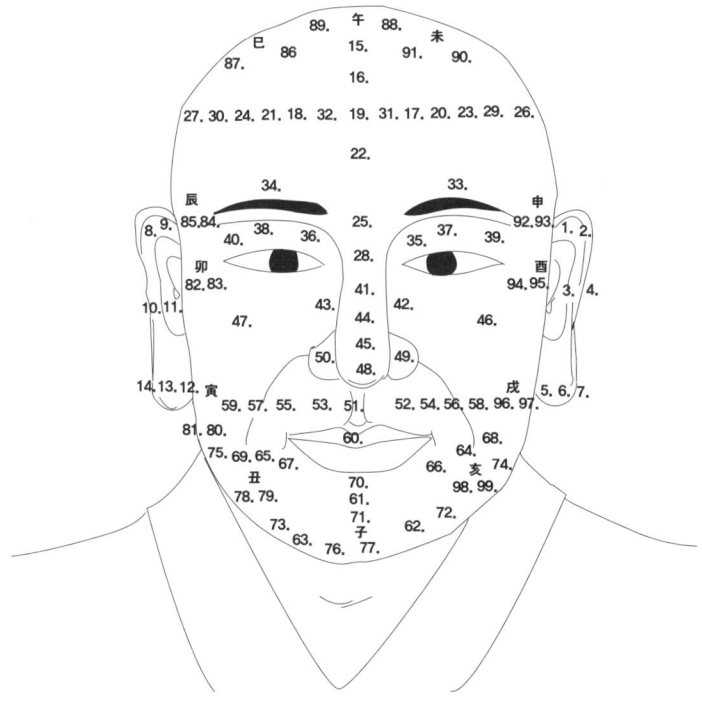

1. 대운위치 중요성

관상을 임상함에 있어서 유년도를 첨부한 것은 대운의 위치와 머리골의 형태를 먼저 살펴야 하기 때문이다.

유년의 부위가 아무리 좋아도 대운의 위치와 보조 운인 머리골의 맞힘이 좋지 않으면 큰 복은 기대하기 어렵다고 본다.

먼저 부위를 보는 법은 전체 상에 비하여 낮지 않고 높지도 않으며, 흉터나 흑점이 없이 깨끗하고 윤기 있는 빛깔이면서 알맞은 살집이 형성되어 있는가를 살펴야 하며, 다음은 유년 부위를 보조하는 머리골의 맞힘이 잘 되어 있는가를 살펴야 한다.

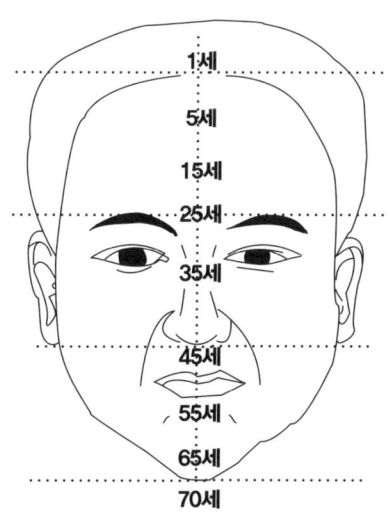

[두 골 상]

비율로는 대운과 유년을 50 : 50으로 보며 머리골의 협조를 살펴서 총운을 결정할 것이다.

정면보다 옆면을 중요시 보는 것은 두골과 오악의 형태를 더 자세히 볼 수 있기 때문이다.

2. 두골(머리골)의 해명도

(1) 천양
머리 꼭대기가 삐죽 나오면 처덕과 자식복이 없다. 머리 꼭대기가 들어가거나 나왔으면 고독하거나 단명한다.

(2) 경양
이마가 짱구 지면서 풍만하면 성질은 관대하고 총명하다. 앞이마가 지나치게 나오면 고독하고 고생스럽다. 앞이마가 자빠진 것 같으면 성격은 우둔하고 미욱하며 요절한다.

(3) 태양
뼈가 나오지 않고 깨끗하면 총명하다. 튀어 나오면 도를 닦거나 수를 할 것이고 못생겼으면 도를 닦아서 수행해야 하며 성질은 사납고 어리석다. 부모덕 없고 늙어서 운이 막힌다.

(4) 화양
귀 위에서 1촌의 부위이며 당대의 복을 보는 곳이다. 직선적으로 똑바로 잘 차면 부부덕 있고(너무 튀어나오면 난폭), 정직하고 인정 많고 바르다.

음식을 씹을 때 일어나며 움직이는 부위가 지나치게 나온 여인은 싸움을 잘한다. 뿔이 없으면 온후하고 뿔이 있으면 난폭하다.

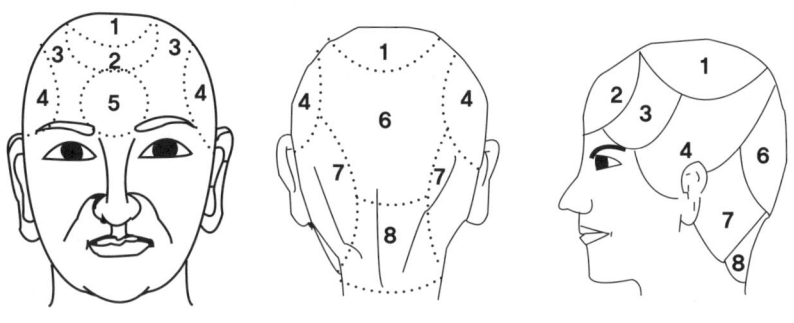

〈두골 전면도〉   〈두골 후면도〉   〈두골 측면도〉
1. 천양 2. 경양 3. 태양 4. 화양 5. 구양 6. 후양 7. 영양 8. 주양
머리골의 형태별 그림

(5) 구양
 인당이 어두운가, 밝은가, 좁은가, 넓은가에 따라서 길흉을 본다.
 잔털이 나고 평평하면서도 풍만하면 권력을 얻고 귀인의 도움이 있으며, 평생에 화가 있어도 흉이 길로 변한다. 성격은 정직하고 인자하며 베풀기를 좋아한다.
 미골이 튀어나온 사람은 재난이 많고 분주하기만 하며 가정불화에 성격은 고약스럽다.
 사마귀가 있든가 금이 있든가 하여 결함이 있으면 형극이 많고 좌절도 많고 몸에 질병 있고 조상덕 없으며 결혼도 늦다.

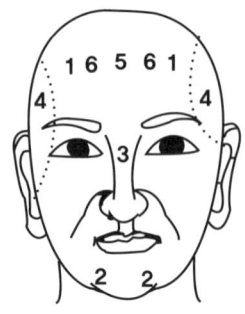

1. 천창 2. 지고 3. 산근 4. 화양 5. 천중 6. 일월각

(6) 후양

풍만하면 자손영귀하고 후양 잘 나오면, 중년 자손이 잘 된다. 뼈만 얇게 나오면 환난이 있든가 외롭고 수명도 짧다. 만약 살이 잘 싸주면 수명도 길고 재복도 있다.

납작하거나 들어가면 중, 노년에 되는 일이 없다. 성질은 사납다. 후양이 좋지 않으면 코와 관골이 잘 생겨도 운을 못 믿는다.

(7) 영양

귀 뒤가 잘 차면 수명도 길고 처도 좋고 자식도 좋다. 뼈만 나오면 비천하고 고독하며 마음도 강하다. 영양골이 들어가면 47, 48, 49, 50세를 흉하게 당한다.

영양이 약하면 교활하고 주양이 풍만하면 중년, 노년에 대부하고 반드시 횡재하며, 목뒤 목덜미에 주름이 있어야 한다. 그러면 중, 노년에 부자가 될 수 있고 처덕도 있다. 주름이 없으면서 살만 찌면 흉하다. 머리위 노골(장백)의 결함이 있으면 많은 병에 시달리고 고달픈 상이다.

3. 유년 부위 해설

1.2.3. 천윤   4. 천성   5.6.7. 천곽   8.9.10. 천윤   11. 인윤   12.13.14. 지윤   15. 화성
16. 천중   17. 일각   18. 월각   19. 천정   20. 보골   21. 보각   22. 사공   23.24. 변성
25. 중정   26. 구릉   27. 총묘   28. 인당   29.30. 산림   31. 능윤   32. 자기
33. 번하   34. 체하   35. 태양   36. 태음   37. 중양   38. 중음   39. 소양   40. 소음
41. 산근   42. 정사   43. 광전   44. 년상   45. 수상   46.47. 관골   48. 준두   49. 난대
50. 정위   51. 인중   52.53. 선고   54. 식창   55. 로창   56.57. 법령   58.59. 호이
60. 수성   61. 승장   62.63. 지고   64. 파지   65. 아압   66.67. 금루   68.69. 귀태
70. 송당   71. 지각   72.73. 노복   74.75. 시골   76.77. 子   78.79. 丑   80.81. 寅
82.83. 卯   84.85. 辰   86.87. 巳   88.89. 午   90.91. 未   92.93. 申   94.95. 酉
96.97. 戌   98.99. 亥

[유년 부위도]

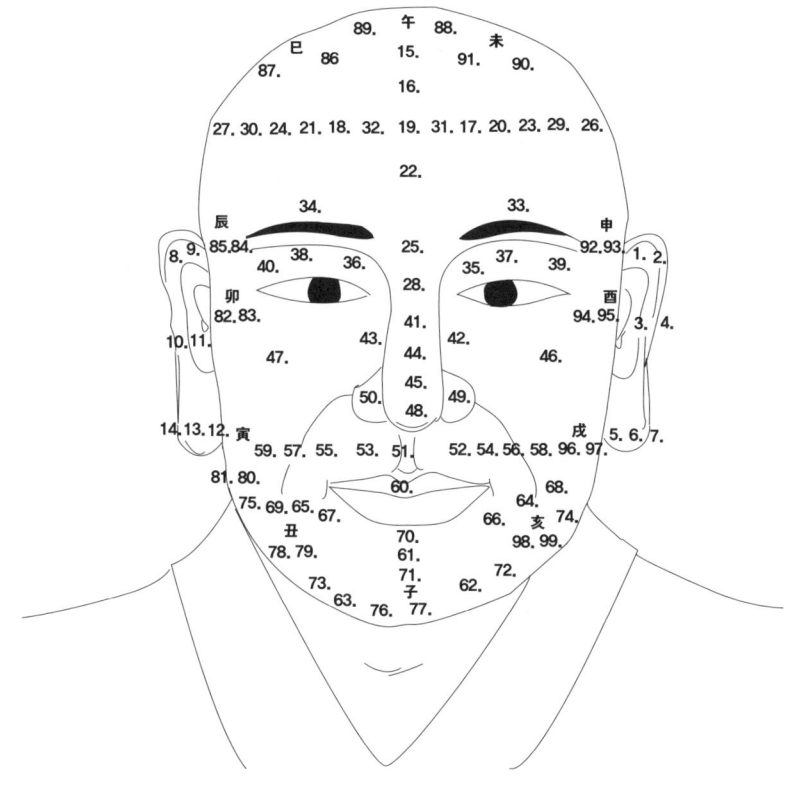

(1) 금성과 목성

금성은 우측귀 1~7세까지로 이곳의 기운은 천청으로 투사되고 지고에 의탁을 받고 산근에 보충을 받는다.

천창골이 유기하고 훼손되지 않으며 산근의 세력이 있고 양귀가 같은 형태를 취한 것이 길하다. 만약에 천창이 도도히 금성을 깔보는 듯하고 지고를 훼손하며 산근이 단절되면 부위가 함몰 안 되어도 좋은 운이 못된다.

목성은 8~14세까지로 금성과 같은 법칙을 적용한다. 가장 좋지 못한 것은 금이 목을 극하는 것이다. 주로 유년기에 부모를 잃는다. 금이 목을 극한다는 것은 왼쪽 귀가 뒤로 뒤집혀 있고 오른쪽은 귀가 안으로 오무려 있는 것이다.

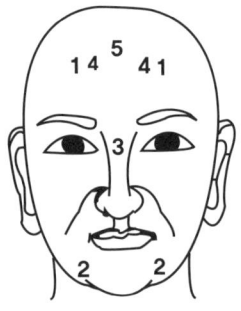
1. 천창 2. 지고 3. 산근
4. 일월각 5. 천중

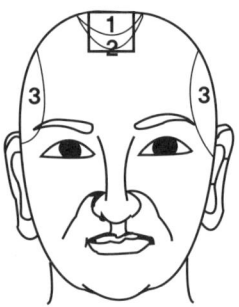
1. 천양 2. 화양 3. 경양

화성과 천중의 상부로 15세의 운을 주관하며, 기가 천양을 지나 화양에 주사되고 경양을 의탁을 받으며 금성에서 목성 보충을 받는다.

천골(천양)과 화골(화양)의 기세를 갖추고 경골(경양)이 훼손되지 않고 발제(머리털이 시작되는 부분)가 보기 좋게 있고 양귀가 높이 이마를 비추면 15~16세의 운은 반드시 좋다.

순조롭게 자라고 병이 적다. 만일 천양, 경양, 화양의 골이 함몰되고 가지런치 못하면 고초와 병이 있고 재액을 당한다. 조상도 잃는다. 천중은 일월각이 풍만하여야 한다.

(2) 일각과 월각

일각은 17세까지의 운을 지배한다. 두 눈이 신을 머금고(눈빛의 정신력) 광채를 발하며, 천창이 함몰되지 않고 화양골에 융성한 기운이 있고, 발제가 일월각을 덮지 않으면 17~18세에 좋은 운을 얻게 된다.

만일 양 눈이 침침하고 광채가 없으며 금, 목이 서로 극하고 일월각을 덮게 되면 여기에 해당하는 해에 반드시 고초를 당한다. 월각은 18세의 운을 관장한다. 눈과 눈썹의 기세가 위로 향하고(꼬리가 위로 치킴), 일월각이 밝고 원만하게 생기고, 준두가 너무 높지 않아야 하고, 낮지 않게 알맞고 수직으로 뻗은 기세가 힘차게 보여야 한다.

준두가 자빠지지 않으면 여기에 해당하는 해의 운수는 반드시 좋게 된다. 만일 눈썹과 눈의 기세가 부족하고 일월각이 함몰되면 기가 약하게 마련이다.

비록 천정골이 좋다 하여도 역시 큰 운을 발하기 힘들다. 이때의 좋은 운은 관골에 해당하는 해(46, 47세)에 나타나는 법이다.

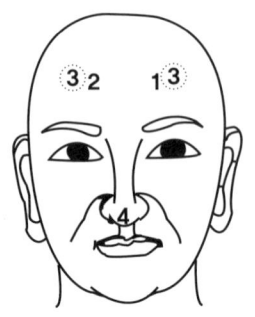

1. 일각 2. 월각 3. 천창 4. 준두

(3) 좌보골과 우보골(보각 이마)

좌보골은 20세 운을 주관한다. 이곳은 기가 연상 수상의 보조 기운을 받고 수성의 의탁을 받으며 천창의 도움을 받는다. 연상과 수상이 높고 평평히 똑바로 솟고 수성이 잘 배합되어 있고 천창이 원만히 풍만함을 갖추면, 이에 해당하는 해의 운이 좋아 귀인을 만난다.

만일 연수가 함몰하고 코가 기울고 수성이 보기에 좋지 못하며 천창은 들어가거나 하면 20~21세에 많은 어려움이 있다. 우보각(보골)은 21세운을 주관하며 사공은 22세운을 주관한다. 금성(오른쪽 귀)이 눈썹 위의 이마를 비추어 주는데 목성(왼쪽 귀)을 극하지 않고, 산근에는 기가 위로 치솟고 인중이 깨끗하게 위가 좁고 아래는 넓어야 한다.

단정하고 윗입술이 말리거나 코가 부위를 덮지 않아야 해당하는 해의 운에 대 발전하게 된다. 만일 금목이 극하고 산근이 단절되고 인중이 옆으로 삐뚤고 사독(눈, 코, 입, 귀)이 창달치 못하여, 본 부위에 흉한 무늬나 사마귀 흔적이 있는 사람은 22세에 반드시 큰 흉액이 있다. 이때 눈썹의 색깔과 형태를 바르게 갖추고 눈에 진광이 있으면 비록 어려움은 당하여도 죽음은 면한다. 이 해(22세 되는 해)는 매우 중요하다.

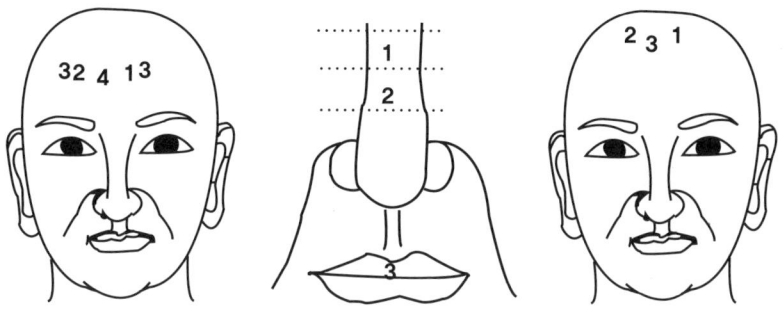

1. 좌보골 2. 우보각(보골)
3. 천창 4. 사공

1. 연상 2. 수상 3. 수성

1. 좌변성 2. 우변성
3. 천중

(4) 좌변성과 우변성

좌변성은 23세의 운을 주관한다. 천중과 발제(머리카락이 시작되는 부분)의 부위 옆으로 보통 가르마 타는 부위를 말한다. 이곳은 눈의 기운이 중요하며, 특히 좌측 눈의 신광이 중요하고 기가 화양의 보조를 받는다.

기세가 풍만하고 이마와 머리는 평정하고 광체가 돌고 풍만하여 넓으면, 이 해(23세 되는 해)의 운은 강하다.

만일 양 눈이 어둡고 신체 눈의 기운이 없으면 형태가 나쁘고 심히 돌출되어 있으면서 화양의 기운이 약하여 함몰되거나 이마가 웅덩이처럼 오목하며 본 부위가 약하고, 발제(머리카락이 시작되는 부분의 머리모양)이 깨끗지 못하면 이 해(23세)에 해당하는 운에는 많은 흉액이 있다. 우변성은 24세의 운을 주관한다. 여기는 이마 부위가 더욱 중요하며 나머지는 좌변성과 같다.

(5) 중정

25세의 운을 주관한다. 양 눈썹이 광채가 있고 세력은 위로 뻗으며, 양쪽이 좀 떨어져서 기를 천창으로 주사해야 한다. 오른쪽 눈썹이 더 중요하며 산근은 넓고 풍부하고 원만하여, 금과 목이 똑같이 높게 솟고 윤곽이 거칠지 않고, 색깔이 희고 윤택하고 밝은 사람은 이에 해당하는 해(25세)에 많은 재산을 모은다.

만일 오른쪽 눈썹에 살기를 띠고 양쪽 눈썹이 서로 다르며 산근이 단절되고 뒤집혀 형태가 나쁜 데다 수주마저 없는 사람은 이에 해당하는 운이 흉하게 된다.

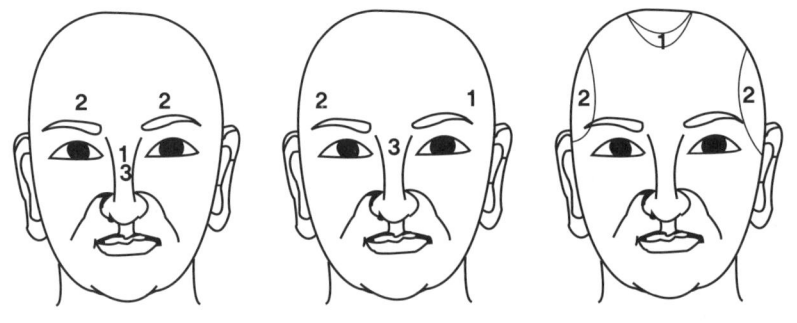

1. 중정 2. 천창 3. 산근 　1. 좌측구릉 2. 우측총묘 　1. 경양골 2.화양골
　　　　　　　　　　　　　　　3. 인당

(6) 구릉과 총묘

음식물을 씹을 때 나오는 귀의 윗부분이 좌측 구릉, 우측 총묘인데 26세의 운을 주관한다. 눈에 정신의 기운이 있고 수려하고 흑백 구별이 분명하며 양 눈이 보기에 똑같이 좋고 귀가 튼튼해야 한다. 형태가 수려하고 색깔이 아름답고 또한

높이 달려 이마를 비추며 경양골이 둥글고 넓으면서 풍만하고 형태가 수려하면 26~27세에 좋은 운을 만난다.

만일 양 눈이 수려치 못하고 신체(눈의 기운)이 없고 형태가 나쁘며 경양골이 들어가고 발제가 인당에서 멀지 않으면 26, 27세에 재액을 당한다.

본 부위마저 뼈가 튀어나와 있으면 더욱 흉한 일을 당한다. 총묘는 27세의 운을 주관한다. 오른쪽 귀의 기세를 보는 것이 더욱 중요하며 나머지는 구릉에서와 같다.

(7) 좌산림과 우산림

좌산림은 29세의 운을 주관한다. 코가 바른 세력이 있어야 하며 눈은 빛을 띠고 인당이 함몰되지 않아야 한다. 본 부위가 약하고 세력이 없는 경우는 운은 말하기 힘들다.

우산림은 30세의 운을 주관한다. 먼저 인당에 살기를 띠고 있으면 안 되고, 수성(입)의 상하 입술이 깨끗하게 정돈되어 있어야 한다. 만일 인당이 살기를 띠고 함몰되고 입의 기세가 못 갖추면 이해에 흉한 일을 당한다.

이곳은 31~32세의 운을 주관한다. 이 운은 양귀가 특히 중요한데 양쪽 귀가 같고 윤곽이 분명하며 눈썹이 높이 달려있고 색이 윤택하고 깨끗하며 양눈의 흑백이 분명하면 이해의 운은 좋다. 만일 금, 목인 양 귀의 형태가 나쁘고 연상, 수상이 함몰된 곳이 있으며 눈에 신기가 부족하고 형태도 볼품이 없다.

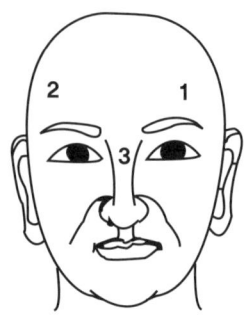
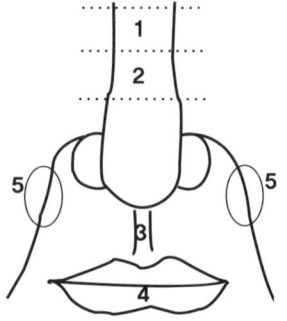

1. 좌산림 2. 우산림
3. 인당

1. 연상 2. 수상 3. 인중
4. 수성 5. 법령

(8) 번하와 체하(눈썹 꼬리에 위치)

번하는 좌측 눈썹의 꼬리 부분으로 33세의 운을 주관한다. 이곳은 이마로부터 기를 받고 산근이 의탁을 받으며 법령의 보조를 받는다. 따라서 이마가 평평하며 상처나 다친 흉터가 없고 발각이 정돈되어 고르게 높이 위치하고 산근이 높이 솟은 듯한 세력을 갖추고 법령이 은은히 아래로 흐르며 눈에는 신체(눈의 기운)가 있으면 대운을 발하게 된다. 이와 반대의 경우는 좋지 않은 운이다.

체하란 오른쪽 눈썹꼬리 부분으로 34세의 운을 주관한다. 이곳은 본 부위가 좋은지 나쁜 지가 가장 큰 문제이며 나머지는 번하와 같다.

이상을 살펴보면 눈썹은 31~34세의 운이 이르는 곳이다. 보편적으로 눈에 신체(눈의 기운)가 있고 코가 곧게 세를 갖추고 이마도 풍만한 경우 운이 발하게 된다. 이와 같이 여러 가지 배합을 보면서 운을 관찰한다.

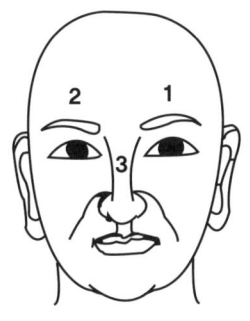 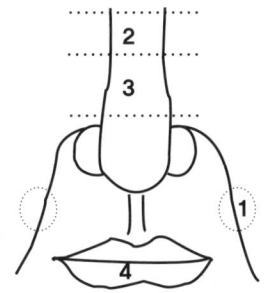

1. 번하 2. 체하 3. 산근   1. 법령 2. 연상 3. 수상 4. 수성

(9) 태양과 태음(좌우측 눈의 흰자위)

태양은 왼쪽 눈의 흰자위 부분으로 35세의 운을 주관한다. 천창을 덮고 형체의 오체를 띠며 화양의 기가 충실하여 함몰되지 않아야 하고, 가장 중요한 것은 본위가 흉하지 말아야 대운만 오면 많은 재산을 늘린다.

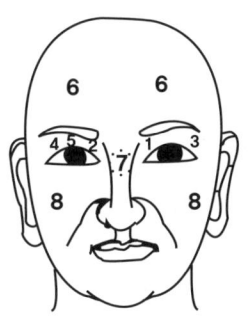

1. 태양 2. 태음 3. 소양 4. 소음
5. 중음 6. 천창 7. 인당 8. 관골

눈썹에는 육해가 나타나고 화양의 세력이 약한 경우 본 부위가 좋아도 대운을 발휘하지 못한다.

(10) 육해미

① 황박한 것   ② 모여 있지 않고 흩어져 있는 것

③ 어지럽게 거꾸로 돋아 있는 것

④ 엇갈려 돋아 있는 것

⑤ 너무 인당으로 접하여 조이는 듯이 되어 있는 것

⑥ 너무 아래 위치하여 눈을 압박하면서 돋아 있는 것

태음은 오른쪽 눈의 흰자위 부분으로 37세의 눈에 해당한다. 중요한 것은 왼쪽 눈썹에 화체(눈썹 꼬리)가 보이고 비골의 기세가 있으며 관골이 은은한 세력으로 이 부위를 감싸면 의탁을 받을 곳이 있다.

후양이 함몰되지 않고 본 부위가 아름다우면 해당되는 해에 큰 재산을 모으게 된다. 만일 왼쪽 눈썹에 기세가 부족하고 양쪽 관골이 함몰되고 의탁을 받을 곳이 없이 흘려버려 기가 없어지고 후양골이 함몰된 사람은 비록 본위가 좋더라도 운을 발휘하지 못한다.

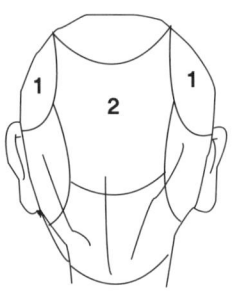

1. 화양 2. 후양

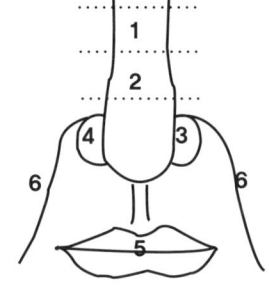

1. 연상 2. 수상 3. 난대
4. 정위 5. 수성 6. 법령

중음이란 오른쪽 눈의 검은 동자로서 38세의 운을 주관한다. 중요한 곳은 코가 대들보이다. 년상 수상이 세력을 갖추고 난대 정위가 분명하되 보기 싫게 튀어나오지 않으면 능히 운을 발하게 된다. 나머지는 태양과 같다.

(11) 소양과 소음(흰창)

소양은 왼쪽 눈의 바깥쪽 흰 부분, 39세의 운에 해당한다. 중요한 것은 수성으로 상하가 입술이 붉고 두터우며 무늬가 있고 상하가 고르게 잘 배열되며 양귀가 밝고 깨끗해야 한다.

어미골이 풍만하되 튀어나와서는 안 되고 어미의 주름이 위로 향하고 위와 아래가 난잡하지 말아야 한다. 본 부위는 흑백이 분명하며 빛을 머금고 있으면 이해의 운은 반드시 좋게 된다.

이마의 주름이 난잡하게 아래로 향하게 되면 어미 뼈가 함몰되거나 불거져 있으면 본 부위가 곤하고 패하게 됨으로 역시 운을 발하게 어렵다. 소음은 오른쪽 흰자위 부분으로 40세의 운을 주관한다. 나머지는 소양과 같다.

(12) 산근(질액) - 두 눈 사이의 질액

양쪽 눈의 중앙 부분으로 41세의 운에 해당한다. 이곳의 기는 주양으로 관통되어서, 마땅히 주양골은 풍만하고 살과 피부도 풍만하고 두터워야 한다. 양 눈은 맑고 밝으며 수려하고 정기를 띠고 있으며, 특히 왼쪽 눈은 더 중요하다.

지각이 둥그스름하게 위와 잘 배합되어 준두보다 높지 않으면 본 부위가 비록 낮고 약한 사람이라도 큰 화는 면하게 된다. 본 부위가 잘 융기하면서 기색의 빛이 좋으면, 이해는 운이 크게 창달한다. 만일 주양의 기가 부족하고 양눈은 함몰되고 신체가 빛이 흐릿하여 지각이 의탁을 받을 수 없게 되면 이해의 재액을 당하게 된다.

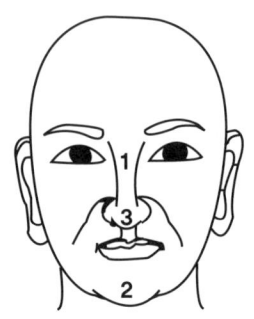

1. 산근(질액) 2. 지각 3. 준두

(13) 정사와 광전

정사는 왼쪽 눈의 안쪽 위에 있는 외피 부분으로 42세의 운을 주관한다. 이곳의 기가 이마로 통하여 이마가 풍만하고 눈썹은 인당에서 좀 떨어져 위치하며, 인당이 평평하고 맑으면서 양눈은 신체와 온기를 띠어야 하고, 본 부위의 피부와 살에 윤기가 흐르면서 검지 않고 맑으면, 이 해(42세)에 해당하는 운은 반드시 길하다. 만일 이마가 좁거나 튀어나와 있거나 함몰되고 눈썹은 탁하면서 인당도 보기 좋지 않고 본위의 살과 피부가 메말라 있으면 해당 해(42세)에는 반드시 좋지 못하다.

광전은 오른쪽 눈의 내측위에 있는 외피부분으로 43세의 운을 주관한다. 마땅히 오른쪽 눈썹을 살피되 형태가 수려하고 이마 높이에 위치하면 비로소 운을 발하게 된다. 다른 부분은 앞부분과 같다.

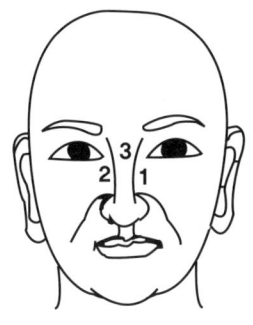 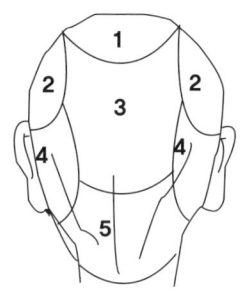

1. 정사 2. 광전 3. 인당   1. 천양 2. 화양 3. 후양
                                 4. 영양 5. 주양

(14) 연상과 수상(코)

코에서 연상 부분은 44세의 운을 주관한다. 오른쪽 눈이 이곳의 보충적 역할을 감당하므로 마땅히 형태가 아름답고 신체(눈의 기운)를 띠어야 하며 금, 목(양쪽 귀)가 높게 위치해야 한다. 색이 희며 윤곽이 분명하며 양 눈썹은 형이 아름답고, 인당에서 멀어져 이마 위에 위치하고 털은 오체를 띠고 긴밀하게 나 있으며, 인당이 평평하고 흉한 무늬가 없으면 연상과 수상에 해당하는 해(44, 45세)의 운은 좋다.

만일 눈이 함몰되고 귀가 보기에 좋지 못하고 귀신의 눈처럼 눈을 압박하여 인당을 조으는듯 하며 밑부위의 뼈가 튀어나온 경우는 이에 해당하는 해(44세)의 운에는 큰 재앙을 당한다. 눈썹이 귀신의 눈썹과 같으면서 육해를 띠고, 귀가 엷으면 비록 본 부위가 좋다 하여도 대흉이다. 준두의 위로는 45세의 운을 주관한다. 이는 오른쪽 귀에서 기를 제공하므로 오른쪽 귀가 밝아야 비로소 이곳의 운이 열린다.

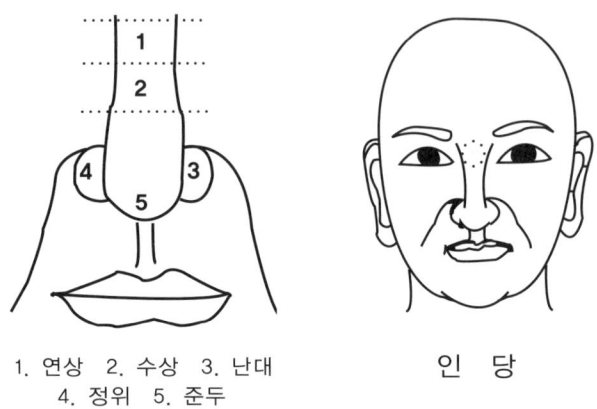

1. 연상 2. 수상 3. 난대
4. 정위 5. 준두

인 당

(15) 좌관골, 우관골

좌골은 46세의 운을 주관한다. 이곳은 왼쪽 눈썹으로부터 기가 투사되므로 눈썹과 눈의 선악을 관찰하여야 하고, 코의 기세를 살피되 연수가 중요하다. 가장 중요한 것은 후양에서 기운을 위탁받는 것이다. 이상의 여러 부위가 좋으면 주관하는 부위의 운이 좋은 것이다. 만일 양 눈썹이 보기에 좋지 못하고 코가 보기에 좋지 못하면서 기세를 갖추지 못하고 함몰되어 있으면, 비록 본 부위가 좋다 하여도 운을 맞지 못한다. 우관골은 47세의 운을 주관한다. 코의 세력이 좌관골보다 더 중요하며 나머지는 앞부분과 같다.

(16) 준두(準頭)

코의 끝 부분으로 48세의 운을 본다. 이곳은 눈에서 기의 투사를 받아 오관(눈, 코, 입, 귀, 눈썹)으로 되돌려 주고 입으로부터 되돌려 받는다. 양눈이 수려하고 신체를 띠고 관골은 은은히 세를 갖추어 함몰되거나 튀어 나오지 않고, 구각

(입술의 양 끝부분)이 위로 향하여 입술과 치아가 잘 배합되어 있고 본 부위도 좋으면 이 해(48세)에 큰 재산을 모은다.

만일 양눈에 신체(눈의 기운)이 없고 관골은 세력이 죽고 코만 돌출하여 고봉을 이루면서 입이 작으면 바로 본 부위가 좋다 하여도 역시 운을 발하기가 힘들다.

가장 좋지 못한 것은 이곳이 갈고리 모양을 하면서 입을 압박하는 것, 곧 토가 수를 극하는 형상이다. 이와 같으면 이에 해당하는 해(48세)에 큰 재난을 당한다.

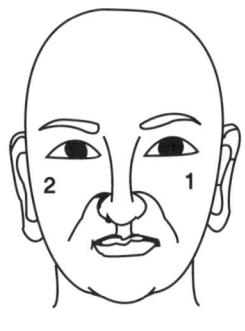
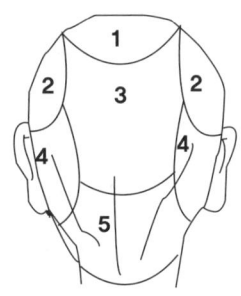

관 골
1. 좌관골 2. 우관골

1. 천양 2. 화양 3. 후양
4. 영양 5. 주양

(17) 난대와 정위(양쪽 콧방울)

난대는 코머리의 좌측부분으로 49세의 운을 주관한다. 눈썹을 지나도록 높게 위치하고, 양 눈이 수려하고 흑백이 분명하며 입이 바르게 놓였고 입술이 붉고 치아가 가지런히 상하가 잘 배합되면 이 해(49세)에 많은 재산을 축재한다.

본 부위도 좋으면 더욱 부를 누린다. 만일 귀가 결손하고 눈과 입이 위탁할 곳이 없는 형상이면 이 해(49세)는 운이 좋지 못하다. 정위는 난대와 동일하며 50세 운을 주관한다.

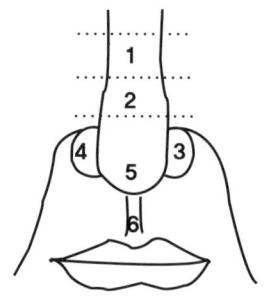
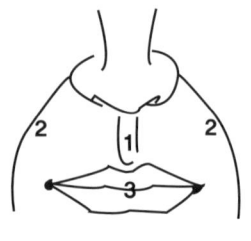

1. 연상 2. 수상 3. 난대
4. 정위 5. 준두 6. 인중

1. 인중 2. 법령 3. 수성

(18) 인중(코밑의 홈)

51세의 운을 주관하며 인중에 해당하는 운에는 대부분 운이 불리하게 된다.

이곳은 4수(四水)의 총맥으로 사람의 가장 중요한 부분이며, 그 사람의 심성과 수명과 지식에 관한 사항을 결정짓는 곳이기도 하다. 이곳은 이마에서 주사된 기를 맡아 몸 전체에 퍼지게 한다.

따라서 이마가 마땅히 풍만하고 윤택하며, 법령이 은은히 아래로 내려와 입을 지나면 본 부위가 좀 부족하여도 역시 큰 화는 피한다.

본 부위가 좋게 된다면 여기에 해당하는 해는 반드시 많은 재물을 얻는다.

만일 이마가 함몰되고 귀가 보기에 좋지 못하고 법령이 너무 깊이 파이고 정돈되지 못하거나 아예 없는 경우는 비록 본 부위가 좋다 하여도 역시 좋은 운을 발하지 못한다.

(19) 좌선고, 우선고(인당 힘이 집중된 법령의 안쪽)

좌선고는 인중의 옆부분에 위치하여 52세의 운을 주관한다.

이곳을 살피는데 중요한 것은 오른쪽 눈썹의 중간에서 끝부분에 걸쳐 조금 길게 늘어져서 긴 눈썹 색이 보기 좋게 윤택하고 눈에는 신체(눈의 기운)이 충분하고 눈안에 진관을 머금고 있고 인당은 넓게 자색을 띠면서 밖으로 자색을 나타내는 듯 해야 한다.

콧구멍이 조금 모아지는 듯하여 너무 노출되지 않으면 이 해의 운은 너무 좋아서 많은 재화를 얻게 된다.

만일 눈썹이 곳곳에 빠져 있고 형태도 좋지 못하며 눈은 멍하여 신체(눈의 기운)를 잃어버리고 인당이 꺼칠하여 말라서 정체된 듯하면 이 해(52세)에 많은 손해를 본다.

인중이 옆으로 삐뚤어졌으면 파탄과 실패를 보게 된다. 우선고는 53세의 운을 관하며 위와 같은 방법으로 본다.

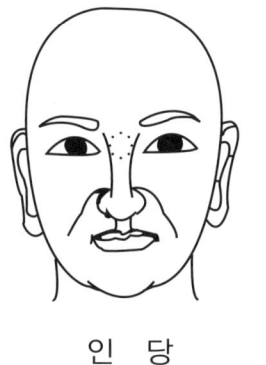

인 당

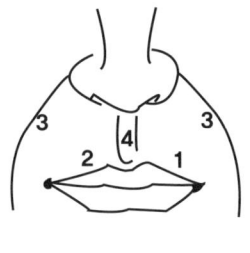

1. 좌선고 2. 우선고
3. 법령 4. 인중

(20) 식창과 녹창

식창은 좌측 법령 안쪽에 위치한다. 54세의 운을 주관하며 눈썹이 기름지고 유기한 색을 띠며 법령이 은은하게 아래로 흘러 이에 해당하는 해(54세)에는 반드시 운이 순리로 풀린다. 만일 영양이 기가 없고 귀가 결순되고 눈썹이 좋지 못하고 법령은 단정되었으나 부위가 흩어져 좋지 못하면 이 해는 불길하다.

녹창은 좌측 법령의 안쪽에 위치하며 55세 운을 주관한다. 이곳은 좌측 눈썹이 중요하고 나머지는 앞부분과 같다.

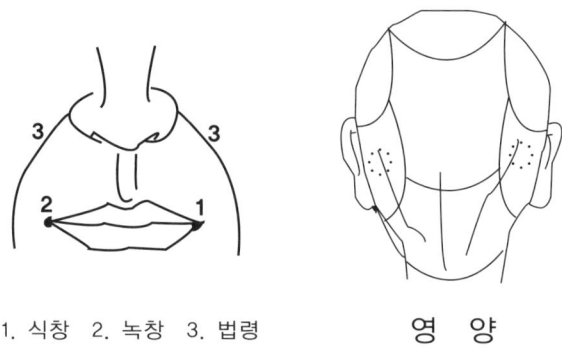

1. 식창 2. 녹창 3. 법령   영 양

(21) 좌우 법령

좌측은 법령은 56세의 운을 주관한다. 이곳을 보는데 가장 중요한 것은 연상, 수상, 준두를 포함하는 코의 세로서 이곳의 뼈가 잘 일으켜 세워지고 살로 잘 덮여 있어야 한다.

색깔이 윤택하며 밝고 수성인 입도 단정히 사각의 모양을 갖추고 입술이 두텁고 붉으며 인당이 넓으면서 평평하여 자색이 밖으로 퍼지는 듯하고 본 부위가 은은히 세를 갖추면 56, 57세의 운이 좋다.

만일 코가 함몰되고 입모양이 나쁘며 인당이 어두운 색을 띠면 본 부위가 비교적 좋다 하여도 재액을 면하기 어렵다.

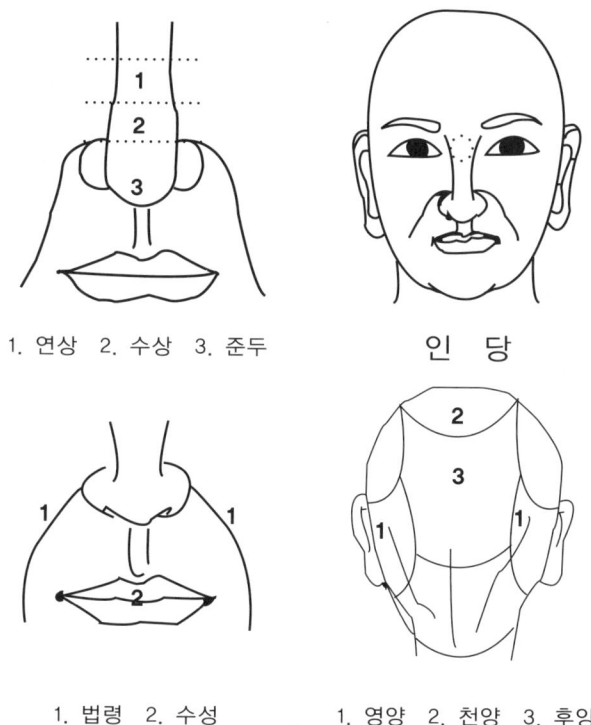

1. 연상 2. 수상 3. 준두   인 당

1. 법령 2. 수성   1. 영양 2. 천양 3. 후양

우측 법령은 57세운을 주관한다. 이곳은 입모양을 중요하게 다루고 나머지는 앞부분과 같다. 이곳은 좌측 눈의 형태와 신이 주로 작용을 하고 좌측 귀의 기색이 보조 작용을 하며 영양으로부터 기의 위탁을 받는다.

따라서 양 눈의 신체가 충분하고 양귀는 수주가 있고 영양골이 풍만한 살로 덮여 있으며 본 부위도 기색이 윤택하고 밝은 것 같으면, 이해의 운은 반드시 좋게 되어 재물을 모으게 된다.

만일 태양의 신이 막혀 있고 금성이 어두운 색을 띠고 영양골이 함몰되고 본 부위 마저 어두운 색을 띠고 있으면, 이 해는 재난을 당하거나 재산을 탕진하게 된다. 좌측 법령은 56세의 운을 주관하며 나머지는 앞부분과 동일하다.

(22) 수성

60세의 운을 좌우한다. 이마에서 인당에 이르는 부분에 자광이 밖으로 퍼지는 듯하고 준두가 바르며 윤택하고 색이 맑고 귀가 붉으며 수주는 입과 잘 배합되고 본 부위가 보기에 좋으면, 60세에 좋은 운을 맡게 된다.

코가 뾰족하며 입을 극하면 흉하다. 만일 이마에 기가 쇠잔하고 귀가 어두운 색을 띠고 있으면 흉하다.

토성(코)이 수성(입)의 영역을 침범하여 입을 극하는 이런 경우, 48세에 재난을 당하는 외에도 60세의 운이 좋지 못하다. 비록 본 부위가 좋다 하여도 운을 발하기 어렵다.

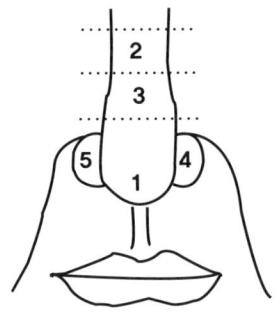

1. 준두 2. 연상 3. 수상 4. 난대 5. 정위

(23) 승장

승장은 아랫입술 밑부분에 위치한 약간 파인 곳으로 61세의

운을 주관한다. 얼굴 안쪽 기의 세력은 오른쪽 눈썹에서 제공하였으므로, 받아서 밖으로 빛을 방출함에 자항의 빛을 인당에 투사하게 된다.

천윤이 밝고 활기가 있으며 선명해야 하고 법령이 은은히 아래로 흐르되 입을 곤하게 하여서는 절대로 안 된다.

법령은 이름과 수명의 근간을 이루므로 노인은 이곳이 없으면 안된다. 이상과 같은 모든 부분이 다 좋은 것 같으면 이 해의 운이 형통하게 된다.

만일 눈썹에 긴 털이 없고 색이 좋지 못하고 형태가 말라 있고 법령이 입을 곤하게 하면, 이 해에 반드시 재해를 당하거나 파탄과 실패를 맛보게 된다. 눈에 빛나는 기운(신)이 없으면 살 날이 얼마 남지 않은 것이다.

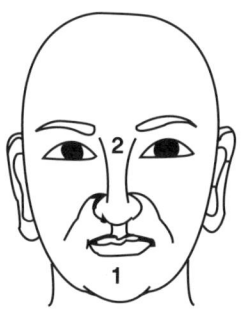
1. 승장 2. 인당

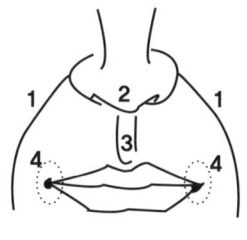
1. 법령 2. 준두 3. 인중
4. 입술 양각

(24) 좌우의 지고

좌지고는 입술 양각의 아랫부분 중 좌측으로 62세의 운을 주관한다. 아랫입술 및 승장 양옆지고와 승장귀의 색깔이 선명하고 눈이 보기 좋고 신이 충족하고 주양의 맨 밑쪽이 풍만한 살로 덮여 있고 인당의 자색의 광채가 위로 치솟으면 이해에 큰 재물을 모은다.

만일 양귀의 기가 마르고 색깔이 어두우며 주양의 기가 약하여 눈은 신(눈의 기운)을 잃고 인당이 또한 말라서 어두운 색을 띠면 곧 죽게 될 것이다. 우지고는 입술 양각의 아랫부분중 우측으로 63세의 운을 주관한다. 이곳은 오른쪽 눈을 중요하게 관찰하며 나머지는 좌지고와 같다.

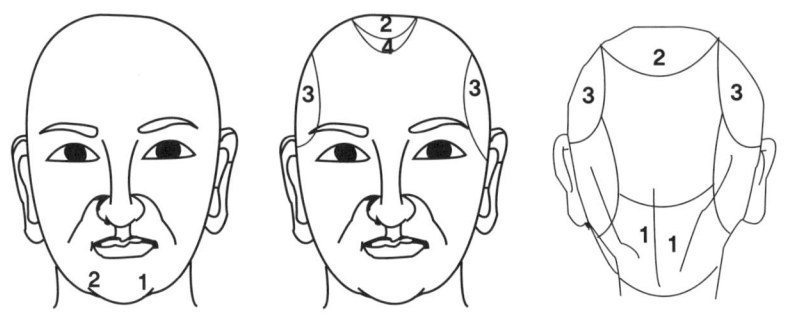

1. 좌지고 2. 우지고   1. 주양 2. 천양 3. 화양 4. 경양

(25) 파지와 아압(구각 하측의 오른쪽)

파지는 구각의 좌측 부분이 64세의 운을 주관한다. 이곳은 왼쪽 귀에서 기를 제공받고 눈썹에서 관통된 기를 맡고 인당으로 투사시킨다. 인중은 사수(四水)의 통로이고 입은 오행의 수에 해당하므로 마땅히 맑고 깨끗하고 핵이 선명하여야 한다. 이와 같으면 64~65세의 운은 형통하여 진다.

만일 귀가 생기를 잃고 눈썹이 빠지고 인당이 마르고 인중이 맑지 못하며, 입과 입술이 어두운 색을 띠는 사람은 본위가 좋다 하여도 운을 말하기가 힘이 든다. 눈에 신기를 잃으면 세상을 등질 날이 멀지 않았다. 이곳은 수성(입)이 중요하고 나머지는 앞부분과 같다.

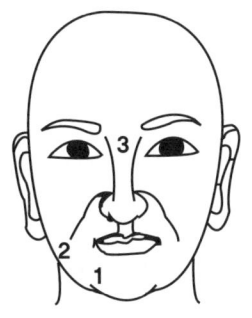

1. 파지 2. 아압 3. 인당

(26) 좌우 금루(턱옆 시골쪽 중간)

좌금루는 66세의 운을 주관한다. 이곳은 토성인 코가 매우 중요하고 준두에서 수상에 이르는 부분에 기색이 명윤해야 한다. 눈썹은 길거나 광채가 나고 눈 속에 진광이 있고 목아래의 남은 피부들이 주름을 이루면서 질서 있게 배열되어 있으면, 이 해의 운이 반드시 좋고 수명도 길다.

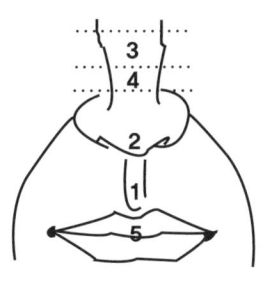 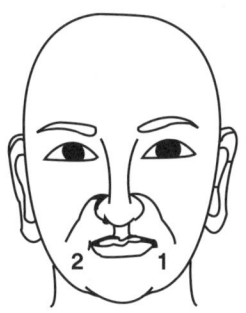

1. 인중 2. 준두 3. 연상   1. 좌금루 2. 우금루
4. 수상 5. 수성

만일 준두에서 수상에 이르는 부분이 어둡고 눈썹에 광채가 사라지고 목에 남은 피부들이 없으면 눈에 비록 신광이 있다

하더라도 나쁜 질병에 걸리거나 재산을 크게 탕진한다.
　좌금루는 67세의 운을 주관한다. 중요한 것은 양눈에 광채가 있고 나머지는 앞부분과 같다.

(27) 좌우 귀태(금루의 수주앞)

　좌귀태는 68세의 운을 주관한다. 인당의 자광이 머리끝으로 치솟고 입모양이 바르고 입술은 붉으며 수염이 거칠지 않고 주양이 기를 갖추고 살이 풍만하고 얼굴에 광채가 있고 눈에 신이 있으면 이 해의 운은 매우 좋다.
　뿐만 아니라 수명도 크게 연장되며 재물을 많이 모으게 된다. 도를 닦는 사람이면 신선의 경지까지 이르게 된다. 만일 인당이 기를 잃고 입술과 수염이 보기가 좋지 못하면 주양에 살이 없어서 위탁한 곳이 없으면 얼굴이 온통 침체된다면 이 해의 운은 반드시 나쁘며 재산을 탕진하고 수명도 잃을 수 있다. 우귀태는 69세의 운을 주관한다. 입부분이 중요하고 나머지는 앞부분과 같다.

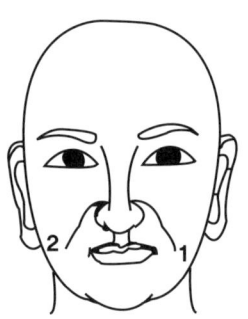

1. 좌귀태 2. 우귀태

(28) 송 당

70세의 운을 주관하며 승강 아래 부분을 본다. 이곳은 자수에 채색을 마땅히 관찰하는데 눈썹이 좋고 나쁜 것도 매우 중요하며 눈썹이 검거나 희고 긴 털은 반드시 관찰한다.

노인의 눈썹에 난 털은 수명과 관계가 깊은데 더욱 중요한 것은 무엇보다도 눈썹에 품은 신기가 더욱 중요하다. 눈에 신이 충족하고 형태가 바르며 얼굴에 광채를 띠고 있으면, 당연히 수명도 길고 노년에 운이 좋다.

만일, 수염이 거칠고 눈썹이 빠지고 눈에 신이 막혀 있는 듯 형태가 좋지 못하고 목에는 살이 너무 없고 얼굴에 기운이 빠지면 좋지 못한 징후로 가난하게 되거나 죽을 운명이다.

이 후에 운세는 얼굴의 화색으로 운명을 감지한 것이며 검버섯이 흰색을 띤 것은 흉하다.

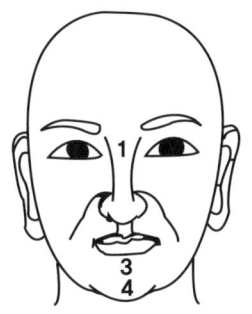 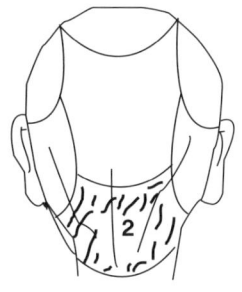

1. 인당 2. 주양 3. 송당 4. 승장

※ 총색의 평은 정, 기, 신, 색으로 중요히 관찰한다.

정 : 정신

기 : 맑은 육체에서 생기는 기운

신 : 나타나는 광채색

색 : 윤기 나는 빛깔

제 8 장

오관과 육친 관계

정돈된 자세로 준비한다.

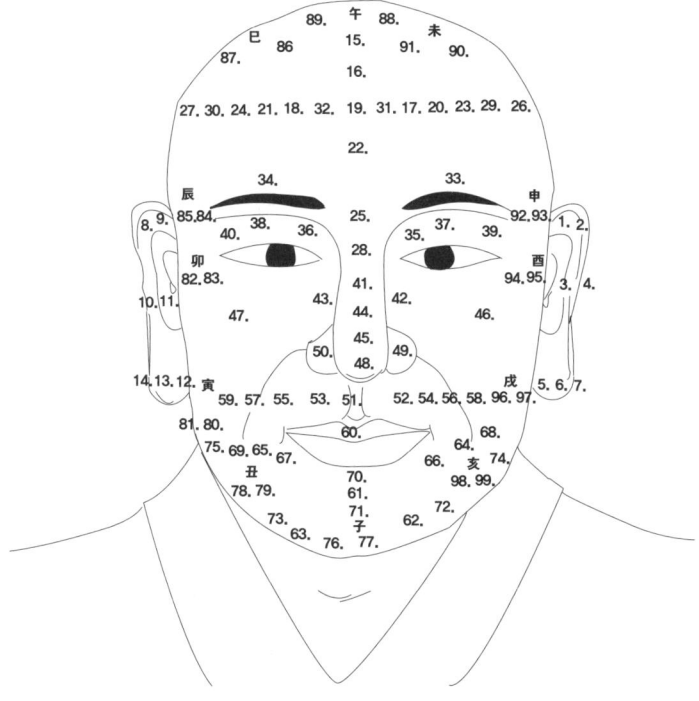

1. 오관

① 귀는 의지하는 것.

윤곽이 분명하면 부모덕이 있다. 즉 귀의 생김새로 부모덕의 유무를 본다.

② 눈은 복덕을 본다.

눈의 위치와 흑백 동자로 복덕을 평가한다.

③ 입은 자손의 길흉을 본다.

④ 코는 부귀 복수를 본다.

⑤ 눈썹(형제의 화목을 본다)

(1) 귀

귀가 눈썹 밑으로 처져 있으면 단명하고 부모덕이 없다. 귀가 이마, 코, 준두, 입을 받쳐 주는 곳에 있으면 운이 발달한다. 윤곽이 없이 발랑 자빠진 귀는 어려서 어려움 당하고 자식 인연이 없고 운이 막히고 부모덕이 없다.

귀가 단단하여 야무지면 어려운 일이 있어도 잘 넘어간다. 얼굴보다 귀색이 밝으면 운이 있고, 귀색이 검으면서 귓굽이 작으면 자식도 없고 복도 없다. 귀 윗부분이 쪼그라들면 초년에 부모덕이 없다.

귀가 얕게 붙으면 반드시 늦게 대운이 온다. 어려서 과거 급제하는 것은 귀가 높게 붙어야 길하다. 중년 운은 귀가 높게 붙어야 길하다. 중년 운을 볼 적에는 귀가 관골을 비추어야 한다.

홀딱 까진 귀는 복이 도망가며 남의 말을 안 듣고 고집이 세며 자손이 안 되고 운이 막힌다. 두 귀가 연탄같이 까맣게 되면 수명은 끝났다.

쪽박 귀는 한번 운이 나가면 안 된다. 정면에서 전부 보이는 귀는 부모가 본인 15세에 사망하거나 망한다. 뚱뚱한데 귀가 얇으면 요절하고(메마른 사람은 상관없다), 귀가 짝짝 귀이면 다른 어머니 젖을 먹고 자란다.

(2) 눈

눈의 생김이 빈천과 복덕을 구분하는데 눈의 색이 현재 붉으면 운이 막혔다.

35~40세는 눈의 좌측 눈썹과 천창과 산근의 위와 밑, 눈은 눈썹과 세트로 본다. 천창, 산근, 보조 안경 끼는 곳이다. 전택과 눈썹도 좌측 눈은 양이고, 우측 눈은 음이다.

눈은 밝고 분명한 것이 최고 눈이 깨끗하면 반드시 귀하게 된다. 눈은 눈 전체가 컴컴하고 우중충하면 남편이 아프거나 본인이 수술한다.

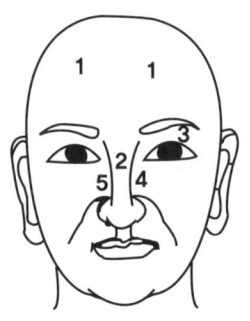

1. 천창 2. 산근 3. 전택 4. 정사 5. 광전

눈에 핏줄이 보이면 관제 구설의 형을 당하거나 질병이 있다. 눈이 눈썹에 가까우면서 산근이 쑥 들어가면 반드시 옥살이한다. 눈이 깊이 쑥 들어가면 침착하고 꼼꼼하고 좌목은 정사, 우목은 광전이라 한다. 눈이 길고 깨끗하고 잘 차면 수명도 길하다.

눈이 크고 튀어나오면 용맹하고 사나운 것을 측량하기 어렵다. 재주도 없다. 뱀눈같이 째려보는 것은 아는 것도 적고 뜻도 적다. 풀어진 눈과 눈에 광채가 없는 것은 음란하다. 눈에 광채가 없으면 결단력이 없고 약하다. 눈에 물기가 있게 되면 호색가이다.

눈이 깊게 보이면 재물이 부족하고 눈 안에 검은 점이 있으면서 사팔뜨기 여인은 재취감이고 음란하다. 그런 남자는 총명하나 불신임을 받기 쉽다. 또 눈알이 튀어나오면 사납고 과하면 형을 당한다.

눈알에 흰 창이 많고 검은 알이 적은 사람은 양심이 없다. 눈의 흰자위가 누런색이면 간에 병이 들었다. 깜짝 깜짝하는 눈은 반드시 부부 이별운이 있고 심성이 고르지 못하면서 꺼적눈이면 총각 시절 유부녀를 좋아하며 처녀도 유부남을 좋아한다.

반은 뜨고 반은 감은 눈은 미련하고 우둔하다. 눈알이 튀어나온 눈(닭의 눈)은 부부 이별하고 자식 인연이 없다. 뱀눈같이 찢어지고 무서운 눈은 단명하고, 눈이 파란 눈은 남편을 극하고, 사납게 부라리고 쳐다보는 눈은 마음이 도적 같고 눈에 광채가 은은하게 나면 자비로운 일을 많이 한다.

술 취한 눈은 호색가이며 운이 막힌다. 눈 옆부분에 잔주름이 없으면 사귀기 어렵다. 코에 주름 있으면 부부치고 눈에 살이 두툼하면 파재 단명한다. 눈이 튀어나오고 노란 빛이 나면 평생 괴롭고 고난하다. 눈이 크고 얼굴이 작으면 돈이 있을 때 시달림을 당한다.

흘겨 보는 눈, 곁눈질하는 눈은 간사하고 교활하다. 눈웃음치면 음란하고 욕심이 많다.

눈에서 제일 흉한 것은 눈과 눈썹이 좁은 것으로서 학문의 운이 없고 와잠자리(눈 밑)의 색이 우중충하면 성욕이 강하고 누당(와잠)이 지나치게 깊으면 자식을 양육하기 어렵다.

인당 부분이 손가락으로 눌러놓은 듯하면 40~45세에 좌절한다. 눈의 길이는 한 치 이상이 되고 전택궁이 멀며 깨끗하고 흰자위와 검은 자위의 배분이 맞고 신기가 있는 눈이 최상이다.

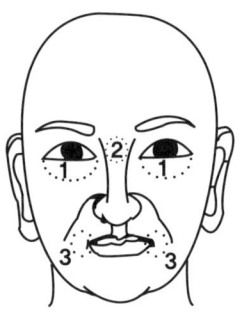

1. 전택궁-와잠(누당) 2. 인당 3. 구각

(3) 입(입은 출납관을 보는 자리)

수지 계산 여하의 유무를 논하고 50~63세의 대운을 보는데 젊고 늙고를 막론하고 노란 색이면 좋지 않다. 입술은 분명하고 두툼하고 입술 안에 주름이 많이 있어야 길하다.

입은 수성이고 턱이 나쁜 사람은 무슨 액이든 깊게 빠진다.
입은 배가 뒤집어진 듯 쳐지면 자주 직업을 바꾼다. 입이 적으면 입운이 약하여 반드시 가난하다. 구각이 쳐지면 늦운이 반드시 실패한다.
① 구각이 올라가면 목적 달성
② 튀어나온 입, 고독, 말년 재물 없음
③ 아래 입술이 크고, 윗입술이 작음. 배신형, 중년에 파제
④ 안으로 위선고 주름 많으면 말년 고독
⑤ 윗입술이 아래 입술 덮으면 자식 치고 여인 남편 파제
⑥ 윗입술이 튀어나오면 자식 인연 없다.
입은 다물면 적고 열면 주먹이 들어갈 정도가 좋다. 구각이 위로 올라가고 능이 있는 것이 좋다. 입이 처지지 않고 인중이 정확한 것, 입술 안에 주름이 많고 홍색이 좋다.
눈이 분명하고 입이 작고 손으로 쥔 듯 뾰족하면 고독하고 부모의 액도 있으며 가난 걱정이 많고 크면서 붉은 색이면 부귀하고 귀하면서 복이 있다. 또 수명 장수하며 입이 크면서 능이 분명하고 윤택하면 집안이 좋아지고 수명이 길다.
윗입술에 잔주름이 찢어지듯 많으면 자손이 안되고 무자식이며 있다 해도 자식덕이 없다. 입술이 얇고 색이 재색이면서 거무죽죽하면 수명이 단명하고 박복하다.
불을 부는 듯한 입은 고독하고, 뾰족하게 나온 입은 까다롭고 외롭다. 입술이 너무 크면 담도 크고 두 번 결혼한다. 입에 힘이 없으면 빈한하다. 입술 안에 점이 있으면 식욕이 있고 호색하며 돈은 없다.
남녀 부부화합이 잘 되려면 붉은 입술에 흰 이빨이어야 하

고 입술 위에 주름이 째질듯 많으면 아들이 있어도 대접받기 힘들다. 입술이 붉으면 의식 걱정이 없다. 뻐드렁니는 남편과 자식을 극하고, 얼굴이 작고 입이 크면 달변이며 가수가 많다. 입술이 얇고 꼭 다문 입술은 냉정하다.

한 일(一)자 입술은 중년 운, 말년 운이 고독하고 남자는 입술이 크면 좋은 편이다. 그러나 헐렁이 까진 입은 흉하다.

(4) 코(41~50세)

콧구멍에 코털이 많으면 창고에 식량이 가득하고(난대, 정위 : 콧망울) 코는 나쁜데 관골이 좋으면 좋다.

두 관골이 보좌역할, 귀가 바깥 보좌 역할을 하는데, 침골과 보조 관골은 있는데 코가 좀 납작하든가 나빠도 귀인의 도움을 받는다. 코는 좋으나 관골이 나쁘면 돈도 없고 귀인도 없다. 코가 매부리코 모양이면 철면피이고, 코가 아래로 처지면 기가 빠진 거와 같다. 콧구멍이 크고 문턱이 없으면 크게 되기는 어렵다.

얼굴에서는 중정이 부하고 귀한 것을 결정한다. 반드시 관골이 보조해야 하며 보조하지 않으면 영화가 없다.

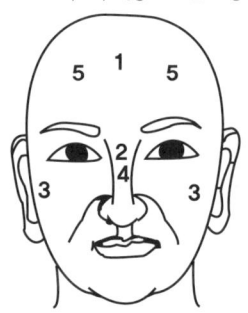

1. 중정 2. 인당 3. 관골 4. 산근 5. 천창

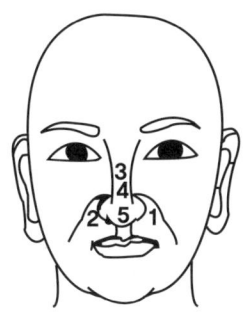

1. 난대 2. 정위 3. 연상 4. 수상 5. 준두

코는 반드시 힘이 있어야 한다. 빛깔이 유기하여야 한다. 코에 기가 있고 살이 풍만하고 인당이 잘 차면 길하다. 코가 물소처럼 나오거나 산근이 잘라지듯 보이면 반드시 다리를 자주 다친다.

연상, 수상이 우주충하면 반드시 긴 병에 걸려 있다. 콧구멍이 크고 문턱이 없으면 대단히 실패한다. 코에 흠이 있을 때는 실패의 자국이다.

연상, 수상에 살이 두둑하면 부귀하고 코만 크고 관골이 없으면 중년이 빈한하고 코가 짧으면 경망스럽고 남편덕 없다.

지나치게 길면 음흉하고, 코가 짧고 콧대가 낮은 납작코에다가 코에 힘이 없으면 재물이 없다. 코의 연상 수상에 푸른색이 산근까지 올라가면 죽음을 재촉하며 준두가 푸르거나 검은 색이며 운이 막히는 징조, 웃을 때 주름이 생기면 색난이 있다. 또는 자식이 귀하여 남에 자식을 기른다(늙어서 고독하다).

산근에 팔(八)자 주름은 부부 불화하고 부부를 극한다. 산근주름이 인당으로 뻗어 오르면 자식이 있어도 있으나 마나 하다. 천창 관골은 옆면이 좋아야 거부된다.

　난대, 정위에 붉은 줄이 보이면 관재구설이 있다. 연상, 수상에 붉은 핏줄 보이면 물로 인하여 해를 본다. 연상, 수상에 우중충한 색이 보이면 재물 때문에 고생이 많다.

　관골이 없으면 고독하고 빈한하다. 매부리코와 뾰족 코는 무자식이다. 43세 이후 코가 빈하면 운이 없다. 매부리코는 색난하고 호색하며 고집 세고 개인주의와 이기주의가 강하고 실패해도 쓸 돈은 있다. 매부리코는 마음이 독하다.

　칼처럼 생긴 코는 처를 극하고 사업 실패하고 결핵병에 무자식 일 수 있다. 콧날이 없거나 관골이 없거나 옆으로 많이 벌어지면 육친덕이 없다. 또 친척간에 화목이 없다.

　준두가 아래로 처지면 음탕하고 호색가이다. 들창코는 재물이 없어진다. 코가 3번 구부러지면 집과 땅을 팔아먹는다(돈이 없다는 징조). 콧구멍이 작으면 마음이 좁고 인색하다.

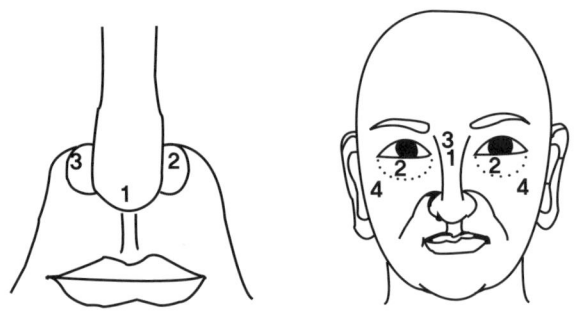

1. 준두　2. 난대　3. 정위　　1. 산근　2. 와잠　3. 인당　4. 관골

　준두가 붉은 색이면 집안 재물이 흩어진다. 콧구멍이 크고 난대, 정위가 얇고 작은 것은 재물을 쓰기만 한다. 코는 원만

하고 둥글고 광채가 나면 좋은 코로서, 아무리 어려워도 결국은 복을 받는다.

  콧등이 단정하면 밥은 먹고 산다. 콧날이 들어가거나 삐딱하면 천하고 성질은 강하다. 준두에 사마귀가 나면 한번 크게 파할 징조이다. 준두에 검은 색이 있으면 재물과 처가 흉하다. 산근과 와잠은 자손, 산근과 간문은 부부, 산근과 이마는 부모관계이다.

  인당이 가을에 시냇물 흐르듯 깨끗하면 길하다. 산근에 옆으로 주름이 2~3개 있으면 부부궁이 없다. 부부간에 이별할 수도 있다.

  또 인당, 준두로 얼굴 중심부에 점이 있으면 자살운이 있다. 난대, 정위에 실날같은 주름은 호색가이며 산근에 청암색이 나타나면 10일내로 죽을 상이다. 갑자기 산근과 인당 가까이 반점이나 흉터 있으면 몸에 질병이나 고질병이 있게 된다.

(5) 눈썹(부모, 형제, 처, 남편, 자식을 보는 자리)

  눈썹은 눈과 같이 본다. 눈썹이 거칠거나 좋지 않으면 분칠을 하라. 눈이 길면 눈썹도 길게 하여 눈과 균형을 맞추어라. 인당이 깨끗하고 바르면 눈썹과 맞먹는다.

  눈썹이 이어져서 인당이 메꾸어 졌거나, 인당이 없으면 필히 단명하고 매사에 힘이 든다.

  인당이 깨끗하면 부귀 수명하고, 눈썹이 거칠거나 뻣뻣하고 뼈가 튀어나오면 화를 부른다.

  눈썹 뼈가 나와도 건방지다. 눈썹이 병풍을 친 듯 넓고 굵으면 양자로 간다. 부모 인연 없고 박약하며 눈썹이 짧으면 고난이 많다. 눈썹이 거칠고 많으면 음탕하면서 지혜롭고 호색을 좋아한다.

눈썹이 눈을 길게 덮어 주지 못하면 못산다. 눈썹이 짧아서 눈길이 보다 많이 짧으면 재산을 파한다. 여자는 눈썹 머리 부분이 서면 큰며느리의 상이고, 남자는 장자에게서 흔히 있다. 눈썹이 아래로 처지면 처가 여우같다. 여자는 눈썹이 아래로 처지면 아들을 많이 낳으나 적게 키운다. 성격은 유순하나 사람을 잘못 사귀는 경우도 있다.

눈썹이 짙고 눈이 붉으면 호색가이며 심장에 열이 있다. 눈썹이 얕게 있고 짙으면서 그 눈썹에 점이 있으면 재난이 있고 눈썹 주위에 주름이 있으면 처나 첩에 재화가 있다. 간문까지 주름이 내려가면 배우자가 자살하거나 처덕이 없다.

눈썹 숱이 없고 코끝이 붉으면 재물이 나간다. 눈썹이 거칠고 눈과 가깝고 눈알이 흐릿하면 옥살이나 질병 있고 눈썹이 누릿하면 처덕이 없다. 눈썹이 짧고 흩어지면 재물 모으기가 곤란하고 눈알이 컴컴하고 빛이 없으면 파산하고 수명은 단명이다.

눈썹이 빳빳이 일어나면서 좌측 눈이 쑥 들어가면 반드시 화를 부른다. 눈썹이 가늘고 버들잎같이 생기면 호색가이다. 남자는 눈썹이 그린 듯이 고우면 처덕이 있다. 눈썹이 나비같이 잘 누우면 부부애가 있다.

눈썹 끝이 위로 올라가면 반드시 형액이 있다. 눈썹의 숱이 많으면 일찍 사회에 진출한다. 그리하여 기술자, 또 호색가이며 성격상 남녀간이나 부모궁에 운이 없다. 눈썹이 짧으면 형제가 적으며 형제의 덕도 없다. 눈썹과 눈 길이가 같으면 대개 삼형제이고 눈썹이 길면 오형제다. 눈썹이 이중으로 두껍게 있으면 운이 막혔고 눈썹이 짧으면 좌절한다.

2. 육친궁

　일월각이 높고 깨끗하면 부모가 장수하고 이마가 낮고 자빠지면 일찍 집을 나서거나 다른 곳에서 성장하게 된다.
　일월각의 색이 명윤하면 모든 일의 해결이 잘 되고, 암흑색이면 병이 있고 이마에 기미가 끼거나 우중충하면 고질병이 있다. 이마가 너무 희면 상을 입을 징조이며, 미홍색이면 경사가 있게 되고 매사에 순조롭다.
　이마가 갈라진 듯하면 불화가 많고 머리가 뾰족하면 어려서 부모덕이 없다. 또한 고독하며 처덕도 없다. 머리카락이 얕게 나면서 이마가 좁고 숱이 많으면 일찍이 조실부모한다.
　좌측이 일찍 세면 아버지를 일찍 잃고 우측이 일찍 세면 어머니를 일찍 잃는다. 발제(머리카락 시작되는 부분)이 흠이 있고 천중에 흠이 있으면 부모덕은 없다.
　귀가 얕게 붙고 눈에 흰자위가 많으면 단명하고 귀와 눈이 짝짝이면 부모 형제가 다르다. 귀가 납작하면 운이 막히고 부모덕이 없고 자식 인연이 없어 고독하다. 쪽박귀는 돈이 들어가면 안 나온다.
　눈이 짝눈이면(후천적으로 상처가 있는 경우도 포함) 부부가 극하다. 눈두덩이에 살이 있으면 자식이 아버지를 여러 번 친다. 눈썹이 아래로 팔(八)자로 처지면 공손하고 예절 바르지만 부모덕은 없다.

눈두덩이의 전택 자체가 두툼하면 심독이 있고 고독하며, 두 번 겹쳐서 난 눈썹은 아버지를 의지하기 어렵고, 어머니는 음탕한다. 버들잎 눈썹은 아버지 횡사하거나 요절할 수 있다. 코에 백색이 보이면 친정에 상복을 입을 징조이며 위의 입술이 얇고 튀어 나오면 어머니가 먼저 사망한다.

윗입술이 뒤집히면 조실부모하고, 귀가 까지고 눈이 튀어 나오면서 불을 부는 입에 코는 들창코는 모두 흉한 상이다. 우측 귀에 결함 있으면 부모운이 좋다고 보며, 눈은 부모에 유전을 잘 받는다.

수염이 목 밑에까지 나면 사업을 하면 실패하고, 목에 울대뼈가 나오면 재산이 깨어진다. 눈동자에 광채 없으면 정력 부족하다. 이마 중간이 들어가고 인당마저 들어가면 운이 자주 막힌다.

이마 가운데에 발제하고 천정 위치가 뾰족하면 반항심이 있어 일이 안되고, 미골(눈썹 위치)이 심하게 나온 것이나 뒤로 자빠진 것, 계란형 이마 등은 자주 좌절한다.

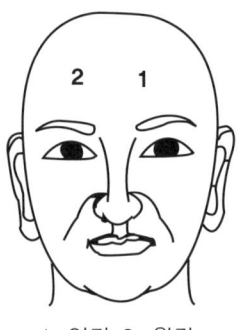
1. 일각 2. 월각

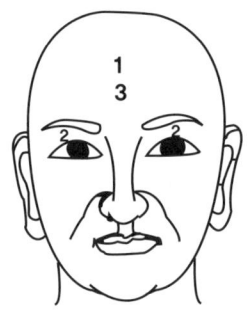
1. 천중 2. 전택 3. 천정

남자가 이마 중심에 점이 있으면 죽든가 아프든가 한다. 보편적으로 눈이 유난히 작아도 아는 것 많아도 쓸 줄을 모른다. 눈썹 주위 색이 진하면 형제간에 의리가 없고 형제간에 소송관계가 있을 수 있다.

눈썹 미골에 살이 많으면 형제간에 살리고 죽이는 예기치 못하는 일이 발생하고, 얼굴색이 우중충하면 좌측은 형제간에, 우측은 이성이나 부부가 몸이 아프거나 불화가 있다.

미골이 나오면 형제가 많아도 있으나 마나하고 눈썹이 짧고 이어졌으면 형제가 없다. 산근이 끊어지거나 눈썹의 끝이 없으면 형제가 안 된다. 눈썹 속이 가마같이 꼬불꼬불하면 형제가 많다. 입이 크면 형제수가 많다.

산근이 검거나 분명치 않으면 형제들이 해롭게 한다. 눈썹과 인당이 좋으면 좋은 남편 얻는다. 눈썹이 길면 형제가 사이좋다. 빗자루 눈썹은 형제가 많고 사업은 중년 실패한다.

눈썹 끝에 가마는 부부 불화한다. 눈썹이 병풍처럼 넓으면 형제 덕으로 잘 산다. 눈썹의 살이 보이면서 곱게 누우면 형제정이 많다. 눈썹이 깨끗하면 길하고 초생달같은 눈썹은 형제 의리는 좋으나 호색가이다.

이마가 크고 입 작으면 따뜻하다. 성격은 좋으나 큰 복은 없다. 눈썹이 반대로 나면 형제가 원수지간이 되고 다리가 불구하며 형액을 부르는 눈썹이다. 눈썹에 흠이 있고 짧아 흩어진 눈썹은 형제가 날 괴롭힌다.

인당이 좁고 전택이 좁고 눈썹에 흠이 있으면 형제덕이 없다. 본인도 운이 막힌다. 때로는 손발을 잘 다친다. 눈썹이 두껍고 눈썹의 두 줄이 비슷하면 배다른 형제가 있거나 부모가 둘이다.

인당이 좁으면 마음도 좁다. 눈썹의 머리가 좋은데 꼬리가 분산되면 형제덕이 없고 재물이 흩어진다. 빗자루 눈썹은 늙어서 형제가 단합은 되나 본인은 파한다.

눈썹이 잘 생겨도 산근이 끊어지면 형제덕은 없다. 눈썹이 있고 관골이 없으면 형제간에 왕래가 없고 눈썹도 없고 관골도 없으면 형제가 날 괴롭힌다. 관골에 주름이 있으면 형제가 일찍 죽거나 부부이별하고 흉터가 있으면 형제간에 의리가 없다.

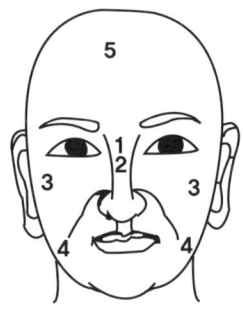 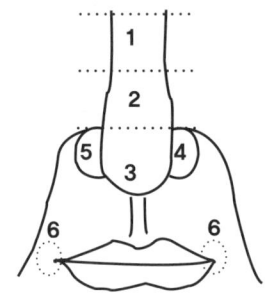

1. 인당 2. 산근 3. 관골　　1. 연상　2. 수상　3. 준두
　　　　　　　　　　　　　4. 난대　5. 정위　6. 구각

시골이 지나치게 나오면 성격이 강하고, 시골이 없으면 형제가 흩어지고 말년에 소원 성취한다. 손가락을 다치면 형제간에 의리가 없다. 눈썹이 거칠어도 살이 보이면 길하다. 호랑이처럼 눈썹이 눈을 덮지 못하면 고독하고 형제덕이 없다.

남자는 코, 산근, 난대정위, 준두, 목등의 굵고 이로 성공의 차이가 있다. 여자는 입술이 크고 입이 크면 고독하고 구각이 올라가야 남편이 출세한다.

입술은 지나치게 두꺼워도 부부이별하고 얇아도 부부정이 없다. 입을 비죽되는 것은 남이 안되기 좋아하는 상이다. 간문(눈 두덩이)의 형태로 부부금실(처첩궁)을 본다. 눈썹이 흐트러지는 것은 부부이별이며 초승달은 호색가이다.

엉덩이는 복을 받히는 상이요, 배는 복을 담는 그릇이다. 여자의 이마가 좁으면 평생 곤고할 것이요, 얼굴은 크고 코가 작으면 남자는 부인을 극하고 여자는 남편을 극한다.

관골은 있고 코가 없으면 처를 극한다. 또는 해로하기가 힘들다. 부부운은 관골의 색을 보고 구별한다. 이마의 천중이 나오면 반발심이나 정의심이 강하다.

얼굴에 땀구멍이 크면 자손덕이 없거나 자식이 앞서 떠난다.(결혼을 늦게 하는 것이 좋다).

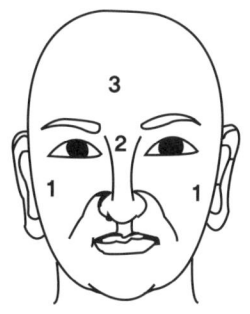

1. 관골 2. 인당 3. 중정

여드름이 많이 나면 처를 치고 자식을 친다. 살은 쪘는데 엉덩이가 없으면 부부가 덕이 없고, 노인이 엉덩이가 없으면 고독하다. 밥을 먹어도 배가 나오지 않으면 배우자 덕은 없다. 관골모양이 계란 같으면 부부친다.

관골은 옆면으로 본다. 인당이 함몰하면 부부의 이상이 맞지 않는다. 인당에 세로 금이 생기면 처를 극하기도 한다. 천창에 푸른 힘줄이 보이면 돈이 나가고 처복이 없다.

중정에 주름이 있으면 자식을 일찍 두고 한 번의 실패도 있다. 간문이 들어가지 않고 유기하게 잘 생기면 현처를 만나며, 만일 이와 반대면 여러 번 결손할 수 있다. 간문의 모양이 좁으면 처의 덕이 없고 간문의 모양이 지나치게 넓으면 처를 괴롭힌다.

검거나 흉이 있으면 처를 극하고 괴롭히며 배우자 덕은 아예 없다. 간문의 색깔이 어지럽게 있으면 탤런트나 화류계의 처를 만나는 수가 있다. 간문이 병든 색이면 처가 죽든가 이별하고 수술할 운도 있다.

눈썹뼈가 튀어나오면 극처하고 처를 못살게 한다. 눈 끝이 파이든가 하면 부부간에 불화한다. 간문이 편안치 않든가 들어가든가 파이면 일단 부부간의 금실은 흉하다고 본다. 어미(눈썹 끝)가 잘 생기면 처의 도량이 넓다.

어미가 주름이 많든가 유기치 못하면 처를 극하며, 미골이 나오면 여러 번 장가가고 보모덕도 없으며 관재구설도 있고 부부극하고 마음에 독이 있다.

이마에 주름이 있으면 평생 고생한다. 주름이 있다면 끊어짐이 없어야 하고, 여자의 이마 난문의 주름은 대단히 흉하며 주름이 없어야 최상이다.

남자는 눈 꼬리에 주름이 없으면 사람 교제에 힘이 든다. 여자는 입이 작으면 남의 말을 잘 듣고 입이 크면 말을 안 듣는다. 남녀 모두 이마가 좋으면 공경할 만하다. 남녀 모두 이마가 좁으면 결혼하는 데 힘이 든다.

산문 부위의 어미 부분에 십자문이 있으면 처덕이 없다. 눈과 눈썹이 깨끗하고 간문이 편안하면 현숙한 부인이 되고, 눈알이 흐리멍덩한 여자는 남편의 권리가 강하고 남자가 이와 같으면 여자의 권리가 강하다. 눈썹꼬리가 처지면 여러 번 장가간다.

간문(눈 두덩이)는 깨끗하고 코는 적당히 높고 살이 있으며 눈 웃음치면 아름다운 처를 만나는데 눈꼬리가 밑으로 처지고 코가 매부리코이면 처가 있는데 또 장가를 간다.

눈은 짝눈이며 수염이 삐뚤고 눈은 흐리멍덩하면 공처가가 되고 눈 밑에 주름이 첩첩이 있으면 남편을 휘어잡는다. 코가 잘 생기면 아름다운 배우자를 만나고 코뼈가 튀어 나오면 성질이 까다로우며 사업도 실패하고 처도 극한다.

코에 살이 너무 많고 인당이 좋지 않으면 처를 치거나 재산을 망친다. 산근이 안 좋으면서 가늘면 자식이 없다. 처가 있어도 고생이 많거나 자식이 없다. 산근이 좋지 않으면 여자의 경우에 남편복과 자식복이 없다.

산근이 반듯하고 뼈가 둥글고 풍성하면 정력이며 산근의 사마귀는 처에 재앙이 있고 옆으로 주름이 있으면서 산근이 끊어지면 처를 극한다.

연상, 수상이 들어가고 관골이 나와 있으면 공처가이며, 여기에 산근에 흠이 있거나 낮고 끊어졌으면 육친에게 우화가 있고 재물이 있어도 많은 손실을 한번 보게 된다.

두 눈썹이 가깝고 전택이 좁으면 처를 괴롭힌다. 전택이 넓으면 일생 편안하다. 끊어진 눈썹은 매일 싸운다. 섯는 눈썹은 부부가 극하고 끊어진 눈썹은 앞서가는 형제 있고 운이 막히며, 눈썹이 반대로 나면 부부간에 불화가 그칠 사이 없고 팔(八)자 눈썹은 수명이 짧고 공처가이며 파재한다.

곱게 밑으로 굽어난 눈썹은 부부화합하며 짧으면서 올라간 눈썹은 처덕이 없다(처가 극성스럽고 파재한다). 눈썹이 있는 듯 마는 듯하면 부부간에 덕도 없고 운도 막히며 평생 큰 운이 없다.

눈썹이 흩어지고 미골이 튀어나오면 몇 번 결혼하며, 난모 눈썹에 주름이 있으면 인덕도 없고 처덕도 없다. 구레나룻(귀 앞털)가 옆으로 올라가면 처를 극한다.

허스키한 목소리는 배우자를 바꾼다(여자의 경우). 눈썹머리가 서있는 것은 부인을 자주 바꾸며, 산근과 연상 수상이 얕으면 조강지처를 치고, 와잠이 불러 있으면 아들이 있으나 마나 하다.

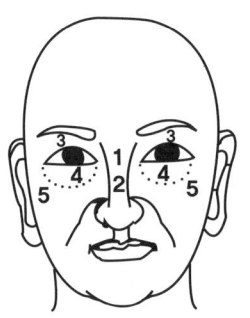
1. 인당 2. 산근 3. 전택
4. 와잠 5. 관골

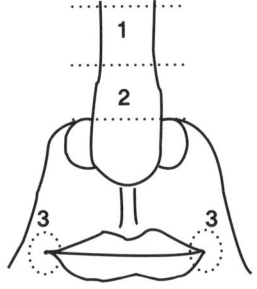
1. 연상 2. 수상 3. 구각

속눈썹이 꼬이면 여자의 경우는 임신 중이며 또 와잠의 색깔이 붉어 있으면 바람이 난 여자로 볼 수 있다. 부부가 극이 되는 경우는 눈알의 사면에 흰 창이 보이며(사백안), 이런 사백안은 처자식을 극하고 끝내는 본인도 비참한 생애를 맡는다.

 흰창이 밑으로 많으면 처를 극하며 위로 많으면 자식을 친다. 간문색이 우중충하고 눈썹이 희박하면 본인의 처가 미치거나 정신이상이며 여자의 간모색이 흉하고 깊으면(또는 주름이 많거나) 결혼을 여러 번 하게 된다.

 구각(입술의 양끝)이 아래로 처지고 수염이 관골까지 있으면 운이 막히고(처자 극하고 종내는 사업실패에 재산 탕진하며 말년에 비참한 운명으로 망한다), 어미에 하자있거나 관골이 튀어나왔거나 미골이 지나치게 나온 자는 처자 고생시킨다. 관골이 붉으면서 눈이 축축이 긴 사람은 배우자 덕이 있고 아름다운 아내를 만난다.

 머리끝이 뾰족하며 초승달같이 가늘게 눈썹이 났으면 부인이 재산을 없앤다. 더구나 코까지 짧으면 배우자 덕은 없다.

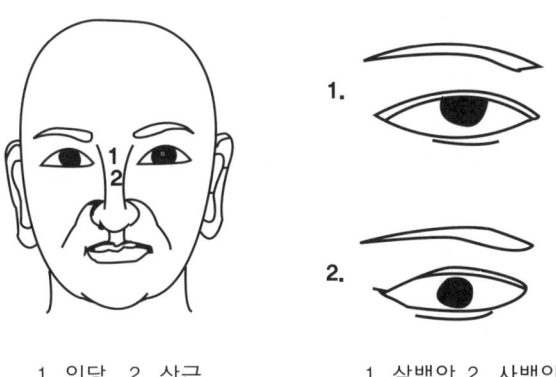

1. 인당 2. 산근   1. 삼백안 2. 사백안

 여자가 머리가 크고 가슴이 큰 사람은 질투도 많고 자식도 극하며 가난한 과부의 상이다. 이마가 넓고 코가 바르고 풍부하면 부자집 남편을 얻을 수 있다.

이마나 인당에 결함은 남편에게 해를 끼치고 재산을 잃는다. 이마가 골이 파지면 남편에게 버림을 받는다. 이마가 뒤로 자빠지고 귀가 발랑 뒤집히면 본처가 되기 어렵고 이마가 높고 산근이 얕은 것도 남편 인연이 빨리 끊긴다.

인중이 짧으면 자식복도 없고 수명도 짧으며 얼굴이 항시 우울하면 남편이 출세하기 어렵다. 얼굴과 눈썹이 지나치게 번질번질하면 남편이 무능력하며 측은하고 처량해 보이면 과부의 상이다.

턱을 치켜들고 다니는 여자는 음란하다. 또 얼굴에 기름이 흐르고 암내가 나면 주위의 버림을 받는다. 여자 얼굴이 큰 듯하면 성격이 과하고 불효스러운 며느리의 상이다.

얼굴은 검은 데 몸이 희면 천한 일 덜하고, 얼굴에 죽은 깨가 많거나 몸이 푸르면 천하다. 목이 굵고 가슴이 튀어 나오면 남편을 친다. 허리가 가늘고 배꼽이 깊으면 음란하다(정조 관념이 없다). 코가 낮고 관골이 높으면 남편이 난관을 많이 당한다. 관골이 없으면 남편이 돈을 모을 수 없다. 관골이 너무 나오면 성격이 강하고 남편에게 의뢰할 수 없다.

관골이나 눈뼈가 높으면 못된 일만 한다. 관재구설이 그칠 사이가 없고 여자인 경우는 관골이 높으면 남편을 윽박지르며 무시한다. 게다가 깨진 음성이면 부부인연은 길 수 없다.

인당이 꽉 차고 코 눈썹이 적당하며 깨끗하면 귀부인이다. 관골은 좋고 코가 작으면서 인당이 적당하면 맞벌이 부부의 상이다. 인당이 들어가면 부부가 무정하고 자식이 안된다. 주름이 인당이나 산근에서 끊어지면 부부정은 변하며 간문(눈두덩이)에 결함이 있고 눈이 작으면 부부인연은 박하다.

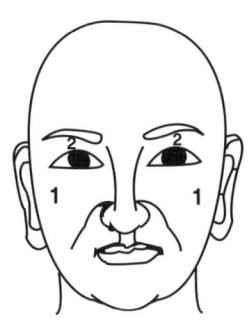

1. 관골   2. 전택

　간문이 지나치게 검거나 또는 넓으면(또는 좁거나) 부부정은 없다. 간문에 하자있고 눈이 사납고 살기가 있으면 부부가 요절하며 간문이 들어 간 여자는 현숙하지 못하다. 귀가 뒤로 까지면 남편인연이 없다.
　눈물이 자주 나오면 배우자와 인연이 끊기는 징조이다. 눈과 전택이 앞으로 나오면 남편이 공처가이다. 눈이 둥근 사람은 남편을 치며, 눈이 붉고 말더듬이는 호색가이다. 그러나 정력은 약하다.
　눈 속이 지나치게 검은 색은 형을 당하거나 수술할 징조이다. 눈 안에 검은 점이 있는 여자는 음란하다. 뻐드렁니는 남편을 치고 옹니는 고독하고 과부상이지만 코가 잘 생기면 부부덕이 있을 수는 있다. 코가 알맞게 높으면 자녀가 잘 되며 들창코는 산근이 끊기고 남편덕이 없다(여자는 변절할 수 있다).

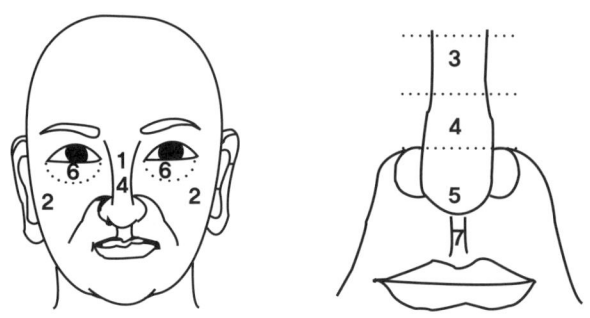

1. 산근 2. 관골 3. 연상 4. 수상 5. 준두 6. 와잠 7. 인중

　코뼈가 끊기고 연상, 수상이 튀어나오면 배우자 덕이 없다. 눈썹이 기울든가 흩어지면 재산 모으기 어렵다. 눈썹이 길고 잘 생기면 남편은 총명하다. 여자는 눈썹이 흐트러지고 누렇고 듬성듬성하면 무능력한 남편을 만나고 여자 눈썹이 검은 빛이면 딸은 많고 아들은 안된다.

　머리가 뻣뻣하여 말총머리 같으면 남편과 자식을 극하며 암내가 나면 부부정은 없다. 허리가 가늘고 엉덩이가 없으면 자식가지기 어렵다. 관골이 높고 음성이 허스키하면 남편을 많이 바꾼다.

　눈썹이 없으면 고독하고 재가한다. 머리가 크거나 몸에 비하여 이마가 넓으면 과부의 상이다. 목소리가 거칠고 뼈가 튀어나오면 과부형이며 말을 할 때 고갯짓을 하면 남편을 잡고 제멋대로 산다.

　여자가 이마 넓으면 살림을 못하고, 관골이 지나치게 넓으면서 이마가 나오면 남편을 극한다. 코가 뾰족하고 이마가 좁고 얕으면서 짧으면 첩이 된다(편안한 결혼이 어렵다). 눈썹이 거칠면서 눈에 악이 있으면 자주 남편을 치며, 전택이 들어가거나 나오면 더욱 그러하다.

여자가 어깨가 높고 음성이 허스키하고 우는 목소리는 천하고 고독하고 관골이 나오고 깨끗하지 못하면 남편을 친다. 코뼈가 나오고 산근에 점이나 사마귀가 있거나 어미에 하자가 있으면 남편이나 본인에게 질병이 생기고 부부가 불화하다.

3. 오관과 잡론

이마가 나오고 간문(눈 두덩이)이 나오거나 혹은 심하게 들어간 여자는 쓸모없는 여자다. 코가 세 번의 굴곡이 있으면 고독하고 빈궁하고 가난하다. 누당(와잠)이 들어가고 산근이 끊어지면 자식을 친다.

눈썹뼈가 많이 나오면 자식이 없고 객사한다. 간문이 곱지 않으면 처가 고질병이 있으며 부부가 불화한다. 간문이 푸른색인 남자는 여자에게 재앙이 있고 여자는 남편에게 재앙이 있다. 눈썹 위의 뼈(교우자리)가 나오면 관재구설이 있다. 어깨가 좁으면 자손이 약하고 넓으면 자손이 튼튼하다. 간문에 붉은색이 있으면 부부구설수가 있고 부부사이가 안 좋다. 간문이 검거나 희면 자식 때문에 걱정이 있고 재물을 파하며 백가지 일이 흉하다.

윗입술은 인중부분과 치아가 나오면 자손을 극한다. 머리카락이 지나치게 뻣뻣하면 고독하다. 얼굴, 천창, 얼굴색이 푸르면 자녀를 기르기 어렵다. 웃을 때 잇몸이 보이면 남편과 생이별하고 말년에 주거가 불안하며 인중이 뚜렷하면 자식을 잘 낳는다.

입이 작으면 자손 인연이 적고, 입이 너무 커도 자손 인연이 박하다. 여자의 입술이 뒤집히거나 얇으면서 치아가 엉성하면 고독하고 난대, 정위가 도톰하면 자식과 인연이 많다.

앉은 것, 걷는 것, 음성, 땀, 점, 흉터, 기색을 먼저 살피고 부귀빈천과 횡액, 횡재를 감지하라. 여자의 머리통이 둥글둥글하면 자식이 좋다. 여자의 머리숱이 적으면 자식이 없거나 인연이 박하다.

고개를 숙이고 걸으면 자식을 치고 이마가 갈라지면 고독하고 이마가 높고 위가 납작하면 무자이며 얼굴의 여드름은 자식이 상하거나 남편 잃고, 우는 상은 자녀를 괴롭힌다(남자의 우는 상은 더욱 나쁘다). 우울한 상은 자식 잘되기 어렵다.

얼굴이 꾀죄죄하면 자녀는 있으나 마나 하고 얼굴이 인상을 쓰면 자식을 극하는 경우가 많다.

얼굴이 귤껍질 같으면 고독하고 배우자와 자식을 이별하게 되고 운은 막힌다. 얼굴은 크고 어깨가 빈약하면 자식 낳기 어렵다. 왕(王)자, 갑(甲)자의 얼굴은 고독하고 자식 없다. 그러나 오관(눈, 코, 입, 귀, 눈썹)의 균형이 잡혀 있으면 다행히 잠깐식의 이별로 때울 수 있다.

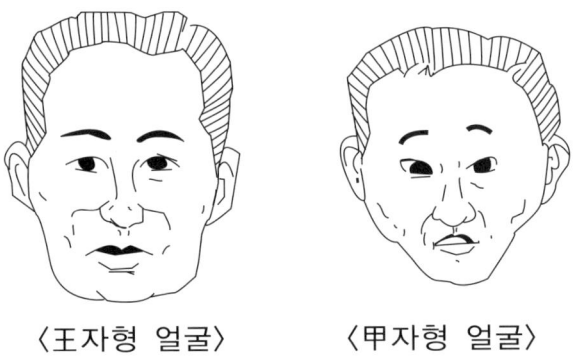

〈王자형 얼굴〉　　〈甲자형 얼굴〉

얼굴이 흉악하면 자식 잘 되기 어렵다. 인당이 좁으면 늦게 자식을 두며 아들이 잘 된다. 전택이 두꺼우면 불효이며 자식을 극하는 것도 포함된다. 벌눈 같은 눈, 동그란 눈, 눈알이 갈색 등이면 자식 인연이 약하고 복이 없다.

여자의 사팔뜨기눈은 호색가이며 남편과 자식 인연이 희박하다. 눈이 누런색이면서 살기가 가중되면 자식을 극하고 고독하다. 눈에 흰색이 많고 흑색이 적으면 단명하고 자식을 극한다. 눈 밑의 흠집도 자식을 극한다. 눈 밑의 뼈가 나오면 무자식이고 눈 밑에 물 사마귀가 있으면 자식의 학교 운이 불리하다.

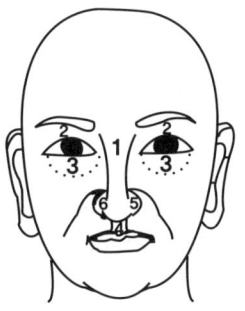

1. 인당 2. 전택 3. 와잠 4. 인중 5. 난대 6. 정위

눈 밑의 주름이나 사마귀는 자식 키우기 어렵다. 눈 밑에 바람든 것 같은 모양이나 늘어진 모양이나 눈 밑에 눈물자국이 늘어진 것 같으면 무자식이며, 속눈썹이 잡초 같고 많으면 자식이 안 된다.

속눈썹이 없으면 자손이 불효하고 풍으로 죽는다. 와잠이 적당히 풍부하며 윤기가 있으면 자손이 길하다. 와잠이 늘어지면 늦게 자식을 두는데 자손 키우기에 전심하여야 한다. 와잠에 주름이 많으면 자손이 속을 썩인다.

와잠에 검은 점이 있으면 자손에게 해가 있으며 자손을 먼저 앞세우는 일도 있다.

눈밑에 눈물자국이 잇는 듯하거나 코에 날이서고 입술의 능(인중의 끝)이 없으면, 자식으로 근심걱정 있거나 무자식일 획률이 높고, 누당(눈아래 부분)도 깊고 인중도 깊으면 자식은 있으되 재앙이 많고 누당이 지나치게 깊으면 아들이 없다. 누당(눈 밑 부분)이 반반하면 어질고 자식이 잘된다. 누당이 불룩하면 정력이 좋고 누당에 주름이 많으면 자식을 친다.

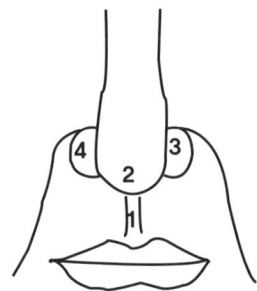

1. 인중 2. 준두 3. 난대 4. 정위

산근의 아래위가 끊기면 자식은 있으나마나하다. 준두가 삐뚤면 재물은 나가고 자식은 착하다. 콧방울(난대, 정위)이 얇거나 까진 것은 말년에 자식덕이 없다.

여자의 윗입술이 아랫입술을 덮으면 자식이 없다. 혹시 있어도 있으나마나하다. 입술이 푸르거나 희면 이별운이다. 불을 부는 듯한 입은 아들이 있으면 집안이 몰락하고 늙어서 고독하며, 입술이 푸른색이고 귀가 작을 때는 아기유산을 자주 한다. 남자는 단명한다. 입술이 붉으면 자식이 귀하게 된다.

입가의 언저리에 주름이 많으면 자식도 없고 빈한하다. 구각이 늘어지면 좌절하고 고독하고 구설수 있으며 파재한다. 입술에 주름이 없으면 고독하다. 입술이 얇고 아랫수염이 없으면 고독하고 55세 이후에 치아가 다시나면 자식을 친다.

덧니는 자식을 극하고 배우자를 극하고 인중의 위가 좁고 아래가 넓으면 자식도 많다. 인중이 짧고 평평하면 자식도 없고 돈도 없다. 인중의 가로주름은 자식을 극하고 인중이 삐뚤면 자궁도 삐뚤다.

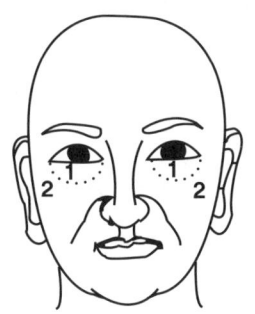

1. 누당(와잠) 2. 관골우귀태

인중이 나와도 고독하다. 인중은 자식과 생활상태 정신 상태를 다 볼 수 있다. 관골이 나오면 무자이며 수염이 붉으면 고독하고 아랫수염이 갈라지면 자식을 앞세운다. 턱이 뾰족하면 자식이 없다. 여자가 목뼈가 나오면 자식을 치고 남편을 우습게 안다.

어깨가 나비 같고 우는 목소리는 고독하고 천하다. 어깨가 비 맞은 장닭 같으면 고독하다. 어깨가 납작하고 엉덩이가 없으면 정력이 없다. 가슴이 없고 배가 없는데 목소리마저 개미소리 같으면 자식이 없다. 등이 얇고 고랑이 파이면 가난하고 등과 허리가 가늘면 고독한 신세이다.

젖이 크고 단소하고 젖꼭지가 검고 위로 향하면 건강한 자식을 둔다. 유두가 작거나 쏙 들어가 있으면 아기 낳기가 어렵다. 유두가 가늘면 자식이 잘 안되고 굵으면 귀한 자식을 둔다. 배꼽이 깊고 배가 둥글면서 궁둥이가 통통하면 자식이 잘되고 여자가 배꼽이 나오면 자식이 안된다.

허리가 가늘고 엉덩이가 빈약하면 애기 낳기 어렵다. 허리가 가늘면 고독하고 무자이며 뱃집이 없고 궁둥이가 올라가면 늙어서 무자이다.

손목의 수경문이 올라가면 신체가 약하고 새끼손가락이 구부러지면 자식과 함께 살기 어렵다. 여자가 손금이 깊으면 자식을 잘 낳는다.

정강이뼈가 약하면 고독하고 파재하며 허벅지가 가늘면 말년에 고독하고 참새걸음은 고독하고 빈천하다.

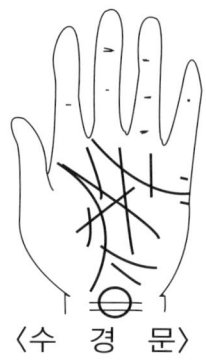

〈수 경 문〉

남자가 종아리가 가늘고 털이 없으면 무자식이며 고독하다. 여자가 다리에 털이 있으면 음탕하고 호색하다. 퍼드득 퍼드득 걷는 걸음은 고독하고 힐끔거리며 걷는 사람은 고독하고 무자식이다.

남자나 여자나 음성이 운명의 30%를 좌우한다. 목에서 얕게 나오는 소리나 뒷후렴이 없는 소리, 빠른말, 깨진 징소리는 자식을 앞세운다.

호랑이 같이 큰 음성은 자식과 남편을 극하고 번개치는 음성은 고독하다.

음경의 끝이 검으면 자식을 일찍 두고 희면 늦게 둔다. 음낭의 주름이 없으면 대가 끊긴다. 음낭이 차고 냉하면 자식이 없고 남자가 방사를 많이 하면 수명이 길고 자식이 잘 된다.

기색을 관찰하려면 와잠(누당 - 음덕궁)을 본다. 눈밑색이 윤기가 없으면 자식이 안된다.

황색이 눈 밑에 많으면 사람을 위험에서 건져준다. 눈 밑이 연한 황색이면 인심이 좋고, 눈 밑이 붉으면 길하고 검고 깊으면 자식을 극하거나 잃는다. 혹은 슬픈 일을 당한다.

얼굴에 돼지기름같이 번지르르 기름이 흐르면 자식을 극한다(슬픈 일을 당할 수 있다).

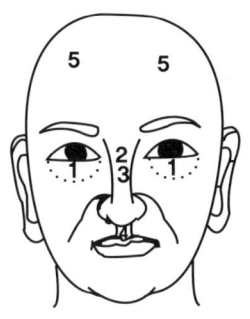

1. 와잠 2. 인당 3. 산근 4. 인중 5. 천창

입술이 얇으면 자식 인연이 박하고, 눈썹이 깨끗하고 눈알이 봉황새 같고 인당은 평평하며 산근이 잘 생기면서 인중이 깊고 맑으면 자식이 많고 훌륭한 자식을 둔다. 눈썹과 누당을

합해서 본다.

코가 반듯하고 산근이 일어나고 인당이 깨끗하면 총명한 자식을 둔다. 산근이 끊기고 수경문이 안으로 들면 자식이 없고 여자가 M자 눈썹 같으면 아들이 없거나 아들을 앞세운다(이마의 천장이 좋으면 구제가 된다).

인당이 좋으며 음성이 화창하면서 깨끗하면 자식이 잘된다. 자식의 조건은 눈썹과 산근, 와잠, 인중을 살피고 수염을 본다. 눈썹이 빗자루 같으면 자식이 많고 중년에 파재한다.

〈참고 1〉 부선망

① 뼈가 툭툭 튀어 나오든가 힘줄이 튀어나온 자
② 천중에 결함이 있는 자
③ 코가 곡선이 된 자
④ 전택이 좁은 자
⑤ 버들잎 눈썹
⑥ 이마가 낮은 자
⑦ 인당자리가 충한 자
   (발제 천정이 뾰족하여 인당을 찌르는 자)
⑧ 엄지손가락이 뱀대가리 같은 자
⑨ 입술이 튀어나온 자
⑩ 이마가 뒤로 자빠진 자

〈참고 2〉 모선망

① 코가 납작한 자
② 눈썹이 끊긴 자
③ 머리에 가마가 두 개인 사람
④ 짝 눈썹(굵고 가는 것) 혹은 내려 붙은 눈썹
⑤ 아래 입술이 두껍고 큰 자
⑥ 뼈는 가는데 살이 지나치게 찐 자
⑦ 이마가 가지런하지 못한 자

제 9 장

찰색과 기색

우리는 과일 먹을 때 빛깔을 선택한다
〈외모는 현금이다〉

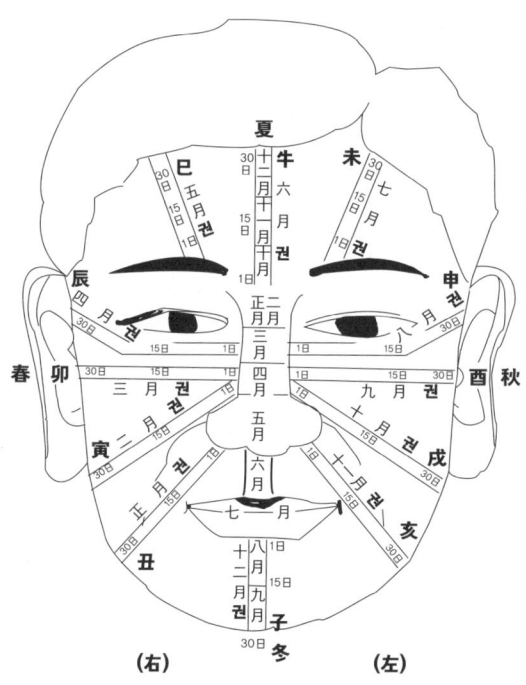

1. 찰색 해설

얼굴의 십이지 부위의 색을 보고 해당되는 달의 운세를 본다. 삼합으로 연대적인 운을 보는데, 인오술, 신자진, 사유축, 해묘미, 인신충, 묘유충, 진술충, 사해충, 자오충, 축미충 등의 연대적인 찰색을 보고 해당되는 월을 평한다. 구체적인 것은 본인들의 오랜 임상이 필요하다.

(1) 재물을 얻는 색
코에 여드름이 좁쌀같이 작고 황색이고 윤기가 있으면 큰 돈이 들어오는 징조이나 가라 앉으면 다시 돈이 나간다. 점이 많으면 돈이 많이 들어오고 적으면 적게 들어온다.

(2) 병이 있는 색
산근자리에 검은 점이 크면 병이 깊이 들고 옅으면 약하고 배우자궁이 우중충하면 병이 있다.

(3) 가정 불화색
눈주위, 관골, 전택이 우중충하면 생식기에 병이 있고 이로 인한 가정불화가 있을 수다.

(4) 길조
얼굴 빛깔이 웃는 것을 보고 기쁜 일이 오래 지속되느냐 잠깐 있다가 물러가느냐를 본다. 인당, 천창(일월각), 지각, 이마, 눈, 턱까지 깨끗하면 기쁜 일이 있을 징조이다.

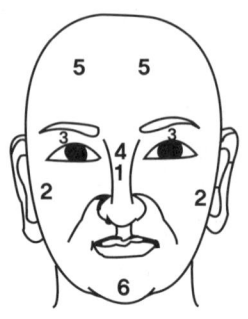

1. 산근 2. 관골 3. 전택 4. 인당 5. 천창 6. 승장

2. 찰색 보는 법

(1) 백색

찰색이 백색이면 걱정이 있다. 또는 슬프거나 곡할 일이 있고 깨지고 부서지는 일이 생긴다. 병으로는 폐결핵(폐병)이다.

금색은 흰색인데 폐에서 나오는 것이고 좌우측 눈 주위가 분칠한 것 같고, 준두에도 흰색이 나고 땀이 난 듯하면 부모에게 재앙이 있다. 흰색이 붉은 색으로 빛나면 길하며 광채가 없으면 불길하다.

(2) 흑색

부위의 해당되는 색이 검어지면 갑작스레 날벼락이 떨어진다. 혹은 손실이나 놀랄 일이 생기고 질병이 온다. 수색은 신장에서 나오며 흑색이다.

까마귀같이 널찍널찍 하게 나타나는 것, 또는 코에 나타나면 반드시 상복을 입고 귀·눈의 가장자리에 나타나면 60일 이내에 사망한다.

검은 색은 새의 깃털같이 윤기 나면 길하고 연기 같은 색은 죽은 색이다.

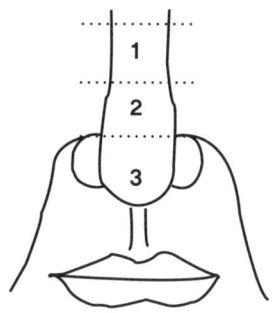

1. 연상 2. 수상 3. 준두

(3) 청색

운이 막히고 머리 아픈 일이 많고 질병이 있다. 목은 청색인데 간에서 나오고 버들잎 같은 청색이면 처녀일 경우에는 선을 보는 일도 생긴다.

보편적으로 얼굴에 청색 줄같이 생기든가 버들잎 같은 색이 나타나면 근심과 걱정이 생긴다. 코에 생기면 돈이 나간다.

부모는 이마, 형제는 눈썹위, 처자는 간문, 자식은 와잠에 푸른빛이 있으면 육친의 근심걱정이 생긴다.

같은 청색이라도 깨끗하고 밝으면 길하고 지저분하면 흉하고 불길하다.

(4) 적색

손해 보고 마음이 괴롭고 관재구설과 질병이 있다.

화색은 심장에서 나온다. 붉은 색이 술 취한 듯 흐트러지면 운이 안 열린다.

인당이 서로 붙으면 형무소에 가거나 소송 관계로 얻어 맞거나 적색이 길게 나타나면 재앙을 당한다.

관골의 붉은 색은 폐결핵이 있는 징조이다.

적색이라도 닭벼슬 같이 빨간색이면 길하고 죽은 생선의 피 같으면 불길하다.

(5) 홍색

기쁜 일이나 선한 일이나 명예가 생긴다.

(6) 황색

명예가 생기거나 기쁜 일이 생기거나 성공한다. 밝고 깨끗한 황색이 나타나면 길하고 이마나 인당에 구름이 끼면 죽을 일이 생기고 형무소에 갈 일이 생겨도 혈색 좋으면 좋은 운으로 바뀐다.

두 눈 밑에 황색이 나타나면 집안에 길사가 있고, 준두와 산근에 밝은 색이 끼면 귀인의 도움으로 재물을 얻는다. 황색은 깃털같이 누렇고 광채가 나면 길하고 낙엽색같이 광채가 없으면 죽은 색이다.

(7) 자주빛색

아름답고 최상의 색이다.

〈각 부위의 찰색 관찰〉

① **천중** 윤택하면 예감력과 직감력이 좋고 초능력과 통찰력도 좋다. 결함이라면 사업을 해도 좌절하고 부모인연 없다.

② **천정** 윤택하면 남을 가르치는 일이나 법원, 정치, 관직에 희망하면 성공한다. 결함이라면 소송이나 문서에 불리하다.

③ **사공** 윤택하면 벼슬할 수 있고 관록이 길하고 윗사람의 신임을 받는다. 결함이라면 명예 얻기가 힘들다.

④ **중정** 윤택하면 집안에 재물이 많이 있고 처첩의 덕이 있고 기억력이 있고 명예를 얻는다. 결함은 여러 번 실패하고 창의력이 없고 자식이 안된다.

⑤ **인당** 윤택하면 자기가 하는 일이 잘되고 중년에 소원 성취한다. 결함은 좁든가 점이 있든가 털이 이어지든가 하면 과거와 미래가 운이 없다.

⑥ **산근** 윤택하면 신체건강하고 의지력이 강하다. 목적을 달성하고 육친덕이 있다. 결함은 평생토록 파란이 많고 본인이 좌절한다.

⑦ **연상** 윤택하면 진취적 기백이 강하고 건강이 좋고 운동하는 사람이면 좋다. 코가 구불하고 얕고 하면 평생에 질액이 많고 재물 취득은 어렵다.

⑧ **수상** 윤택하면 힘이 좋고 능력이 있고 장수하고 저항력이 강하고 횡재수가 있다. 결함이 있으면 성격이 좋지 못하고 단명하고 질환이 있다.

⑨ **준두** 윤택하면 재물 축적이 좋고 심성이 좋다. 들창코 뾰족코 점이 있는 것은 물질적 난관이 많고 매사에 어려움이

있다.

⑩ **지각** 윤택하면 집안이 편안하고 넓고 풍만하면 땅을 많이 가진다. 결함은 가정이 편치 못하고 자신이 빌어먹어야 한다.

⑪ **수성(입)** 윤택하면 성욕이 강하고 애정이 많고 자손 보존이 좋다(음양이 잘 맞고 입술이 붉으며 조화가 잘 된 것). 결함은 구설수가 많고 고독하고 빈한하다(아래위 입술이 튀어나온 것).

⑫ **승장** 윤택하면 남의 말에 반응이 빠르고 술을 좋아하고 다방 식당영업이 제일 좋은 직업이다.

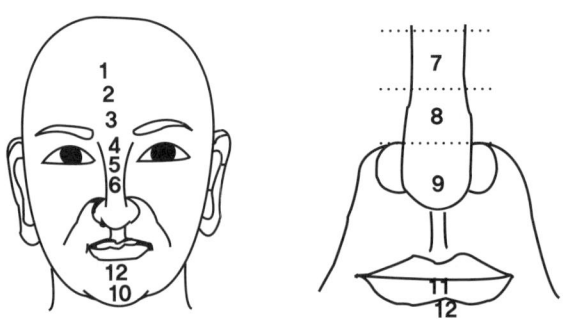

1. 천중 2. 천정 3. 사공 4. 중정 5. 인당 6. 산근
7. 연상 8. 수상 9. 준두 10. 지각 11. 수성 12. 승장

천중은 육감, **천정**은 법정, **사공**은 관록, **중정**은 동정성,
인당은 소원, **산근**은 우환, **연상**은 건강, **수상**은 강단,
준두는 욕망, **인중**은 출산, **수성(입)**은 애정,
승장은 음식을 본다.

3. 기색 해설

피부 속에 있는 것은 기(氣), 피부 밖으로 나온 것은 색(色), 무색유기는 길하고 유색무기는 흉하다. 만일 색이 있다면 윤택하여야 하고 광윤치 못하면 필요 없는 색이다.

피부는 안쪽이 미래를 가리키고 밖은 지난날을 가리킨다. 색이 선명한 것은 왕운이며 담담한 것은 왕기가 지난 색이다. 무슨 일인가 알고자 할 때는 수속부위를 살피고, 색이 있으면 기가 없는 것은 부광(뜬 색깔)이라서 기색이라 할 수 없다.

기색은 아침에 얼굴에 나타났다가 저녁에 들어간다(마음이 불안해서 안 나타나든가, 기쁘다든가 해서 나타나든가 하는 것은 아니다).

이것은 모두가 기의 신명이 선지선각의 령이 있기 때문이다.

기(氣)는 자기의 정신을 만드는 어머니, 색(色)은 아버지다. 또 장부사이를 흐르고 칠정에 의해서 표현되는 것이다.

처음은 기가 되나 기가 안정되면 색이 된다. 기의 높고 낮음을 보고 그 색의 동정을 살핀다면 진퇴를 알 수 있다.

※ **칠정** 생활 속에 앞일이 예지되는 색(희, 노, 애, 락, 애, 오, 욕)에 관한 색이다.

4. 육기의 구별

관상법에는 육기가 있으니 다음과 같다.

① 청룡기

자선이 반위에 흩어진 것, 사람의 운이 트이려면 잠명(누에의 색깔)이란 것이 목에서부터 유기하게 아름다운 것이 퍼지듯이 준두에서부터 길색이 나타나 점차 전체로 펼쳐지게 되는 것이다.

② 주작기

저녁노을이 물에 비치는 듯한 색으로서 관재구설이 있다.

③ 구진기

검은 구름이 바람에 날리는 것과 같다. 이 색이 나타나면 모든 일을 정비해야 하며 조심해야 하니 곧 패색이다.

④ 등사기

불에 타고 남은 재와 같다. 도적과 만나서 도난을 당하는 색이다.

⑤ 백호기

지방질에 기름을 발라 놓은 것과 같다. 질병 또는 부모형제가 사망하는 것과 같다.

⑥ 현무기

아침의 안개와 연기가 포함되는 것과 같다. 이색이 나타나면 악질병으로 고생하다 사망한다.

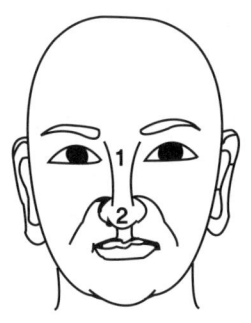

1. 인당   2. 준두

　위의 여섯 가지 색중에서 구진기, 현무기의 기색이 제일 흉하다. 눈, 코, 입, 귀, 혀의 그 자체가 가진 기본색이 인위적으로 변색될 수 없다.
　심신이 안정되었을 때 나쁜 색이 나타나면 1년 내에 반드시 재앙이 생긴다. 만일 우환이 있을 때 인당에 황색이 나타나면 쾌유되고, 또 자색이 있거나 하면 앞으로 100일 이내에 행운이 있을 징조이다.
　사람이 위기에 처해 있을 때도 준두에 연한 황색이 나타나고 사고(四庫 : 진술축미)에 담홍색이 있으며, 천중에 황색이 비치면서 광채가 나면 길할 징조이다.
　오색 가운데서도 좋은 것도 있고 모두 흉한 것도 있다.
　청색에 있어 비취색은 길한 색이며, 검푸른 색은 죽은 색이다. 색은 닭벼슬 색이 길하고 검은 피색은 흉하다.
　백색은 돼지비계색이 길하고 마른 삼배색은 흉하다.
　흑색은 새의 털 같아야 길하고 태운재 같은 색은 흉하다.
　황색은 거위의 털색으로 유기한 것이 길하고 낙엽과 같은 색은 죽은 색이다.

(항상 좋은 색을 가지려면 음덕을 쌓으라)

얼굴의 눈썹과 눈이 청수하여 맑게 보여도 기색이 어두우면 공명이 지체되거나 이룩되지 않을 수 있다. 기가 오장육부를 돌다가 칠정의 변화로 인하여 오악과 사독(눈, 코, 입, 귀)에 나타나서 육부에 숨는다.

이 악독에 기색이 나타나서 흉하게 보이면 좋은 일이 생겨도 운이 열리지 않는다. 황기가 나타나면 가장 좋고 황기가 흩어지면 흉하다. 홍색은 육체에 있고 피부상에 있는 것이다. 화기가 강하여 재가 되며 혼합된 것은 모두 잡색이다.

골격이 귀상이라 하여도 잡기색이 어지러이 펼쳐져 있으면 크게 될 수 없다. 원산 귀봉에 구름이 덮여 있는데 바람이 불어서 걷어가는 형상이 되면 길상으로 변하는 것이다. 기색은 귀신도 그 움직임을 측량할 수 없다.

하늘과 땅의 원기라야 능히 움직인다. 인당은 기색이 모이는 곳이고 준두는 기색이 일어나는 곳, 인당의 색은 황색이 밝은 밀납처럼 윤기가 있어야 되고 준두의 기색이 새롭고 옅은 황색과 자색이 광채를 띤 것과 같은 것 머리털에 윤기가 있으면 직업이나 재물이나 명리를 구하는데 크게 이익을 본다.

현재의 색을 보존하는 곳인 사독(입, 눈, 코, 귀)이 밝은 것 같으나 밝지 못하고 어두운 것 같으나 어둡지 않고 윤기 있는 색을 나타 낼 때는 현실을 지키고 안분자존하면 유지할 수 있으나 망동하면 실패한다.

5. 관상용어상의 색상 이야기

① 취색

기(氣)가 충족하고 색이 안으로 맑게 보이는 색이다. 진, 술, 축, 미의 얼굴부분에 위치가 밝고 미황자색이 되는 것을 취색이라 칭한다.

② 산색

색(色)은 있어도 기가 없는 것을 말한다. 황, 흑, 백색이 혼합되어 밝은 중에도 밝지 못하고 어두운 색을 벗겨 내지 못한 색, 얼굴색이 담백하여 기가 없는 것, 이목구비가 밝지 못하고 양눈이 빛 나더라도 흑색이 미약하게 빛나는 것, 눈동자가 안정치 못한 것은 분수를 지켜라. 실패의 반 정도는 면할 수 있다.

③ 성색

관골, 코끝, 인당이 깨끗하고 윤택하며 눈에 생기가 명철하고 귀인이 끌어주면 입신출세, 사업가는 큰 재물을 취한다.

④ 변색

색깔은 밝은데 양 눈이 어두우면 흉하게 변할 수 있다. 색깔은 어두운데 양눈이 밝고 수정이 있으면 흉을 감할 수는 있다. 길색이 흉색으로 흉색이 길색으로 조석으로 두 세번씩 변하는 것은 역시 흉하다.

이 때는 좋은 색이 나타난다 해도 움직이면 실패한다. 기색이 청, 흑, 적색의 어두운 가운데도 미미한 황색을 나타내면 좋은 징조가 있다. 황색이 인당의 가운데 오악의 위에 있으면 길하다. 자색이 나타나면 흉한 일이 있더라도 자연히 물러간다.

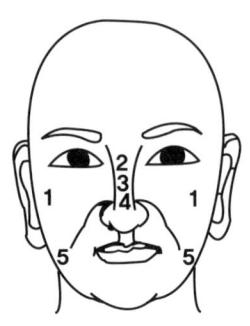

1. 관골 2. 인당 3. 연상 4. 수상 5. 시골

⑤ 리색

코, 양쪽 관골이 다같이 밝고 손바닥의 기가 붉고 피부에 광채가 있고 눈안에 신기가 충족한 즉 사업을 하여 큰 이익을 본다. 오악에 자주빛 기운이 깊이 밝은 즉 이익을 본다.

⑥ 해색

연상, 수상이 밝은즉 관형에 해가 없고 진, 술, 축, 미의 사고(四庫)에 어두운 색이 있으면 여행에 여자에게 해가 있다. 시골관(가지볼)의 산림이 붉으면 화난의 해가 있고 인당이 푸르면 연루에 해가 있다.

붉은 잡색이 얼굴에 가득하면 여행에 해가 있다. 이런 색이 나타나면 두문불출할 것이며 움직이면 대재난이 있다.

⑦ 건체색

하부에 탁한 기운이 있고 피부가 윤택하지 못하고 오장도 조화롭지 못하며 그 색이 체하게(막히게) 된다. 진, 술, 축, 미의 사고가 진흙과 같고 귀와 코끝이 연기가 낀듯하고 눈 밑은 남녀궁의 색이 어둡고 얼굴 전체가 몽암한 것은 모든 일이 막힌다. 한쪽 면이 밝다고 해도 눈을 가리는 색이 생기면 일이 막힌다. 또 음성이 성하고 밝은 색이 흩어질 때 일을 하면 막힌다.

얼굴이 청람과 같이 푸르고 빛이 없는 것은 막힌 운이다. 얼굴이 붉고 안으로는 백색이며 밖으로는 초적한 사람은 화를 범한다. 얼굴이 검고 색이 체한 것은 수를 범해서 막혀 있다.

얼굴이 희고 색이 없는 것은 금을 범해서 막혀 있다. 얼굴이 기름을 바른 것처럼 번지르르한 것은 신(신장)을 범해서 막혔다. 소년기에 이런 색이면 20년 동안 흉한 운이다. 말년에 이런 색이면 종신토록 발복하기 어렵다.

⑧ 골염색

몸안의 기가 밝지 못하고 외색이 없으며, 홀로 활엽하여 윤택해야 할 색이 먼지와 혼합된 것과 같다. 떠있는 색은 장차 변하려는 색이며 흉한 색이다.

⑨ 광부색

희기가 분과 같고, 적하기가 불과 같고 얼굴 전체에 빛나게 떠있는 색을 칭한다. 이런 색은 패가 할 색이다. 만일 젊은 사람은 죽기가 쉽고 노인이라면 고로 하다.

색깔이 농(진)하다면 죄를 범하고, 여자는 음란해서 자식이 없을 수도 있다(득남하더라도 실패하기 쉽다). 정신이 떠있어 장차 변하려는 색으로 화와 재앙의 근본이 되는 색으로서 크게 꺼려지는 색이다.

6. 세부 기색분론
〈홍, 자, 적 3색의 구별법〉

① 홍(紅)

피부안에 나타나 있는 것으로 색이 붉고 윤기가 있으며 움직이는 것처럼 광채가 있다.

세력이 강하고 분명하며 밝고 윤기가 있으면 진실한 홍색이라 하여 기쁘고 복록이 있고 득재한다. 홍색 반점은 길하다.

② 자(紫)

홍색과 같이 피부의 막 안에 있다. 붉고 고와서 흩어지지 않고 너무 반짝거리지 않으며 피부 속에 은은히 저장되고 색이 선명하여 살속에 있되 피부 밖으로 투출되는 것과 같이 미미하게 광채가 나는 것을 진자색이라 한다.

이런 색을 대귀의 상이라 한다. 이런 색이 오악(양관골, 이마, 코, 턱)에 나타나면 만사가 영화롭게 피어 대길하고, 사독(눈, 코, 입, 귀)에 나타나면 수도하며 편안하게 산다.

③ 적(赤)

마음에서 나타나는 것이며 흑색은 신장에서 나타나며 신수가 심화를 극하기 때문에 홍, 흑에 색이 침노하는 것이다.

이처럼 나타나는 색은 원인이 다르다. 놀라고 공포를 느껴서 또는 분노하고 놀라는 일로 적색이 편하여 피부막 안에 울패된 색이 모여 있는 것, 그리하여 적, 흑색이 춘하추동 얼굴에 보이면 어느 궁에 있든지 모두 흉하다.

선홍색을 띠면 대길하고 여린 황색을 띠면 전화위복이 된다. 홍색은 길하고 자색은 대길하는 것으로 흉은 있어도 전무하여진다. 적은 흉이 많고 길은 대단히 적다.

청색은 봄에는 왕하고 여름에는 쉬고 있으며 가을에는 죽고 겨울에는 힘을 받는다. 진, 술, 축, 미 일(日)에는 갇혀 있다.

관골의 총색은 먼저 걱정이 있은 후에 기쁨이 있다. 산근의 청색의 부모, 혹은 자식에게 질병이 있고 재물을 잃는다.

청색이 인중에 드러나면 남자는 실업자이며 입의 구각의 청색은 감옥에서 죽는다. 입에 푸른색이 꽉 차면 남녀 모두 간사하다.

청색이 이마에 있으면 길가에서 놀랄 일이 있고 모든 인생이란 하늘과 땅사이에서 오행의 모양으로 생겼으니 기운이 음양을 취하여도 상극의 작용을 떠날 수 없다.

옛글에 있기를 봄철의 청색은 삼양을 취하고 여름철의 적색은 인당에서 구하고 가을의 백색은 코(수상)에서 판단한다. 겨울의 색은 지각에서 흑색 흑광색을 보라.

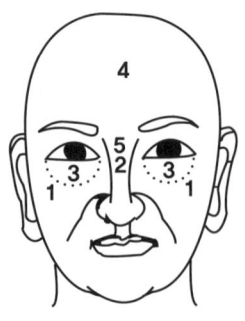

1. 관골 2. 산근 3. 와잠 4. 천정 5. 인당

7. 발색의 해설

청, 적, 황, 백, 흑, 홍, 자의 일곱 가지 색이 있다.
화복과 길흉이 있고 미래를 예지할 수 있다.

① 청색

청색은 간(肝)에서 시작되어 눈밑(와잠)과 넓게 해석해서 삼양·이마눈끝 사이에 있다. 이곳을 청색궁이라 칭한다. 봄철에는 적은 이득을 얻는다.

청색이 천정, 인당이 있으면 일주일 이내에 사망한다.

준두에 있으면 1년 안에 사망하며 년상, 수상에 있으면 신병이 생긴다.

쌍변지에 있으면 관옥에 죄가 있다. 단 복덕궁에 생기면 걱정이 있을 뿐이다. 무슨 일이든지 하면 흉하다.

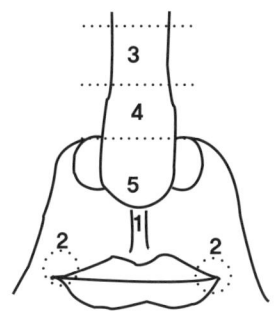

1. 인중 2. 구각 3. 년상 4. 수상 5. 준두

② 적색

적색은 홍색이 변한다. 또는 흥분으로 인하여 준두에 생긴다. 그 밖의 부분은 적색이 적다. 여름철에는 흔히 나타난다. 유독 코만 붉은 것은 구설과 병과 손재가 있어 꺼린다.

적색은 피부 밖으로 홍자색은 피부 안쪽에 있으며 적색은 흉하나, 화·토형(形)에 체구는 반 정도 면한다. 금·목형(形)의 사람은 크게 꺼린다.

수형인 사람은 흑색은 꺼리지 않으나 적색만은 꺼린다. 또 수형은 검으면서 윤택하면 돈이 많다. 오행의 형색 중에서 적색을 살피기가 어렵다.

③ 백색

백색은 폐(肺)에서 나타나는 것으로서 한번 색이 나타나면 사망한다. 목형, 토형인의 얼굴에 백색의 빛이 있으면 큰 불상사가 일어난다.

④ 흑색

흑색은 신장(腎臟)에서 나타나는 만일 화형인에 이 색이 분명하면 재물은 얻으나 20일 안에 사망하고 만일 병자가 백색을 나타내면 병이 낫는다. 노인이 병이 들면 구각에 흑색이 돌아 제일 위험하다.

⑤ 자색

자색은 적색과 다르다. 이것은 역시 마음에서 나타나는 것으로 흑색이 변한 것이다. 무릇 자색이 인당이나 천장에 나타나면 모두 재물이 좋은 색이다. 처를 얻거나 득남하는 것이 이 자색으로 인함이다. 모든 것이 형통하고 만사가 여의하다.

⑥ 황색

황색과 홍색은 재물의 기쁨이 있다. 모두 인당, 준두, 관골의 세 곳에 있다. 대개 홍색은 깨끗한 윤기여야 길하다. 또는 쌀알이나 실같이 생기면 묘한 횡재가 있다. 한데로 뭉쳐 있으면 흉하고 쌀알같이 산재되어 있으면 길하다. 색의 안팎이 같으면 재물이 생긴다.

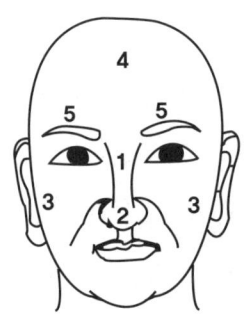

1. 인당 2. 준두 3. 관골 4. 천정 5. 변지

고서에 따르면 암색은 9년간 대곤하고 매사가 이루어지지 않으며 외부에 마귀가 들 때와 같이 괴로움을 많이 겪는다고 하였다. 적색이 암색에 깨져 청황색도 역시 암색이라 칭한다.

이런 색도 역시 3년간 운세가 막힌다. 3년이 지나야 열리는 것이다. 정신이 어지럽고 기운이 탁하면 빈궁한 사람이다. 60세 이상의 노인은 밝은 것이 적으면 좋고 지나친 암색(푸른 듯 검은색에 적색이 든 것)은 좋지 못하다.

〈참고〉 대체로 손바닥 기색은 내외가 통변한 것으로 황, 홍, 자색은 재물에 좋은 색이며 흑암한 것은 좋지 않다.

마치 손바닥 부분에 홍색이 있는 것은 1푼의 재물을 얻는다. 백색이 상부에 있으면 1년 안에 실패한다. 적색이 중앙에 생기면 1년 안에 크게 임신하고 좌측에 있으면 수 일안에 반드시 영전한다.

손바닥은 혈색이 고와야 한다. 혈색이 약한 것은 손재라 본다. 손바닥에서 불이 뿜어 나오고 손톱이 성혈이면 큰 부자가 되고, 손바닥이 홍옥의 사과와 같고 백색이 은량하면 크게 된다. 사계절 통하여 혈색이 불을 품은 것 같으면 큰 재물이 왕성하다.

귀인의 손은 표리가 통명하고 무장의 손은 혈행이 맑고 또 눈이 쏘아보는 힘이 있으며, 모든 대소 관직은 모두 손바닥에 그 기색을 보고 재물을 구하는 데도 여덟 방위가 모두 황명해야 한다. 최고로 꺼리는 것은 손바닥의 색이 막힌 것이다. 그러므로 옛사람의 말에 관상에는 필히 수족을 보고 고락을 알라 하였다. 손바닥 안에 혈이 콩같은 점처럼 있는 것이면 집안이 왕성하고 재가 풍부하다고 했다. 손바닥의 색이 흩어지고 창백하면 사람이 멀어지고 파가한다.

  손등이 맑고 윤기가 있으면 좋고 손톱도 명륜하여 홍백색인 것이 가장 좋다. 가운데 손가락이 백광색이면 흉한 일이 많고 혈색이 체하여 명윤치 못하면 재앙이 있는 색이라 칭한다.

  사람은 나무에 비하면 손은 나뭇가지이며 잎이다. 그러므로 가지 하나를 보면 나무의 대소전형을 알 수 있다.

  즉 기색은 오래 지속되는 것은 아니다. 골격은 불변이나 기색은 변한다.

  골격은 좋아도 기색이 흉하면 밝을 때까지 기다려라.

  그리고, 골격이 빈천상으로 생겼으면 좋은 색이 나타나도 대귀할 수 없다. 오행 역시 균형을 잃고 한 부위가 실격 당하면 위치가 있다 해도 현달치 못하고 일생 내내 건체할 상이다. 얼굴 한 부위에 몽매한 기색이 나타나면 반드시 큰 재앙을 당하고 천정에서 색이 막혀 변지에서 색이 암해도 큰 재난을 당한다.

  삼국지의 덕스러운 장수 관운장은 인당에 암울한 기운이 돌아 적토마를 잃고, 당태종은 변지에 붉은 기운이 돌아 100일간 포로가 되었으며, 또한 삼국지의 유현덕은 간문에 갑자기 암색이 생겨 오나라의 손권의 여동생과 결혼하고 장판교에서 액을 당하였다.

  오늘날에서도 실례가 많으나 생략하면서 첨부하면 그 기색이 열리면 편안하고 만리에서 고통스러운 비애를 막아주어 보호된다.

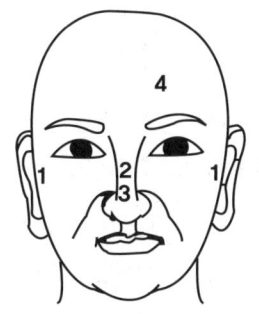

1. 명궁 2. 연상 3. 수상 4. 보골

취직을 할 사람은 명궁을 볼 것이며 시험을 볼 사람은 명문(양쪽 귀앞)을 볼 것이며 아울러 년상, 수상(코의 중간부분)보다 황자색을 갖추면 길하다. 삼양(눈밑)은 명황함을 필요로 한다. 양쪽 중 한 쪽이라도 색이 어두우면 공명을 얻기 힘들다. 봄철의 시험은 보골을 보고 다시 명문을 볼 것이다.

이 세 곳이 붉든지 자색일 때는 가장 중요한 사람을 만난다. 양미간의 자색을 보게 되면 신분이 향상되며 손바닥이 붉고 손가락 등이 희면 학문이 출중한 사람이므로 반드시 입신출세할 사람이다.

8. 검은 점이 부위에 있으면

(1) 점이 튀어나오면서 늘어진 듯하면 부자도 되고 귀하게 된다.

(2) 이마에 가지런히 7개의 점이 있으면 대길하다.

(3) 눈껍질에 있으면 음흉하고 눈 아래 있으면 눈물 흘릴 일이 많다.

(4) 천중에 뼈가 튀어 나오거나 점이 있으면 아비를 극하며 천정에 점이 있고 살이 많이 찌면 또는 이마에 잔털이 있으면 어머니를 극한다.

(5) 이마 사공에 점이 있으면 명예를 얻기 힘들다.

(6) 중정자리에 점이 있으면 자식을 방해한다.

(7) 인당자리에 점이 있으면 부부를 극하고 인당이 튀어나오면 귀인의 징조이다.

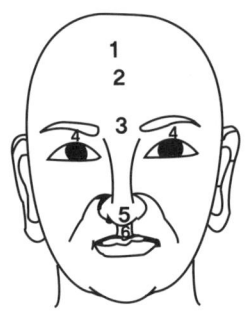

1. 천중 2. 천정 3. 중정 4. 전택 5. 준두 6. 인중

(8) 점은 났으나 깨끗하고 맑아야 한다.

(9) 귀의 윤곽에 점이 있으면 지혜롭고, 귀안에 있으면 장수하고 귀끝의 수주에 있으면 재록을 얻는다.

(10) 산근에 있으면 부부 이별한다.

(11) 전택에 있으면 재산을 없앤다.

(12) 눈썹위에 있으면 곤궁하다.

(13) 눈썹 가운데 있는 것은 부귀하다.

(14) 준두에 점이 있으면 재산을 파한다.

(15) 코의 중앙에 있으면 막히는 일이 많다.

(16) 인중에 점이 있으면 인간덕이 없다.

(17) 입술안에 점이 있으면 인간덕이 없고 입술에 있으면 호색가이다.

(18) 아랫입술에 점 있으면 파재한다.

(19) 구각에 있으면 파재 실직도 하고 연정 관계 구설수가 있다.

(20) 승강자리에 있으면 취객 사망한다.

(21) 천양에 있으면 객사 곧 발제자리이다.

(22) 일월각 받히고 있는 뼈에 나타나면 돈 모으기 힘들고 어미 자리에 있으면 부부배신 한다.

(23) 천정에 있으면 수액 있고 좌측에 점이 있으면 남편을 상해하고 우측에 점이 있으면 처를 상해하고 금괴에 있으면 파재한다.

(24) 학당자리 있으면 학식이 없다.

(25) 명문자리에 점이 있으면 단명한다.

(26) 노복자리에 점이 있으면 인간덕은 없다.

(27) 와잠자리에 점이 있으면 거처할 곳이 없다.

(28) 파지자리에 점이 있으면 단명한다.

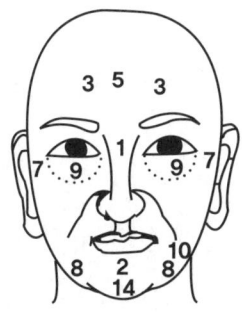

1. 인당 2. 승장 3. 일월각 4. 산림 5. 천정
6. 학당 7. 명문 8. 노복 9. 와잠 10. 파지
11. 복당 12. 변지 13. 역마 14. 지각

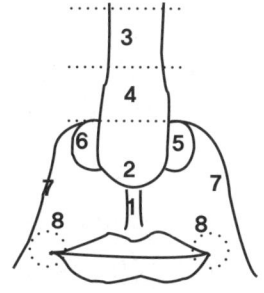

1. 인중 2. 준두 3. 연상
4. 수상 5. 난대 6. 정위
7. 법령 8. 구각

9. 흠집이 부위에 있으면

(1) 천중에는 상사와 불합한다.
(2) 천양에는 생각지 않던 일로 자주 어려움 있다.
(3) 관록에 있으면 관운이 어렵고 상속받기도 어렵다.
(4) 주골(일월각옆)에는 주인이나 상사와 의견 충돌한다.
  (관이나 직장에 있는 자는 지위 영속이 어렵다)
(5) 인당에 있으면 부모 재산을 이어받지 못한다.
(6) 이마의 흠집은 지휘높이 올라가기가 힘들다.
(7) 산림의 흠집은 부모의 상속재산을 살산재한다.
(8) 복당의 흠집은 재산과 가정을 파한다.
(9) 변지의 흠집은 원방이나 타국생활이 불가피하다.
(10) 역마의 흠집은 가정의 정착이 늦고 가정에 노고가 불가피하며 가정에 조용히 있지 못한다.
(11) 교우(눈썹 윗부분)의 흠집은 항상 손실과 재난이 있다.
(12) 눈썹위의 흠집은 친우간에 손실이 있다.
(13) 미중의 흠집은 친족의 인연이 박하고 남녀간에 파업한다.
(14) 산근의 흠집은 체력이 강하지 못하고 파가 하는 수 있다.
(15) 연상, 수상의 흠집은 평생에 병고 있고 고향 떠나 파재하기도 한다.
(16) 준두의 흠집은 남의 비방조심하고 재산관리 잘 할 것.
(17) 난대 정위의 흠집은 재산을 흩고 복을 분산시킨다.
  (자기 자신을 바로 잡고 살아갈 수 없는 사람)

(18) 전택의 흠집은 부모 상속의 재산을 잃고 파가한다.

(19) 안청의 흠집은 부모 조별하고 재산 이어받지 못한다.

(20) 간문의 흠집은 여성에 대한 노고가 많다. 또 남의 원한을 사는 경우도 있다.

(21) 관골의 흠집은 남때문에 노고한다. 또한 남으로 인해 재난이 있다.

(22) 명궁에 흠집은 불효하기 쉽고 화재난을 조심할 필요가 있다.

(23) 인중의 흠집은 수액의 우려가 있다.

(24) 입이나 입 주위의 흠집은 말 많음으로 인한 파재수이다.

(25) 설상의 흠집은 허언으로 인한 곤혹을 지른다.

(26) 승장의 흠집은 먹을 것을 거르는 경우가 많다.

(27) 지각의 흠집은 가정이 불안하고 일생동안 이사가 잦다.

(28) 법령의 흠집은 부모의 업을 바꾸고 부모의 사업이 마음에 맞지 않게 된다.

10. 일월별 찰색도

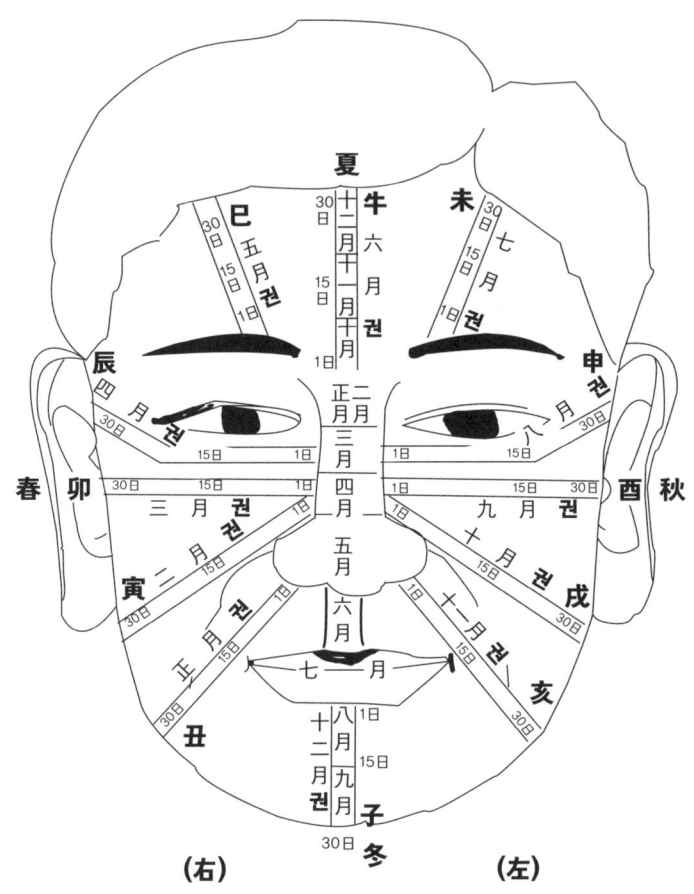

(右)　　　　　　　(左)

平均値日割(양력)

1月권　1.5일 – 2.5일
2月권　2.5일 – 3.5일
3月권　3.5일 – 4.5일
4月권　4.5일 – 5.5일
5月권　5.5일 – 6.5일
　　　⋮　　　⋮
12月권　12.5일 – 1.5일

우리는 일상생활에서 조석으로 일어나는 희로애락에 따라 수시로 변하는 얼굴 찰색에 관하여 설명하고자 한다.

하늘에서 비가 오려면 구름이 낀다거나 벼락을 치려면 번개가 번쩍이는 것처럼, 알 수 있는 범위에서나 범위 밖에서나 필히 예고하여 주는 바는 사실이다. 때에 따라서 우리 인간은 감지력이 동물만도 못한 면을 많이 볼 수 있다

옛날에 서해안에서 중국을 드나들던 쌀을 실은 무역선에 배에 쥐가 있으면 무사히 운항할 수 있지만, 쥐가 보이지 않으면 풍랑을 만나 침몰하게 된다는 것이다.

개미가 날씨가 좋은 데도 부지런히 움직일 때는 비가 온다는 예고를 하는 것으로 볼 수 있다.

우리 인간에게는 얼굴 색상의 변화로 앞일을 예지할 수 있다. 얼굴은 길흉화복과 희로애락을 예고하여 주는 표현기라 하여도 과언은 아닐 것이다.

얼굴 부위에서 코를 기점으로 이 부분을 매월 1일로 삼고 얼굴변 끝을 30일로 보고 코와 변 중간을 15일로 본다. 도면에 월별표시는 선을 그은 부분을 해당되는 부위로 정하여 놓았다.

그 해당되는 월선 범위 안이 홍자색이면 즐거운 일이 적, 흑, 청색이면 불길한 일이 있다고 할 수가 있다.

따라서 잠시 일어나는 상처나 뽀루지 등도 해당되니 임상을 함에 있어 종합적인 판단을 하여야 하며, 찰색의 해설은 전장과 같으니 참고하여 차질 없길 바란다.

제 10 장

면상과 음성

가장 조화를 이루어야 한다

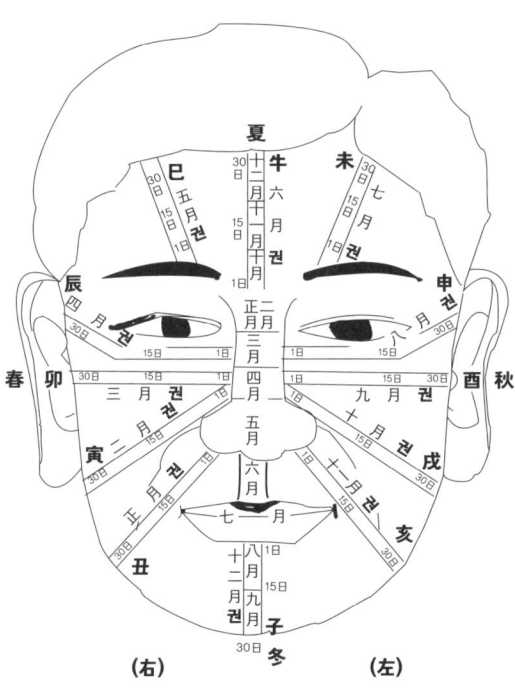

1. 면상 이야기

오관(눈, 코, 입, 귀, 눈썹)이 잘 배합되고 또 오악이 잘 찬 것을 길상으로 본다. 오관과 오악에 결함이 없고 음성(전체의 30% 비중)이 좋으면 나라의 큰 그릇이 될 수 있다(관직에서 정계 요인이 될 수 있다).

오관과 오악이 맞지 않고 음성의 보조가 없으면 파란이 많고 시련이 있으며 긴요한 세월을 헛되이 보낸다.

균형이 맞고 음성이 청량하면 나라의 대들보요, 종교계를 보면 교회의 교주요, 문교로 보면 대학의 총장이 될 수 있고 어떠한 쪽으로 가도 최고의 책임자가 될 수 있다.

단지, 무인으로 볼 적에는 입을 먼저 보아야 한다. 입과 관골, 이마와 인중의 골이 깊으면 직업의식이 강하고 관록이 좋으며, 권력을 볼 때는 코를 중요시하지 않는다.

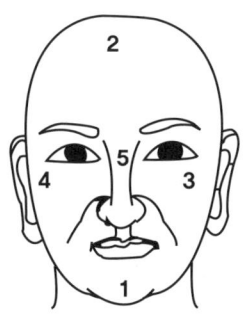

〈오 악〉

1. 북악 2. 남악 3. 동악 4. 서악 5. 중악

〈얼굴의 여덟 가지 살〉

① 머리가 뾰족하고 얼굴이 작으면 형극이나 노고가 많다.
② 관골이 높고 코가 작다.
③ 얼굴은 크고 눈이 작다(남편 출세하기 어렵다).
④ 얼굴은 크고 입이 작다(단명하고 재산 모으기 힘들다).
⑤ 얼굴의 성곽이 없다.
⑥ 얼굴의 개기름이 흐른다(자식을 극하며 하늘의 벌을 받는다).
⑦ 얼굴이 분칠한 듯한 색(남편 치고 자식 친다).
⑧ 얼굴에 푸른색이 돈다(정신이 돌거나 미치거나 한다).

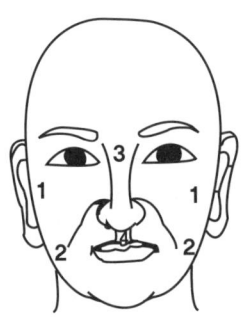

1. 관골 2. 시골 3. 인당 4. 인중

    보편적으로 얼굴의 윗부분이 풍만하면 복록이 하늘에서 오고 중정이 풍륭하면 부귀가 오래 간다. 관골이 옆으로 벌어지면 성격이 불순하고 곤란하며 하정(입에서 턱까지)이 이마로 바라본 듯하면 만복이 늦게 온다. 인생의 후반기까지 좋은 직업을 가진다.

이마를 살짝 보는 듯 올라온 턱은 복이 많고 귀가 까진 것, 입이 까진 것, 눈이 튀어나온 것, 콧구멍이 큰 것, 또한 오악이 지나치게 나온 것이나 가지런하지 않으면 부부 치고 부모 치고, 더욱이 잇몸이 나오면 음탕하며 재복이 없다.

얼굴이 너무 길면 고생이 많고 길면서 균형이 잡히면 돈은 벌어도 빼앗기는 것이 많다. 토끼처럼 얼굴이 튀어나오면 고독하고 단명하며 시골이 없으면 빈하다. 또한 뜻을 펴기 어렵고 시골이 지나치게 나오면 배짱이 많다. 성격이 강하며 실패율도 많다.

언챙이는 수명 단명하며 51~57세에 운이 막힌다. 남자는 자식이 안되고 몸이 약하다. 여자가 이마 튀어나오면 흉하고 남편 잃고, 너무 넓으면 부모덕이 없다.

얼굴은 곰보이면서 몸은 매끈하면 일신은 편안하다. 얼굴은 매끈하면서 몸이 거칠면 가난하다. 먼저 얼굴과 몸은 균형이 맞아야 길하며 그 다음에 음성의 조화를 본다.

좌우측 귀가 윤곽이 없으면 당나귀 귀라 하여 어려서 집안이 흐트러진다. 눈썹이 시커멓고 음모가 없으면 성격은 음탕하다. 위아래 수염이 이어지거나 가슴에 털이 나고 배에 털이 나면 반드시 정이 없다.

얼굴의 껍질이 얇으면 인정이 없다. 턱이 갈라지면 잔인한 성격에 두 집 살림한다. 얼굴의 가운데가 들어가고 이마나 턱이 들어가면 말 못할 비밀이 많은 형이다. 두관골이 우중충하고 광채가 없으면 권력도 없고 남편운도 막힌다.

눈썹 머리를 찡그리면 근심 걱정이 많다. 눈썹이 오르락내리락 하면 하극상은 하여도 여자나 남자나 의외의 복은 있다.

이마의 발제 부분이 제비꼬리같이 인당을 찌르는 것은 계획은 많이 하여도 이룩하는 것은 적다.

코뼈가 나왔거나 튀어나온 눈은 중년에 요절하며 이마에 흉터 있고 간문(눈두덩이)이 우중충하고 처자를 빨리 두면 처가 상한다.

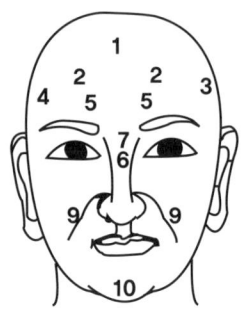 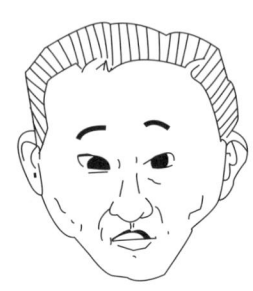

1. 천중 2. 천창 3. 복덕자리
4. 학당자리 5. 일월각 6. 산근
7. 인당 8. 준두 9. 법령 10. 지각

〈갑(甲)자형 얼굴〉

천창에 하자 있고 눈이 쑥 들어가든가 하면, 횡재수도 없고 고독하며 인덕도 없으며 성격이 깐깐하며 되는 일이 없다. 천창과 복덕자리 풍만하면 젊어서 뜻을 이룬다.

귀가 얕게 붙고 색이 우중충하며 학당 자리 검으면 고시 합격하기는 어렵다. 지각이 앞으로 나오고 입술에 윤기 있으면 늙어서 반드시 부자 된다. 일월각이 잘 발달되면 벼슬한다. 눈의 광채, 눈썹의 전택, 인당에 하자 없으면 최고 길하다.

산근이 우중충하면 집안에 걱정이 있는 징조이다. 팔자 눈썹은 인간으로 인해 재물을 파한다. 얼굴은 갑(甲)자형에 뼈가 옆으로 벌어진 사람은 성질이 횡폭하고 불량하다. 눈동자 깊게 들어가고 이마가 들어가면 독이 많다. 매부리코는 야비하다.

콧구멍이 작은 사람이 공부는 많이 한다. 간사한 사람은 눈웃음을 잘 친다. 도를 닦는 사람은 귓구멍이 넓다.

두 눈썹과 이마가 윤기 있고 전택(눈썹과 눈 사이)이 넓으면 마음이 너그럽다.

두 눈썹이 얕게 붙고 코와 인당이 반듯하며 천중까지 힘차게 뻗었으면 벼슬한다(학원 원장이나 선비의 스타일). 말을 할 때 눈이 독살스러우면서 근심이 가득차 있으면 반드시 고통이 찾아온다. 미골이 나오면 관제구설 부르고 부부덕이 없다. 육친의 덕없으며 성격이 오만하고 건방지다.

얼굴이 환하면 성격이 좋다. 흰자위가 붉으면 성격이 급하고 눈썹이 짙으면 호색가이다. 뼈가 튀어나오고 살가죽이 튀어나오면 나쁘다. 눈이 사납고 튀어나오면 나쁘다.

사백안(검은 자위)이 떠 있고 염소눈, 뱀눈, 준두가 뾰족하면 돈이 없다. 무자, 심독, 교활하다. 관골이 튀어 나오면 화를 부른다. 뻐드렁니는 비밀이 없다(입으로 망친다).

얼굴이 너무 희면 담이 적고 큰 일도 못하고 이런 여자는 남편과 자식을 친다. 얼굴이 항시 붉으면 재앙을 부른다. 심장에 병이 있어 새파란 얼굴은 간사하고 약하다. 근심, 걱정이 많다.

관골이 약해도 법령이 진하면 직업은 있다. 얼굴색이 누런색이면 마음이 신중하다. 얼굴에 화색이 좋으면 현재 편안하다. 북쪽 사람은 턱을 보고 남쪽 사람은 이마를 본다. 법령은 밝지도 검지도 않은 게 좋다.

법령이 진하면 세상에 누를 끼치는 사람(형벌을 받는 사람)

법령이 지나치게 들어가면 자식 안 되는 징조이다. 법령이 없으면 단명한다. 즉 법령이 보일 듯 말듯한 것이 길하다.

명문(귀 앞)이 잘 차면 수명이 길다. 몸은 작은데 팔이 길면 귀격(융통성이 없다)이다. 몸은 큰데 팔이 짧으면 평생 빈천하다.

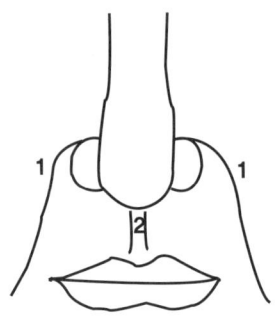

1. 법령 2. 인중

남자가 고개 숙이고 다니면 자식 안된다. 입을 내밀고 얼굴이 납작하면 평생 발 뻗고 자기 어렵다. 얼굴이 크고 코가 작으면 남의 말을 잘 듣는다. 입은 크고 넓으면서 붉은 색이면 음식을 탐하고 아내가 벌어 먹여 살린다. 배가 작고 납작하며 등뼈가 들어가면 재복은 없다.

허리 가늘고 배꼽이 깊으면 호색가이다. 눈이 항시 붉으면서 말소리가 분명치 않으면 호색가 재앙을 부른다. 눈이 완전히 짝짝이면 공처가(이복형제 재앙을 부른다)이다.

덧니(치아)는 부부가 병이 있거나 어려서 병약하거나 자식을 친다. 입술을 움직이는 사람은 간사하고 돈이 없다(믿을 수 없다).

입술이 푸른색은 늙어서 빈하다. 흰색은 날벼락 당한다. 여인이 땀이 없으면 무자이다. 향내가 나면 자식이 잘된다. 암내가 나면 부자(父子)간에 친다. 어린애가 이를 갈면 부모가 운이 없다. 입을 벌리고 다니면 난관이 많다(수명이 단명).

미골이 나오고 수염이 제비꼬리 같으면 자식 앞세운다. 눈에서 광채가 지나치게 나는 사람은 죄를 짓는다. 코가 굽어지면 집도 없고 앉아서 죽는다(중년 파재 육친의 덕이 없다). 코에 흉터는 숫자대로 실패한다. 살진 사람이 얼굴 붉으면 포악하다. 마른 사람이 머리색이 노라면 욕심이 많다(간사하다).

머리통이 작으면 30세전에 단명한다. 머리통이 작고 삐뚤면서 깍아진듯 납작하면 평생 되는 일 없고 목덜미 안 좋으면 단명한다.

눈동자 누런색이면 성격이 조급하고 눈알이 나오면 비명횡사한다. 눈이 크면 여자로 인해 구설수 있고 눈썹 가늘면 여자덕이 있다. 목뼈가 나오면 돈을 흩는다. 눈썹이 작고 입이 크면 물로 인해 놀랄 일이 있고 눈썹 검은 여자로 인해 구설수 있다.

곱슬머리는 호색하고 범법형이다. 머리카락이 노라면 천하다. 목덜미의 발제가 높이 난 것은 흉하다. 눈알이 깊게 들어가고 머리색이 누러면 남을 배신하거나 상하게 한다. 눈썹이 꽃피듯 하면 운이 없거나 또 많으면 막히는 일이 많다. 머리는 가만 두고 눈동자 돌리는 사람은 엉큼하다.

이마가 뒤로 까지고 뼈가 튀어나온 것은 남의 집 첩이 된다. 비 맞은 중 같으면 실명하고 단명하며 간문에 우물 정자나 열십자 주름은 부부 불화한다. 광대뼈가 나오면 성격 강하다. 여자 관골이 높거나 손 크거나 뼈 나오면 맞벌이 상이다. 콧대 납작하고 입 뾰족하고 가슴 튀어나온 것은 남의 종이 된다.

어린애가 눈에 광채 없으면 즉사한다. 나이든 분이 머리 비듬 많고 목이 까칠하면 죽을 날이 가깝다. 여자 입술이 희면 병들거나 운이 막히는 징조이다. 남자 머리통이 삐뚤어졌으면 목적 달성이 어렵다.

뒷머리의 발제자리 길면 재산이 많다. 목젖의 울대뼈가 크면 내 재산 흩는다. 사마귀에 털이 나면 자식 귀하게 되고 호걸이 된다.

준두가 삐뚤어 졌으면 본인은 안되고 자식은 잘된다. 얼굴에서 코가 가장 크면 집안 말아 먹는다. 여자가 머리카락 뻣뻣하면 남편 극한다. 늙어서도 머리가 검으면 자식 극하고 고생한다.

손가락이 여섯 개이면 평생 되는 일 없고 천하고 아버지 친다. 몸은 희고 얼굴이 누러면 고생이 오래가지 않는다.

여자 손바닥 가운데 붉은 점은 길하다. 여자가 살찌고 입술 붉으며 치아가 희면 자비롭다.

얼굴에 잔털이 있으면 가난하고 떠도는 신세이다. 어린아이의 검은 반점은 수명이 단명한다.

유두의 가장자리가 털 나면 자식 잘되는 징조이다. 아래 입술이 윗입술을 덮으면 평생 구설수가 있다. 윗입술이 아래 입술을 엎으면 자식 안되고 코밑의 인중이 불룩하면 자식을 극한다.

여자 말소리가 일정하게 똑같지 않으면 음탕하다. 남자 발음이 시원하지 못하면 뜻을 못 이룬다. 발바닥에 살이 있고 발등에 털이 나면 평생에 편안하다. 배의 주름이 옆으로 있으면 길하다.

귀는 크고 팔이 짧으면 큰 그릇이 되기 어렵다. 여자의 사마귀가 튀어 나오면 아들을 잘 낳는다. 뻐드렁니는 남편을 극한다. 옹니는 고독하며 과부이며 너그럽지 못하다. 여자 마르고 입술이 붉으면 아들을 잘 낳는다.

여자의 얼굴에 반점이나 죽은 깨가 있고 몸이 푸르면 천하다. 얼굴이 뜨거나 군것질 잘하면 호색가이다. 마른 사람이 얼굴이 희면 마음이 사납다.

허리가 통통하면 반드시 재물 들어오고 가슴이 먼저 살이 찌면 으스대기 좋아하고 재물은 없다. 얼굴만 살이 찌면 요절한다.

남자의 전택이 좁고 턱과 관골이 뾰족하면 처를 빼앗기고 남편의 권리를 빼앗긴다. 팔다리에 윤기가 없으면 일년 안에 죽을 징조이다.

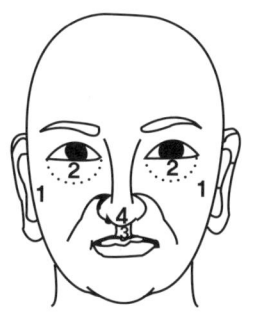

1. 관골 2. 전택 3. 인당 4. 준두

팔다리에 윤기가 있으면 삼 년 안에 부자 된다. 늙어서 검은 머리 생기면 자손을 앞세우고 수명은 길다. 이마는 크고 얼굴이 작으면 어려운 일이 많다. 이마에 잔털과 난문이 많으면 빛 좋은 개살구격이다.

산림에 사마귀 하나는 귀한 사람되는 징조이다. 간문(눈두덩)에 여러 가지 색이 있으면 천한 여자를 부인으로 둔다. 눈썹 아래나 위의 물 사마귀는 술이나 여자로 인해 망신하고, 턱의 물 사마귀는 자손이나 아래 사람으로 인하여 손해 본다.

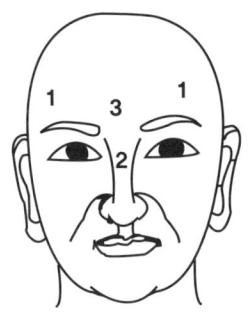

1. 산림 2. 산근 3. 중정

발바닥의 밑에 주름이 난잡하면 흉하고 직선은 길하다. 배꼽이 깊으면 먹을 게 많고 얕으면 자녀 낳기 어렵다. 혈색이 윤기 없으면 기운도 없고 처자를 극한다. 산근에 주름이 많으면 고향과 육친과 이별하며 자수성가해야 한다. 입에 침이 많으면 노인에게 좋은 일이 생기고, 어린이가 침이 많으면 총명치 못하다.

소변 자주 보면 늙어서 하체가 약할 징조이다. 잠이 많으면 소년은 운이 막힌다. 눈을 갑자기 아래로 내려까는 사람은 죽을 징조이다. 말소리가 분명치 않으면 죽을 징조이다. 남녀가 중년에 백화(머리 꼭대기) 자리의 머리카락이 빠지면 고통스러울 징조이다.

  머리에 솜털이 다시 나면 남녀 곤궁하며 어려운 일 당한다. 어린애가 흰머리면 부모가 해롭다(좌측은 부, 우측은 모). 콧방울이 옆으면 돈이 나간다. 병든 사람이 엎어져서 자면 살 징조이다. 자면서 한숨 쉬는 징조는 걱정이 생기는 징조이다. 손톱이 밖으로 까지는 사람은 고독하다. 목덜미에 살이 많으면 복이 있다. 살은 있고 주름이 없으면 요절한다.

  속눈썹은 연하고 가늘며 적은게 좋다. 잡초같이 많으면 자손이 안된다. 속눈썹이 전혀 없으면 자손이 착하지 못하고 불효한다. 여유있는 얼굴에 적당한 주름이 부귀를 가질 수 있다.

  살은 많고 뼈 가늘면 음란하고 천하고 흉하고 요절한다. 눈이 삼각 눈에 광채가 있으면 심장에 독이 있다. 항문에 털이 많으면 주색을 좋아한다. 머리카락이 검고 싱싱하면 혈액순환이 좋다. 쥐이빨은 가난하고, 소이빨은 길다. 이마의 중정에 결함이 있으면 실패를 반복하고 자손 크게 되기 어렵다.

  화평한 얼굴에 화 안내고 온순한 눈에 광채가 태연하면 제일이요, 음성의 변화 없고 소리는 높낮음이 없어야 한다.

  오관(눈, 코, 입, 귀, 눈썹)이 아름다우면 운이 발달해서 나이 부분에 하자가 있어도 가볍게 잘 넘어간다.

  목소리 변하는 자는 겉과 속이 다르다. 얼굴이 음침한 사람은 근본적으로 나쁜 사람이다. 오관(눈, 코, 입, 귀, 눈썹)의 결함이 없고 음성이 좋으면 큰 그릇이다.

  허리부터 살이 찌는 사람은 운수가 바뀌는 것이 목전에 있다. 허리 살이 빠지면 재산 없어지는 징조이다. 가슴이 딱 바라지는 사람은 낭만적이나 재물은 없다. 얼굴만 통통하면 죽을 고비를 넘기거나 단명한다.

얼굴에 화색이 없고 목소리가 화평 못하면 계속해서 망하는 징조이다. 신용을 지키면 실패해도 복구한다. 완전한 운은 목소리를 본다.

눈이 우중충하면 몸조심, 입조심해야 한다. 관골이 좋으면 권력을 갖는다. 관골에 색은 현재 집안의 운을 본다. 말을 더듬으면 단명하고 말이 빠르면 돈이 나간다.

대거부는 돈이 많아도 절대 몸에 살이 찌지 않는다(이병철, 정주영씨 등). 두부같이 살이 찌면 돈이 없다. 궁둥이 살이 옆으로 찌면 재물이 없다.

준두가 밝고 깨끗하고 인당이 맑고 깨끗하면 현실 성공한다. 갑자기 눈이 맑아지고 깨끗해지는 사람은 크게 한자리 할 사람이다. 관골이 아무리 좋아도 색이 없으면 운을 받을 수 없다. 운이 잘 안 열리는 사람은 운이 교체할 때를 알고 예방하면 반은 면할 수 있다. 얼굴의 나쁜 흉한 부분은 그 나이에 다다랐을 때 망한다. 천창부분이 높고 좋으면 부모운이 좋은 때이다. 눈과 눈썹이 좋지 않으면 30세 전 후에 반드시 집안이 망한다. 눈썹에 하자 있고 눈이 우중충하고 산근이 들어가면 40세 넘어서면 실패한다.

코는 좋아도 관골이 안 좋으면 54세 이전에 망한다는 징조(창고가 뒤집히는 형상)이다.

혀의 밑바닥이 딱딱하면 늙어서 식량이 없다.

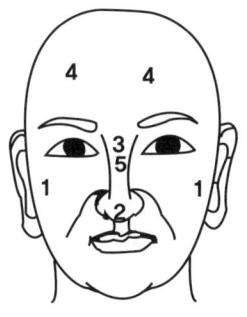

1. 관골 2. 준두 3. 인당 4. 천창 5. 산근

2. 음성 이야기

음성이 적은 듯하며 깨끗하면 귀격이다(체구에 맞게 나오는 소리).

애교를 지나치게 부리면 남성은 아첨스럽고 나약하여 큰일을 못 맡긴다. 여자의 경우는 요염스러워 후첩으로 갈 상이다.

여자의 음성이 지나치게 웅장하고 크고 하면 영화스럽게 살지 못하고 남자가 여자 음성이면 자식을 꺾고 재산 모으기 어렵다.

몸은 크면서 목소리가 작으면 단명하여 큰 일을 못한다.

음성이 흐리멍덩하면 용두사미 격이다.

음성이 흐트러진 듯하면 일관성이 없고 실패 많다.

음성이 작은 듯하면서도 옥이 유리에 구르는 듯하면 운이 열리는 길이다(새가 우는 듯한 소리도 마찬가지).

음성이 깨진 징소리 같거나 균형이 맞지 않거나 남성이 내시 같은 목소리를 내면 반드시 빈천하고 재물을 파재한다.
　음성이 깨끗하고 좋으면 최고로 부자 되고 귀하게 된다.
　음성이 탁한 사람은 운을 만나도 발하지 못한다.

〈오행에 음성을 논하자면〉

(1) 목형(木形)
목형은 유순하고 나약한 듯한 음성이며 깨끗해야 한다.

(2) 화형(火形)
화형은 약간의 허스키는 관계없이 화창하면 길하다.

(3) 토형(土形)
토형은 탁한 듯하면서 웅장한 듯이 보이고 분명해야 한다.

(4) 금형(金形)
금형은 웅장하고 강하면서 여운이 분명해야 한다.

(5) 수형(水形)
　수형은 맑고 청량하며 몸에 비하여 차분한 음성이 표준형, 그 체구에 비례되는 음성이 좋다.

제 11 장

경험 비결

오랜 경험은 해안을 주더라

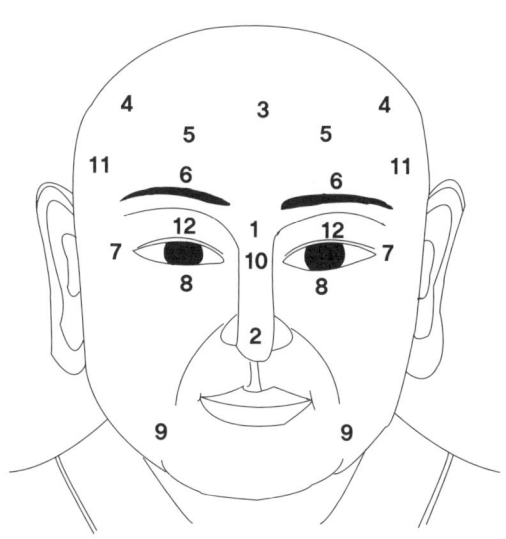

1. 상식론

 눈썹뼈가 불거지고 인중(코와 입사이의 골)에 수염이 없는 사람은 자녀 꺾을 상이다. 눈이 크고 광채가 드러난 사람은 형벌로 죽을 상이다. 콧대가 불거진 상은 집이 망하고 타향에서 죽을 상이다. 살찌며 얼굴이 붉은 형은 성질이 급하고 마음이 불량하다.
 야위고 머리털이 노란 사람은 욕심이 많고 간사할 상이요. 머리는 큰데 목이 가는 사람은 30세 전에 죽을 상이다. 목이 둥글고 머리가 작고 삐뚤어지고 이마가 깎인 듯한 사람은 평생 성공치 못한다.
 목이 둥글지 못한 사람은 어려서 요사할 상이다. 눈알이 툭 불거진 사람은 관재와 형벌을 당할 상이다. 남자 눈알이 큰 사람은 항상 여자에게 구설을 들을 상이다. 남자의 눈썹이 가는 사람은 여자의 재산을 얻을 상이다. 남녀 모두 울대뼈가 불거진 사람은 재혼상이거나 객사할 상이다. 남녀 간의 곱슬머리는 호색하고 형벌을 당할 상이다. 동양 사람의 머리가 노랗다면 빈천할 상이다.
 눈이 깊고 수염이 누런 사람은 살인할 상이니 극히 조심해야 한다. 눈썹이 끊어진 사람은 운 막힘이 많을 상이다. 인중에 수염이 없는 사람은 남의 일을 해주고도 공이 없을 상이다. 눈을 깜짝이지 않고 상하좌우로 빗겨보는 사람은 도둑질할 상이다. 눈썹이 죽고 귀가 낮게 있으면 서자가 많다.
 여자의 귀가 변이 많고 이마가 깎이고 뼈가 거친 사람은 재가하거나 첩생활을 할 상이다. 여자의 얼굴이 발딱 재쳐진 사람은 간음하고 재가할 상이다. 남자의 머리가 죽은 사람은 탐심이 많은 사람이다. 몸은 큰데 숱이 적은 사람은 평생 큰 재물을 모으지 못할 상이다(이런 사람은 두뇌는 좋지 않으나 손재주가 비상하여 수공업이 좋다).

피부가 물고기 비늘이나 뱀껍질같이 생긴 사람은 천한 상이며 재가할 상이다(뱀껍질은 초년에는 괜찮으나 말년에는 적중). 여자의 얼굴이 큰 사람은 대개 효행이 없을 상이다. 여자의 눈이 둥근 사람은 시어머니를 해롭게 한다.

입이 뾰족하고 얼굴이 긴 사람은 남의 하인 할 상이다. 얼굴은 큰데 코가 몹시 작은 사람은 독립심이 없다. 눈이 붉고 말을 더듬는 사람은 색을 좋아한다. 오른쪽 어깨가 높은 사람은 빈주먹으로 큰 부를 이룰 상이다. 왼쪽 어깨가 높은 사람은 부모재산 탕진한다. 말년에 가난하다.

입술이 푸른 사람은 늙어서 병들어 죽을 상이다. 땀이 없는 여자는 무자의 상이요, 땀냄새가 향기로운 사람은 귀할 상이며 고약한 땀냄새는 천한 상이다. 여자의 광대뼈가 나오고 뼈가 거칠은 사람은 독신 생활을 하는 것이 좋으며 남편은 인연이 박하다. 남자의 눈썹에 검은 사마귀는 총명할 상이요, 여자의 경우는 음란할 상이다.

젊은 사람이 눈에 영체가 없으면 일찍 요사한다. 늙은 사람이 머리나 목의 살결이 거친 사람은 한 명도 살 수 없다. 여자의 입술이 희면 병을 얻고 푸르면 죽을 상이다. 늙어서 얼굴이 희고 주름이 없고 수염이 노랗고 염소처럼 생긴 사람은 자식에게 해롭다.

늙어서 귀가 희고 입술이 윤택한 사람은 자식이 귀하게 된다. 늙어서 성교를 자주하는 사람은 장수하고 자식도 귀하게 된다. 늙어서 수염이 빠지는 사람은 자식에게 해롭다. 머리가 빠지면 고생이 많고 코만 홀로 높고 광대뼈가 너무 낮은 사람은 고봉이라 하여 패가할 상이다.

수염이 목아래 난 사람은 대개 외척의 재산을 얻는다. 여자의 눈썹이 칼끝처럼 생긴 사람은 대개가 자궁수술을 한다(많은 관상 경험). 여자의 와잠이 이중으로 된 사람은 대개 남편이 다른 사람의 자식을 얻는다.

검은 사마귀털이 난 사람은 반드시 호걸스런 상(또는 자수성가)이다. 유방에 털이 1~2개 난 사람은 호걸이며 많이 나면 흉하다. 귀는 붉을수록 좋다.

남자가 머리털이 거칠고 뻗친 사람은 형을 받을 상이다. 여자가 그러하면 남편과 자식에게 해롭다. 남자의 음낭에 주름이 없으면 자식이 없다. 여자의 손가락에 못이 박혀 있으면 일생의 신고가 많다.

여자의 머리가 둥글면 귀자를 낳을 상이다. 배꼽 아래 털이 난 여자는 음란하고 천하다. 눈썹의 붉은 빛이 은은한 사람은 여자가 귀하게 되고 남자가 부자된다. 허리와 배의 횡선은 귀하게 되고 종선은 궁상이다. 몸은 긴데 팔이 짧은 사람은 성공하기 어렵다.

눈꼬리의 주름이 천창(이마)로 올라간 사람은 자수성가한다. 여자의 얼굴 사마귀는 좋지 않으나 다만 천창에 있는 것은 좋다. 여자의 이가 밖으로 드러난(뻐드렁니)는 형상이 있고 안으로 향한 사람은 고독할 상이다.

여자의 얼굴이 검고 몸이 흰 사람은 귀한 상이고 얼굴에 반점이 있고 몸이 푸른 사람은 천하다.
　여자의 얼굴이 누런 사람은 색을 좋아한다. 야윈 사람이 얼굴이 희면 좋지 않고 살찐 사람이 혈색이 희면 마음이 인자하다.
　머리카락이 부드럽고 입이 바른 사람은 마음씨가 좋은 상이다. 노인이 검버섯이 생기면 수반이라 하여 장수한다.
　사람이 살이 찌려면 허리부터 찌는 것이 좋고 가슴이나 얼굴에 찌는 것은 흉하다.
　사람이 사지(팔, 다리)가 갑자기 마르면 1년에 죽기 쉽다. 사지가 윤택하면 2년 이내에 부자가 될 징조라는 상이다. 늙어서 흰머리가 나고 이가 다시 나도 장수한다.
　남자의 간문에 잡색이 있는 사람은 창부로서 처첩을 삼는다. 콧대에 들어간 곳이 있거나 흠이 있으면 반드시 그만큼 실패한다.
　턱에 좁쌀알과 같은 백색이 있으면 부하에게 해를 당한다. 간문(눈두덩)에 백색이 생기면 여자나 술로 인하여 해가 있고 처에게 해가 있다.
　손가락, 발가락이 뱀대가리 같거나 매의 주둥이 같으면 일생 간교하여 고독하고 여자는 부모에게 해롭다.
　여자의 오리발은 대개 천상이고 남자의 오리발은 어리석다. 누구를 막론하고 재산을 모으려면 우선 형이 장하고 기가 족해야 한다.
　혈과 기가 왕해야 재산 모으고 처자궁도 좋다. 남자는 인당과 준두로서 평생의 길흉을 판단할 수 있다.
　여자는 유방, 배꼽, 음순으로써 자녀의 생산 여부나 귀천을 정확히 판단할 수 있다.

여자의 음문이 위로 향하면 좋다. 배꼽의 털이 산란한 것은 좋지 않다.

산근에 횡문이 한개 있으면 고향을 떠날 상이요, 두개 있으면 육친을 이별하고, 세 개 있으면 빈주먹으로 성가할 상이다.

남녀가 중년에 머리털이 빠진 것은 노년에 고생할 상이요, 젊어서 머리에 새치가 나도 고생할 상이다. 남자의 얼굴이 청수하고 이마가 벗겨진 사람은 고관이나 회사의 사장이 되고, 탁하게 생긴 얼굴의 대머리는 궁상이다. 늙은이가 잠이 많으면 죽기가 쉽고 소년이 잠이 많으면 어리석다.

홀연히 조급하게 그러는 사람은 중병을 얻고 홀연히 눈이 아래만 보는 사람은 죽을 상이다. 소년의 머리가 희어도 부모를 잃고 크게 불리할 상이다.

남쪽사람은 준두가 삐뚤면 해롭지 않고 굽은 것은 해롭다. 북쪽사람은 준두가 비뚤면 좋지 않으며 왼쪽으로 틀어지면 외척에 패가 있고 오른쪽으로 틀어진 즉 노년에 곤궁할 상이다.

콧구멍은 창고라 하는 바 털이 나야 하고 밖으로 나오면 나쁘다. 난대정위를 정조라 하는 바 정조가 얇아서 움직이는 것은 평생에 재산을 모으지 못한다. 턱에 금이 한개 있으면 주택이 한 채이고 두개 있으면 두 곳에 전장을 둔다.

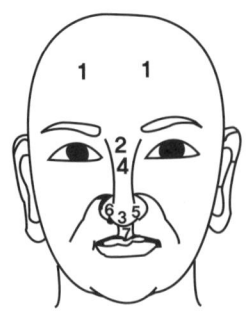

1. 천창 2. 인당 3. 준두 4. 산근 5. 난대 6. 정위 7. 인중

2. 남자의 41종 빈곤한 상

1) 머리가 틀어지고 깎인 사람
2) 머리의 털이 거칠고 농탁한 사람
3) 눈썹 꼬리가 아래로 죽은 사람
4) 귀가 꽂핀 것처럼 뒤집힌 사람
5) 눈빛이 드러난 사람
6) 콧대가 죽은 사람
7) 콧대가 뾰족한 사람
8) 코뼈가 뾰족한 사람
9) 턱이 뾰족한 사람
10) 콧구멍이 보이는 사람
11) 난대 정위가 얇은 사람
12) 인중가에 무늬 있는 사람
13) 입이 뾰족한 사람
14) 하관이 깎인 사람

15) 목에 뼈가 맺힌 사람
16) 변지에 잔털이 있는 사람
17) 배꼽이 쑥 나온 사람
18) 등이 꼬부라진 사람
19) 젖이 희고 작은 사람
20) 배의 위가 큰 사람
21) 배꼽이 너무 아래로 있는 사람
22) 허리가 틀어진 사람
23) 무릎의 힘줄이 드러난 사람
24) 발바닥이 함하고 깎인 사람
25) 손가락이 거칠고 딴딴한 사람
26) 발뒤꿈치가 깎이고 작은 사람
27) 음성이 낮고 작은 사람
28) 볼기가 뾰족하고 작은 사람
29) 손바닥이 얇은 사람
30) 이가 드물고 얇은 사람
31) 걸을 때 꾸물거리는 사람
32) 쉰 목소리
33) 눈이 작고 흐린 사람
34) 개기름이 흐르는 사람
35) 이가 성글고 탁한 사람
36) 허벅지의 살이 너털너털한 사람
37) 혈색이 침침하여 어두운 사람
38) 뼈가 거칠어 보이는 사람
39) 수염이 갈라진 사람

40) 배꼽이 아래로 향한 사람
41) 혈색이 나쁜 사람
※ 위의 항에 많이 해당되는 사람일수록 고독하거나 가난하다.

3. 여자의 41종 빈곤할 상

1) 머리가 뾰족한 여자
2) 머리털이 누렇고 뻣뻣한 여자
3) 귀가 뒤집힌 것
4) 눈썹 꼬리가 죽은 사람
5) 눈에 살기가 있는 사람
6) 눈이 노란사람
7) 코가 뾰족한 사람
8) 입이 뾰족한 사람
9) 뻐드렁니
10) 이가 희어도 윤기가 없는 사람
11) 광대뼈가 불거진 사람
12) 머리털이 귀 앞까지 난 사람
13) 목이 짧은 사람
14) 등이 크고 골진 사람
15) 가슴을 내민 사람
16) 젖이 희고 작은 사람
17) 음문에 냄새나는 사람
18) 음문에 털이 없는 사람

19) 음문에 털이 많은 사람
20) 배꼽이 얕은 사람
21) 허리가 틀어진 사람
22) 다리에 힘줄이 많은 사람
23) 살이 너무 찐 사람
24) 혈색이 검은 사람
25) 코가 너무 오뚝한 사람
26) 소리가 우렁찬 사람
27) 뒤로 젖혀진 얼굴을 가진 사람
28) 눈에 눈물기가 있는 사람
29) 도화색의 얼굴을 가진 사람
30) 얼굴에 반점과 주근깨가 많은 사람
31) 눈꼬리가 아래로 쳐진 사람
32) 말하기 전에 웃는 사람
33) 입을 삐죽거리는 사람
34) 옆눈길질 하는 사람
35) 배꼽이 음모에 가깝고 쑥 나온 사람
36) 얼굴은 크고 코가 작은 사람
37) 여자가 남자 같은 사람
38) 입술이 희고 얇은 사람
39) 손가락이 몹시 짧은 사람
40) 몸에 악취가 나는 사람
41) 눈에 흰 창이 많은 사람

4. 팔대(八大)

(1) 팔대(八大) 부귀의 상
1) 눈이 크고 광채가 있는 사람
2) 코가 크고 연상, 수상이 높은 사람
3 입이 크고 양끝이 분명한 사람
4) 귀가 크고 변이 분명한 사람
5) 머리가 크고 이마가 솟은 사람
6) 얼굴이 크고 성곽이 뚜렷한 사람
7) 몸이 크고 상정이 긴 사람
8) 소리가 크고 맑은 사람

(2) 팔대(八大) 빈천한 상
1) 눈이 크나 광채가 없는 사람
2) 코의 연상, 수상이 크나 변수가 낮은 사람
3) 입은 크나 양끝이 하향한 사람
4) 귀는 크나 변이 없는 사람
5) 머리는 크나 이마가 낮은 사람
6) 얼굴은 크나 귀가 작은 사람
7) 몸은 크나 하정이 긴 사람
8) 소리가 크나 탁한 사람

5. 팔소(八小)

1) 소리가 작으나 맑은 사람
2) 몸은 작으나 단정한 사람
3) 얼굴은 작아도 위위가 좋은 사람
4) 머리는 작아도 골이 분명한 사람
5) 입은 작으나 붉고 윤택한 사람
6) 코는 작으나 연수가 높은 사람
7) 눈은 작으나 가늘고 긴 사람
8) 비록 작아도 격이 들어 부귀한 상

6. 오장(五長)

1) 머리가 길고
2) 얼굴이 길고
3) 몸이 길고
4) 손이 길고
5) 발이 긴 사람

※ 얼굴이 풍후하고 부하며 청수하면 귀하다.
※ 풍후하나 탁한 사람은 빈천하다.

7. 오단(五短)

1) 머리가 짧고

2) 얼굴이 짧고

3) 몸이 짧고

4) 손이 짧고

5) 다리가 짧은 사람

※ 다섯 가지가 짧고 골육이 상균하고 인당이 평윤하고 오악이 조공한 사람은 부귀할 상이다.

8. 오소(五小)

1) 머리가 작고

2) 눈이 작고

3) 배가 작고

4) 귀가 작고

5) 입이 작은 사람

※ 다섯 가지가 작더라도 단정하고 아무 흠이 없는 사람은 귀하게 된다.

※ 만일 한 두 가지가 크고 작으면 빈천할 상이다.

9. 오로

1) 눈이 툭 솟고

2) 콧구멍이 뻔하고

3) 귀가 뒤집히고

4) 입술이 검어지고

5) 울대뼈가 나온 것

※ 눈이 솟으면 병을 재촉하고 콧구멍이 뻔하면 가난하고 귀가 뒤집힌 사람은 구설이 많고 울대뼈가 솟으면 객사한다.
 ※ 팔대, 팔소, 오장, 오소, 오로가 다 격이 맞으면 얼굴이 못 생겨도 부귀하고 격에 안 맞으면 훌륭해도 가난하다.

10. 십대공망(十大空亡)

 1) 머리와 이마가 뾰족하면 **천공**이라 하며 부모덕이 없고 관운이 부족하고 초년고생이 많을 상이다.
 2) 턱이 뾰족한 것은 **지공**이니 말년에 재복과 처자의 덕이 없고, 육친이 냉담하고 늦게 고생한다.
 3) 콧구멍이 빤하게 보이는 것은 **인공**이니 중년에 고생이 많다.
 4) 산근이 끊어진 사람은 **사공**이니 형제 처자의 덕이 없다.
 5) 인중에 수염이 없는 사람은 **오공**이니 친구의 덕이 없고 아내는 있으나 자식은 적다.

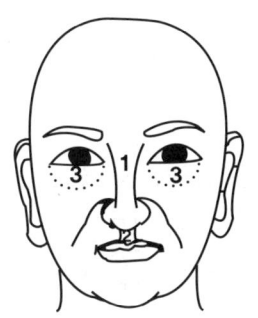

1.산근 2. 인중 3. 누당(와잠)

6) 광대뼈가 들어가고 귀가 작거나 또는 크더라도 변이 없는 사람은 **육공**이니 매사에 용두사미와 같아서 시작은 있으나 끝을 맺지 못하고 부모 유산도 없고 수도 길지 못하다.

7) 머리털이 짧고 고슬고슬한 사람은 성질이 강하고 윗사람 아랫사람과 친하지 못하며 불효자가 많다.

8) 누당이 깊고 검은 사람은 처자궁이 좋지 않고 음덕을 베풀 줄 모르는 사람이다.

9) 눈에 광채가 없는 사람은 **구공**이니 단명, 요절하기가 쉽고 자녀의 인연이 박하며 형제의 덕이 없다.

10) 귀 뒤의 뼈는 있으나 눈썹이 없으면 육친과 형제의 덕이 없고 독신이 되어 무척 고단하다.

※ 이상의 십대공망이 있는 사람은 고독하거나 무의탁한 이가 많다. 한두 가지 있는 것은 액이 가볍다.

11. 십살(흉한 상)

1) 얼굴이 술 취한 듯한 사람
2) 사람이 없는데 혼자 말하는 사람
3) 액이 없어도 침을 뱉는 사람
4) 눈에 붉은 빛을 쏘는 사람
5) 정신이 혼탁한 사람
6) 소리가 깨진 종소리 같은 사람
7) 아래 수염이 있고 윗수염이 없는 사람
8) 코가 휘어졌거나 구멍이 뻔한 사람

9) 밥을 먹을 때 식은땀을 흘리는 사람
10) 겨드랑이에서 노린내가 나는 사람

12. 천라

1) 얼굴 전체에 연기처럼 흑기가 생기는 것은 **사기(死氣)천라**라 하여 속기 쉽다.

2) 분가루를 뿌려 놓은 것처럼 백기가 도는 것은 **상곡천라**라 하여 상복을 입는다.

3) 누런색을 띤 것은 **질병천라**라 하여 병에 걸린다(청색도 마찬가지이다).

4) 얼굴에 개기름이 낀듯한 것은 **허화천라**라 하여 모든 일이 될듯하나 하나도 되지 않는다.

5) 눈을 곱게 흘기며 눈웃음 짓는 것을 **간음천라**라 하여 남녀간에 음란한 상태이다.

6) 얼굴이 불처럼 새빨간 것을 **관사천라**라 한다. 관재가 많다.

7) 얼굴이 술취한 것같은 것을 **형옥천라**라 하여 감옥에 갈 상이다.

8) 남자의 목소리가 여자의 태도처럼 애교가 있는 것을 **고형천라**라 하여 고독하며 처자에게도 해롭다.

13. 육천상

1) 부끄러움을 모르는 사람
2) 일을 당해도 웃기만 하는 사람

3) 나가고 물러감이 밝지 못한 사람

4) 남의 단점을 말하기 좋아하는 사람

5) 자기의 장점을 자랑하는 사람

6) 사람에게 아부하는 사람

14. 육악

1) 사람을 볼 때 염소처럼 꼿꼿이 보는 사람은 마음이 선량하지 못하다.

2) 입술이 걷어져서 이가 드러난 사람은 마음이 선량하지 못하다.

3) 울대뼈가 드러난 사람은 처자에 재앙이 있다.

4) 몸은 큰데 머리가 작은 사람은 가난하고 녹이 없다.

5) 상정이 짧고 하정이 긴 사람은 분파할 상이다.

6) 뱀처럼 꾸물거리거나 참새처럼 팔짝팔짝 뛰어가는 사람은 패가할 상이다.

※ 이와 같은 상은 절대 큰 성공을 할 수 없다. 늘 식복이 적고 노력은 많이 해도 공이 적다.

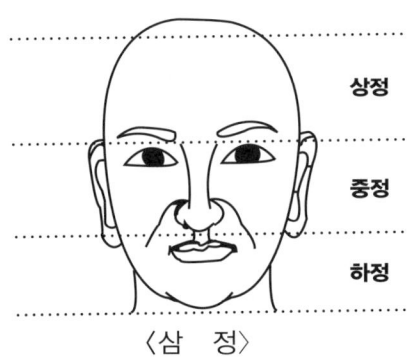

〈삼 정〉

〈특별히 부자가 될 상〉
1) 눈썹이 깨끗하고 아름다운 사람
2) 눈에 광채가 나는 사람
3) 음성이 맑고 깨끗한 사람
4) 콧날이 반듯하고 관골이 풍만하고 음성이 맑고 깨끗한 사람

〈특별히 가난할 상〉
1) 입고 다닐게 없는 사람
2) 눈에 신기가 없는 사람
3) 머리가 뾰족한 사람
4) 지각(턱)이 뾰족하고 눈썹 끝이 없거나 궁둥이가 없는 사람

15. 여인의 고독

1) 징소리의 음성
2) 몸이 비대
3) 두 눈이 들어간 것
4) 두 눈썹의 하자
5) 코가 깊은 것
6) 불을 부는 듯한 입
7) 근육이 떠있는 듯한 살
8) 얼굴에 비하여 많이 작은 귀
9) 입술이 희고 푸른 혀

10) 젖꼭지가 숙인 것

11) 관골은 있는데 시골이 없는 것

12) 골은 많고 살은 적은 것

13) 뼈가 튀어나온 것

14) 코가 얕으면 엄마 잃고 아들은 있으나 마나하며 남편 덕이 없다.

※ 여인이 고독한 관상을 타고나도 스스로 자기 극기로 다스려나가면 흉한 일을 감수할 수 있다.

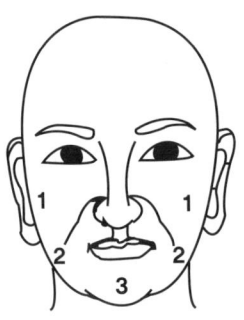

1. 관골 2. 시골 3. 지각

제 12 장

형외론과 질병

본능을 자제 시정하면 운명이 변한다

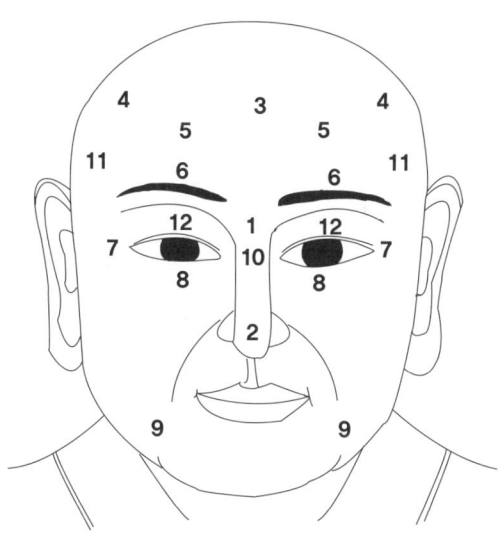

1. 습관 바로 잡기

걸음걸이는 배가 가는 것과 같이 똑바로 걷는 것과 황소걸음처럼 뚜벅뚜벅 걷는 것은 대부대귀하고 기러기처럼 걷는 것도 귀하게 된다.

머리를 한 쪽으로 기울여서 걷는 사람은 단명한다. 걸으면서 허리를 산들산들 흔들면서 걸으면 집안이 망한다. 까치같이 걷는 사람은 한 번은 재산을 망친다. 참새같이 걷는 사람은 춥고 배고픈 사람이다. 뛰는 것같이 걷는 사람은 돈이 붙지 않는다. 코가 벌렁벌렁한 사람은 돈이 나간다.

뱀같이 꾸불꾸불 걷는 사람은 단명하고 재산이 없다. 앉은 자세가 좌우로 기우뚱거리는 사람은 이성의 추문이 있는 사람이다. 다리를 앞으로 쭉 뻗고 앉는 사람은 의지하는 마음이 있고 인정에 약한 사람이다.

앉은 자세가 앞으로 숙이고 있는 사람은 현 상태가 불안정한 사람이다. 자세가 우측이나 좌측으로 기운 사람은 남에게 기대고 싶은 사람이다. 위축된 자세는 쪼그리고 허언도 잘하고 고집도 강하다. 강아지나 용이 자는 모습처럼 꾸부리고 자면 수명도 길고 자식도 많이 두고 부자된다.

두 다리를 포개고 자는 사람은 빈한하고 재물이 나가는 격이다. 배위에다 손을 놓고 자는 사람은 자식 낳기 어렵다. 팔을 베개 삼아 뒤로 놓고 자는 사람은 시비나 구설이 많다. 자면서 눈을 뜨고 자는 사람은 초년은 지나가나 막힘이 많다.

자면서 중얼중얼 큰소리 치는 사람은 거처할 주소가 없다.

밥은 빨리 먹고 뒤는 오래보는 것이 부귀하다.
식사 때 의젓하게 소리 안내고 먹으면 부귀하다. 밥을 흘리면서 먹거나 귀나 원숭이같이 소리 내며 먹으면 춥고 배고픈 사람이다.

2. 질병론

(1) 심장병

심장은 주로 혓바닥, 모발, 눈썹의 혈기를 본다. 혀의 색깔이 진한 붉은 색이면 심장병에 걸린다고 본다. 혀가 뾰족하거나 얕거나 하면 암에 걸릴 징조이다. 연상(코) 자리가 붉은 색이 나타나면서 양미간이 이어지거나 흐트러지면 심장병이다. 눈썹이 진하면 심장이 강한 것으로 본다.

(2) 간질병

간의 병은 눈 주위의 힘줄이 튀어 나오고 손톱이 일어나고 눈 밑이 거무스레하면서 두 눈이 누런빛을 띠고 목의 힘줄이 튀어나오며 손바닥에 붉은 점 또는 흰 점이 섞여 있을 때는 간질병이 있다.

(3) 폐병

코와 피부색깔 기침하는 것을 보고 안다. 관골이 붉으면 폐에 열이 있고 관골이 검으면 속이 냉하다. 코가 약하고 살이 없거나 얼굴이 흰색이고 마르면 폐가 약해서이고 기침할 때 피가 섞여 나오면 심한 것이다.

(4) 비위병

비위는 입술을 보고 살의 색깔을 보는데, 산근(콧마루)의 청암색이면 비위는 약한 사람이다. 얼굴이 나이보다 주름이 많으면서 입술이 백색이면 음식 먹기 힘들고 혓바닥에 검은 색이 나타나면 죽은 사람이다.

(5) 신장병

귀의 뼈가 튀어 나오고 이빨이 듬성듬성 있는 것은 신기가 약하다. 이마가 푸르죽죽하면 신기가 끊어지고 얼굴이 거무스레하면서 귀, 이마, 얼굴이 검으면 신기가 끊어진다. 귀가 얇거나 작거나 하면 신이 약하고 눈의 아래위가 거무스레하면 정력이 약한 사람이다.

(6) 혈병

산근(콧마루) 자리가 푸른 힘줄이 나타나면 경기이다. 간문(눈두덩)의 색깔이 아름답지 못한 것 와잠자리(눈밑부분)이 거무스레하면 원기가 부족한 것이다.

인중자리가 우중충하면 운도 막히고 병도 있다. 지각(턱)이 우중충하면 여자는 월경불순, 남자는 하체가 약하고 흰 색이 나타나면 황천객이다.

한기가 있으면 고칠 수 있고 열이 있으면 고치기 어렵다. 기가 약해서 오는 병은 마비되는 것이 많고 혈에서 오는 병은 쑤시고 아프다. 혓바닥으로 ㄴ, ㄷ, ㄹ을 발음 못하는 사람은 명약이 없다.

3. 빨리 죽을 사람

- 귀는 크면서 얼굴이 작은 사람
- 몸은 크면서 얼굴이 작은 사람
- 몸은 크면서 음성이 작은 사람
- 얼굴과 이마가 들뜬 것같이 힘줄이 나타나는 사람
- 뱀같이 걷거나 허리가 한들한들 걷는 사람
- 이마가 워낙 좁은 사람
- 눈썹이 팔자 눈썹인 사람
- 등이 쑥 들어가면서 골이 파진 사람
- 북처럼 얼굴이 팽팽한 사람
- 입술은 엷으면서 새가슴처럼 튀어나오면 50세를 넘기기 힘들고 요사할 상이다.

4. 질병중의 생사분별

　병이 든 사람의 눈에 신기가 있으면 살아나고 기가 풀어지면 죽을 징조이다. 눈에 신기가 밝게 나면 살고 검으면 죽는다. 마른 사람이라도 윤기가 있으면 살아나고 살찐 사람이 혈색이 없으면 죽을 징조이다.
　기쁜 듯이 보이고 밝은 색이 나타나면 살아날 징조이다. 울고 있는 상이면 죽을 징조이다.
　혓바닥이 검고 입술이 희고 혀가 오므라들면 죽을 징조이다. 중풍 들린 사람이 입을 다물면 살아날 징조(입을 열면 죽을 징조)이다.

얼굴빛이 검으면 죽을 징조이다. 황색이 구름같이 덮이면 살 징조이다. 음성이 맑으면 살아날 징조이다. 목소리가 거칠면서 짧으면 요사한다.

인중(코와 입사이의 골)의 색깔이 깨끗하면 살고 그렇지 않으면 요사한다.

5. 길운과 흉운

(1) 운이 트인 형
- 귀의 색이 얼굴색보다 흰 것
- 눈썹은 활궁같이 굽고 윤기 있으며 살이 보이는 것
- 배는 아기를 밴 듯 통통한 것
- 역마자리가 밝고 살이 찐 것
- 사공자리가 하자 없는 것
- 눈빛이 장군같이 위엄이 있는 눈
- 걸음은 묵직하고 빠른 것
- 눈은 검은 동자가 점을 찍은 듯 맑고 깨끗한 것
- 귓구멍이 넓은 것

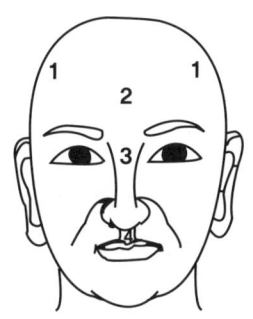

1. 역마 2. 사공 3. 인당 4. 인중

- 코가 휘지 않고 깨끗한 것
- 피부 살색이 윤택한 것
- 눈, 코, 입, 귀의 구멍이 깨끗한 것
- 인당의 색이 깨끗하고 점도 없고 주름도 없는 것

(2) 운이 막힌 형
- 마른 사람이 뼈가 튀어나오면 재난이 많다.
- 얼굴색이 붉고 어깨 폭이 좁으면 수명 단명한다.
- 기운과 화색이 서로 따라주지 못하면 운이 막힌다.
- 말하는 음향이 서로 상반되면 변동이 많은 음성
- 얼굴에 죽은 기미가 많이 낀 것
- 얼굴의 힘줄이 예민하게 많이 튀어나온 것
- 얼굴이 지나치게 얽어서 곰보가 심한 것
- 전택(눈썹과 눈 사이)이 높은 것
- 걷는 것이 번개치듯 부산하게 걷는 것
- 눈썹을 찡그리는 사람
- 입이 작고 산근(콧마루)이 끊어진 사람
- 먹는 것을 탐내고 군것질을 많이 하는 것
- 목뼈가 지나치게 나온 것
- 살과 뼈를 만지면 철사 만지는 것처럼 차가운 사람
- 음성이 깨진 징소리 같은 것
- 얼굴이 진흙으로 목욕한 듯한 사람
- 가슴과 엉덩이가 지나치게 나온 사람

6. 질투론

- 얼굴색이 검으면 의심해서 보라.
- 머리를 휘젓고 다니면 다시 보라.
- 얼굴에 웃는 기가 없고 쳐다보는 것이 뱀이나 살쾡이 같으면 질투가 강하다.
- 쏘아보는 눈, 참새 같이 걷는 걸음, 말이 빠른 것
- 얼굴에 푸른색이 나타나고 음성이 맑지 못하고 걷거나 앉거나 생각이 있는 듯 보이는 사람
- 머리를 아래로 보고 걷거나 머리를 점찍듯이 흔드는 사람 음성이 허스키한 사람
- 눈이 사팔뜨기인 사람, 음성이 부드럽지 않은 사람
- 몰인정한 사람, 자손이 있으나마나 귀하게 되기는 어렵다.

7. 기쁜 이야기(회기론)

황색이 동등하게 차고 일어나면 복이 오고 이마가 주름이 걷힌 듯 밝으면 수일 내로 벼슬받아 절을 받는다.

준두(코의 끝부분)에 밝은 색이 움직이면 영화로운 일이 오고, 준두가 인중(코아래 입 위의 파진 골)까지 밝으면 재물이 들어오고 기쁨이 있고 인당자리(양 미간 사이)가 연하게 밝으면 믿을 만한 행운이 있다.

아름다운 색깔이 눈밑에 봉황새 꼬리같이 보이면 창고에 재물이 가득하고, 발제자리가 연하게 밝게 빛나고 인당자리가 밝으면 귀한 이름을 얻는다.

8. 재물 파재론

빈하고 부한 것은 하늘이 결정하고 성패는 심성이 결정한다. 머리가락에 윤기가 없으면 성공해도 망하고 귀의 윤곽이 없으면 중년에 돈을 갖지 못하고 누당에 내리금이 있는 자는 반드시 파재한다.

성격이 강하면 반드시 한 번 망하고 난대 정위가 얕거나 없거나 하자 있으면 성공하기 어렵고 목뼈가 지나치게 나오면 파재한다.

어느 곳이든지 뼈가 삐뚤어진 것은 길가에서 세 번 울 징조이다. 명예를 얻기 힘들고 아들 관록을 얻기 어렵다.

9. 면부 총론

얼굴 가죽이 두껍고 후둣하게 색깔이 밝으면 어진 사람이다. 얼굴가죽이 얇은 사람은 담도 적고 정도 얕고 차갑고 고독을 부른다(40세 전후하여 운이 막힌다). 노후에는 불길하고 고독하다.

심성이 정직하고 착하면 인기 얻을 수 있고 거만하면 자손 잘 되기 어렵다. 얼굴이 지나치게 옆으로 나오면 자기 필요할 때 정을 주고 말과 행동이 일치하지 아니하고 자기 욕심밖에 모른다. 수양을 쌓으면 만사형통한다.

살이 보기 좋게 찐 사람은 마음이 깨끗하다. 남에게 베푸는 것을 천성으로 좋아하고 심성이 깨끗하면 대발하고 자손 번창하지만, 만약 코가 납작한 것, 눈에 광채가 없는 것온 것은 발전하기 어렵다.

　현대의 5복(재복, 처복, 부모복, 명복, 자식복)을 칭한다. 얼굴보다는 몸이 잘 생겨야 하고 삼정의 균형이 잘 맞으면 밥 먹고 사는 것은 걱정 없고 눈, 코, 입, 귀, 눈썹, 이마의 양옆이 밝고 지고에 주름이 있고, 턱에 살찐 것은 좋다.

　눈썹이 깨끗하면서 길면 부귀가 오래 간다. 인당(양쪽미간 사이)이 깨끗하고 윤택하면 만사가 형통하며 또, 입술이 붉은 것은 목적 달성한다.

　눈썹이 이어지면 막히는 일이 많고 양, 뱀, 닭의 눈은 마음에 독이 있으니 조심하여 상대하고, 눈만 크고 눈썹이 적은 사람은 가난한 사람에게 많다.

　긴 눈썹이 나거나 귀에 털이 나거나 귀가 높이 붙으면 장수하며, 눈 밑의 살에 외상이 있으면 자식이 안 되고 걷는 것이 다리로만 걷는 듯하면 음독함이 있다.

　입은 큰데 음양이 가지런하지 않으면 빈천하고 구각이 밑으로 처지면 먹고 살기도 어렵다. 입이 지나치게 크면 운이 잘 되기도 하고 못되기도 한다. 배가 첩첩이 늘어지고 가슴이 넓

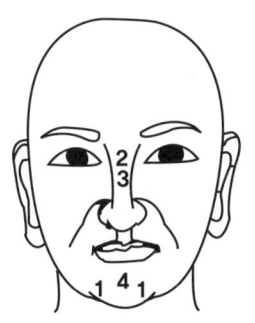 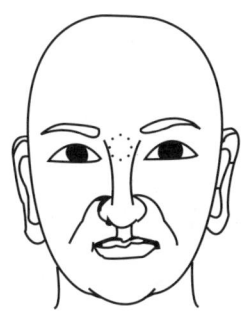

1. 지고　2. 인당　3. 산근　4. 지각　　　　인　당

고 배꼽이 쑥 들어간 것은 수명이 길다.

공직에 있는 사람이 인당의 색깔이 좋지 않고 산근이 우중충하면 관직에서 퇴한다. 산근의 색이 푸르거나 희거나 하면 집안에 돈이 없거나 운이 막힌다. 얼굴에 푸른 기가 있으면 흉 한일이 발생한다.

간문에 검은 색(또는 흰색)이 나타나면 처가 사망하고, 구각에 검은 색이 나타나면 깊은 병에 걸릴 사람이다. 연상, 수상에 푸른색이 나타나면 10년간 질병으로 고생하며 지각이 푸른색이면(점점이 보일 때) 큰 근심이 생길 징조이다.

이마와 발제자리에 아름다운 색이 나타나면 크게 재물을 얻을 징조이다.

얼굴에 푸른색이 많이 나타나면 운이 막히고, 관골에 푸른색이 보이면 재물이나 부부가 파재한다. 코에 나타나면 그 달 안에 재운이 막힌다.

인중(코와 입사이의 골) 밑으로는 자손, 가정, 인생의 말년을 본다.

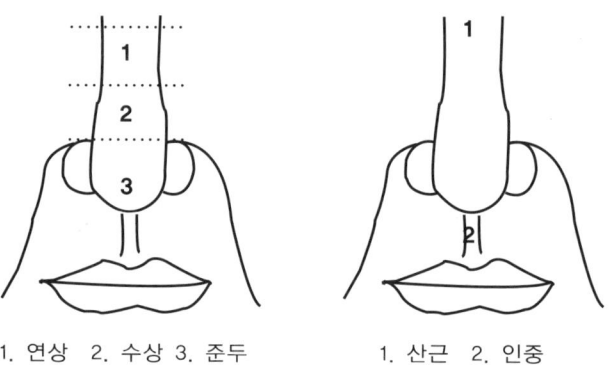

1. 연상 2. 수상 3. 준두   1. 산근 2. 인중

제 13 장

임상 체험 이야기

형상의 변화를 텔레파시로 감을 잡는다

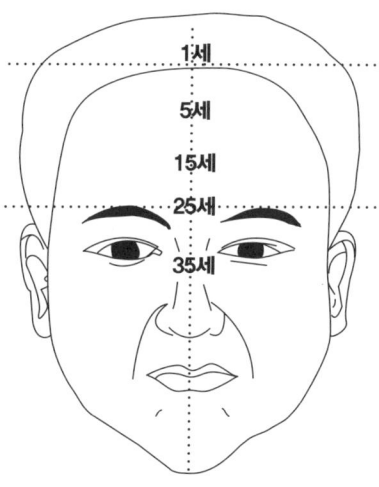

1. 체험담

(1) 필자와 돈독했던 친구가 있었다.

당시 친구는 어려운 환경에 처하여 일정한 직업도 없이 방황하던 터에 필자에게 찾아와 운명을 묻는 것이었다.

그런데 그 친구는 얼굴 전체에 주홍색 빛깔이 있었으며 눈에 정기가 있었다. 그 때의 나이가 34세였는데 난대, 정위(콧망울)와 준두가 터질 듯하고 빛깔이 또한 어울렸다. 필자는 곧 좋은 일이 있을 것이라 했다.

얼마 안가 친구는 소백산 죽령고개 근처에다. 무우재배를 했는데 때마침 무우값이 10배로 뛰어 많은 돈을 받고 밭채로 정리하였다.

때마침 이웃에 철도 사고로 자식을 잃은 이북노인이 화가 나는 김에 이사를 하고자 싼값에 집을 팔려고 하던 차라 시세보다 많이 낮은 액수로 그 집을 샀고 그 노인이 평소 일하던 가내방직 도배지 공장인 갈포업을 자본금도 별로 없이 계승하여 많은 부를 모으게 되었다.

그 후 10여 년의 세월이 흘러 관상을 보아달라고 하며 다시 찾아 왔기에 다시 본 즉 관골에 한 치 정도의 상처를 입었고 눈에는 살기가 돌고 있었으며 그 좋았던 얼굴의 빛깔도 간 곳 없이 창백한 모습이었다.

다시 자세히 살펴보니 앞으로 관골부위에 해당하는 나이가 오면 파산할 것이며, 처첩궁의 골이 깊고 간문의 색이 너무 검게 되어 있었고 눈은 뱀눈 같이 독을 품고 있었기에 앞으로

2~3년 안에 큰 재앙이 있고 부인까지 잃을 것이라 했더니 친구는 깜짝 놀라며, 지금 도의회 의원으로 출마할 참인데 충격적이라며 화를 버럭 내었다.

훗날 그 친구는 선거에 많은 돈을 써서 재산을 잃고 낙선의 고배를 마셨으며 소송문제로 감옥에서 재판 중 부인은 차사고로 사망하고 그 자신은 정든 고향을 떠나고 말았다는 소식을 들었다.

(2) 옛날 필자의 고향에서 지역 읍장을 하던 선배 한 분이 있었다. 마치 친아우처럼 사랑을 받던 터라 어느 날 우연히 만나 소주 한잔의 정을 나누던 중 이마의 사공과 인당부분에 푸른 빛깔이 번득이고 있어서 필자는 깜짝 놀라 말하기를 앞으로 3개월 동안 술을 마시지 말고 근신하십시오. 했던 바 선배를 조롱한다고 책망하기에 주석자리라 더 이상 말을 막았다.

그 선배는 그 후 2달 반만에 주석 자리에서 밤늦게 돌아와 심장마비로 40대 후반의 아까운 나이로 유명을 달리했다. 인생이란 이와 같이 순탄하게 잘 나가다가 어느 부위에 결함이 있으면 예기치 않던 일이 찾아오곤 하는 법이다.

(3) 어느 날 어느 모임에 갔었는데 우연히 옛 친구를 만났다. 반가워서 이야기를 나누며 얼굴을 본 즉 눈 밑 와잠에 주름이 어지럽게 있고 세로 실금이 내려있어 깜짝 놀라며 아이들의 건강을 물었더니 아무런 일이 없다 하였다.

하지만 앞으로 2개월 이내에 자식의 걱정운이 있을 것이라

말해 주었다(그의 좌관골은 목(木)이요. 현재 음력 12월이니 두 달 후를 지적한 것이다).

그때는 마침 입학철이라 딸아이가 20살로 대학입학을 한 뒤인데 뇌종양이 발생하여 사망하고 말았다는 슬픈 이야기를 들었다.

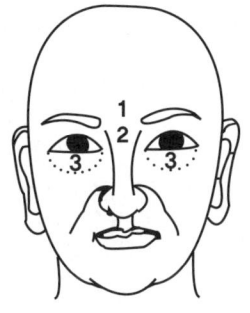

1. 사공 2. 인당 3. 와잠

(4) 필자와 가까운 아주머니 한 분이 계셨다.

이 분은 걸음을 걸을 때 허리와 엉덩이를 흔들며 걸어서 40세를 넘기 전에 과부가 될 것이라 했던 바, 허스키한 음성에 재주는 있었으나 현재는 고독과 싸우는 실로 외로운 여인이 되었다.

(5) 필자가 어느 날 임상을 하던 중 어느 중년신사가 귀의 머리털이 드러나게 듬성듬성하고 미골이 많이 나왔고 눈알은 여우같이 생긴 모양이라. '선생님 성실한 생을 사십시오.' 했더니 지난 날 수많은 제비족 행각에 사기로 옥고 생활도 했다는 것이다. 사람은 자신의 얼굴을 뜯어먹고 산다는 말이 실감나는 일이 었다.

(6) 어느 날 여주 지방 친척집에 들렀더니(지금부터 20년 전이라 참외농사를 많이 짓는 고장이었다), 우연히 아침에 이웃집 아주머니가 찾아와 자기의 남편이 갑자기 배가 아파서 사경을 헤맨다기에 우선 그 여인의 얼굴부터 보았다.

간문의 색이 붉고 와잠(남녀궁)이 부풀어 있었으며 눈알은 짙은 갈색에 어미는 치켜 찢어져 있었다. 필자는 퍼뜩 생각한 것이 여인의 성기능이 과하여 남자의 냉이 발동한 것으로 판단하고 묵은 기와장을 불에 태워 배꼽아래 수건을 깔고 얹으라는 이야기를 하였더니 즉시 배의 고통이 중지되었다고 하였다.

그러나 여인의 상으로 보아서는 남편을 보존하려면 간부를 정함이 옳은 것이라 했더니 훗날 풍문에 과부가 되었다는 이야기를 들었음이라.

(7) 필자는 지금에는 감옥에 있는 노태우 전 대통령을 대선 출마시에 우연히 만났다. 그의 얼굴은 오악과 오관(눈, 코, 입, 귀, 눈썹)이 분명하고 중후하여 그 빛깔은 화창한 모습이 대선의 승리는 틀림없었으나 그 눈은 너무 깊이 들어가 있고 금괴갑괴(눈물자국) 골이 깊고 또 눈동자가 어둡고 약하여 신기가 부족함이 좀 불만스러운데다가 진실성이 희박함이 아쉬웠다. 나는 훗날 깊이 울어야 할 일이 있을 것이다 생각했다. 이 모두가 마음의 창인 눈이 중요함을 다시 한 번 강조하는 바이다.

좌관골 : 동악태산
우관골 : 서악화산
　　코 : 중악
　　턱 : 북악
　이마 : 남악형산

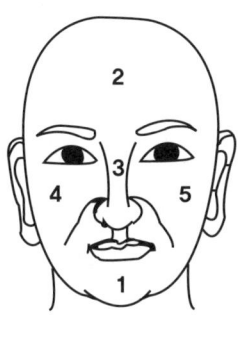

〈오 악〉
1. 북악 2. 남악 3. 중악 4. 서악 5. 동악

(8) 필자가 임상을 하던 중 어느 여인이 찾아 왔다.

언뜻 보기에 눈의 전택궁이 넓기는 하나 지나쳐 보이고 어미부분(눈꼬리)의 간문(눈두덩) 사이에 살기가 맴돌고 더구나 부어 있듯이 심하여 지금 혼자 살고 있지 않는지 물었더니 그렇다고 대답을 하였다.

이혼을 하고 다시 재혼도 하였으나 실패하였다 한다. 그러나, 현재 간문이 밝고 와잠에 도화색이 돌아 애인을 곧 만날 것이라 하였다. 그랬더니 그렇지 않아도 오늘 만날 사람이 있는데 사이가 좋겠느냐를 물어보는 것이다.

(9) 어느 날 할머니 한 분이 찾아 오셨다. 얼굴은 추한 듯 하여 볼 것이 없지만 아래턱이 다행히도 겹턱이라서 자식덕

은 본다 했더니 지금은 형편이 좋으나 지난날은 청춘에 혼자 되어 파란만장한 세월이 지났다 한다.

(10) 필자의 가까운 친구한 사람이 사업에 성공을 하여 많은 부를 누리고 있었다.
어느 날 우연한 기회에 만나본 즉 코의 연상, 수상에 흉터가 있고 손이 몸에 비하여 약한 듯하여 걱정스러이 여겼는데 요즈음 완전히 어려움에 빠져 있는 실정이라 했다.
그러나 뼈대가 수려하고 눈의 정기가 살아 재기할 기운이 보였다. 말년 부위가 나무랄 데 없어 보이기 때문이었다.

(11) 옛 친구가 훗날 결혼하여 그의 부인을 소개 받았는데 나는 먼저 눈을 보았다.
전택궁(눈과 눈썹 사이)이 부어 있듯이 살이 많아서 나는 깜짝 놀랐다. 후에 그 친구는 50세를 넘자 유명을 달리했다.

(12) 어느 날 임상을 하던 중 40세 가량 되는 아주머니 한 분이 찾아 왔다.
윗입술이 많이 나왔고 남녀궁(와잠)이 우중충하여 자식 때문에 걱정이 많겠습니다. 했더니 그래서 찾아왔다는 것이었다. 지금 병원에 입원중이라며 생사를 물어보는 것이다.

(13) 50세 가량의 얼굴이 우중충한 사람이 찾아 왔다. 언뜻 보기에는 막일을 하는 장부형인데 어깨와 허리가 균형에 맞게 잘 생겼고 눈이 빛나고 있었다.

나는, 건축에 종사하는 분으로 단정하고 "금년은 건물은 몇 채나 공사했습니까" 하고 물었다.

그러니까 건물 두 채를 맡았다는 것이다(내가 물어 본 이유는 우중충하게 나타나 있는 부분보다 화양과 영양골이 잘 발달되었고 육체의 삼정이 균형지고 목이 깨끗하여 보이지 않는 부분이 좋기 때문에 필자는 확언했던 것이다).

(14) 근자의 일로서 중년 부인이 찾아 왔는데 몹시 불안한 심정으로 보였다.

언뜻 보니 간문(눈두덩)의 골이 깊고 색이 담배연기 같이 뿌옇고 이마가 좁았으며 천이궁의 색도 어둡고 관골이 자빠졌으며 코는 의외로 큰 편이었다.

뼈대는 손발의 모서리가 튀어나오고 억세게 보였다. 그리고 눈빛은 맑으나 충혈이 약간 졌으며 와잠부분이 검붉은 듯하였고 인당부분이 지나치게 붉은 듯하였다.

필자는 순조로운 여인으로 보이지 않아 지적하였다. 남편과 이별하고 연하의 남자와 정을 통하지 않았는가 했다. 그렇지 않아도 남편이 회사의 기술자로 외국에 파견되어 5개월이 되었는데 그간에 옆집에 드나들던 청년과 정이 통했다는 것이다.

우연한 기회에 술을 마시게 되었는데 누님으로 부르겠다기에 그러라고 하였더니 어느 날 그렇게 되었다는 것이다. 이렇게 이야기 하며 임상을 하던 중 방문을 열고 들어서는 그 청년의 눈이 꺼적눈을 하고 있는 것을 보고 나는 속마음으로 감탄했다.

관상이란 속일 수 없는 운명에 증표임을 우리들 범인으로서는 어쩔 수 없이 얼굴과 육체에 정하여 진 길을 밟고 지나오면서 살아가는 것임을 재삼 통감하면서 피할 수 없는 숙명임을 인정하지 않을 수 없었다.

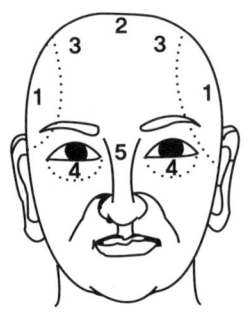

1. 화양 2. 영양 3. 천이궁 4. 와잠 5. 인당

(15) 필자가 93년도에 서울역 부근에서 수강생을 이끌고 관상과 오행, 명리, 사주, 육효(주역 ; 점)를 강의하던 곳에 전체학원을 경영하셨던 원장님의 이야기이다.

대형 체구에 거북의 목덜미를 하고 약간 앞으로 숙인 듯한 모습에 백발의 수염이 날리는 듯 풍채가 뛰어나신 분이 침술계에 명성을 날리고 계셨다.

더욱이 풍만한 얼굴에 황토색의 유기한 색이 풍체에 어울려 보는 이로 하여 금 숙연하게 했는데, 어느 날 그 좋았던 얼굴색이 타오르는 불 색깔로 변하여 필자는 깜짝 놀랐다. 소송문제로 고통을 받게 되었기 때문이다. 그 후 몇 개월이 못 되어 불행스럽게 고생을 하셨다는 것이다.

이와 같이 우리 생활 주변에 수없이 일어나는 모든 사람들의 인간관계를 살펴보면, 그 사람의 운명에 맞추어 시기마다 찰색의 변화로 앞일을 먼저 예지할 수 있다.

(16) 56~57세 가량 되는 신사한 분이 찾아 왔다. 170센티 정도 되는 키에 알맞은 체구로 단정한 태도와 얼굴이 약간 검푸른 듯한 색이면서 간문이 깨끗하고 와잠이 알맞게 도톰한 모습에 코의 준두가 깨끗하며 관골이 자빠지지 않고 눈은 빛이 살아 있었다. 우선 신장의 기능이 강해 보이는 편이며 간문과 와잠부분에 약간의 도화색이 은은히 비쳤고 입주위가 인색하게 보이지 않았다.

나는 선뜻 선생님 사귀는 여자분에게 경제적으로 도움을 받고 계시지요 했더니 깜짝 놀라며 사실을 인정했다. 몇 해 전에 사업을 하다가 실패하고 정수기 외판업을 하던 중 우연히 연상의 여인에게 재정지원을 받아 부천시에서 총판을 하고 있다는 것이다.

(17) 어느 날 40세 되는 여인이 임상을 하러 왔는데 먼저 눈의 안쪽 부분이 고리가 졌고 음성이 징소리 같으며 살결이 도화색이었다. 그리고 상체는 길며 하체는 많이 짧은 편이어서 사주로는 제다신 약격사주였다. 그런데 손발이 너무나도 체격에 맞게 곱게 생겼으며 몸의 피부색이 얼굴보다 희고 이제 올라가려는 누에같이 맑고 고운 피부였다.

그리고 본위인 소양, 소음, 중음, 산근, 정사 일대가 깨끗한 편이었으나, 이마가 뾰족하고 간문이 깊었으며 인중이 분명치 않음이 흠이었다.

나는 우선 말하기를 태어나서 35세까지는 어려운 환경에서 생활하였으며 결혼운도 나빠서 두세 번 실패했으나 36세부터는 계속 귀인을 만나 경제적으로는 잘 지낼 것이다.

그러나 가정운과 자식운은 없다고 하였다. 그 여인은 어떻게 그렇게 정확한가 반문을 하면서 처음은 불량배와 결혼해서 실패하고 다음의 결혼자는 병으로 사망하고 딸 하나가 있으며 주점을 하였는데 아버지 같은 귀인을 만나 물질적 도움을 무한정 받고 있다고 하였다.

이 얼마나 정확한 학문인가 하며 나는 스스로 신비함을 느끼면서 임상 학문에 더 한층 연마를 하였던 바이다.

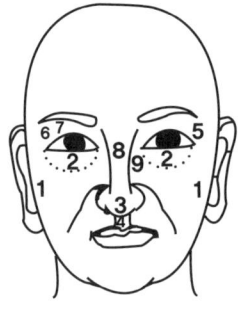
1. 관골 2. 와잠 3. 준두
4. 인중 5. 소양 6. 소음
7. 중음 8. 산근 9. 정사

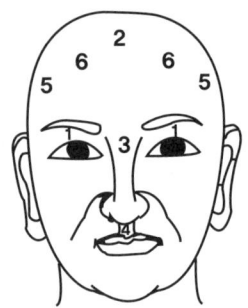
1. 전택근 2. 관록궁 3. 인당
4. 인중 5. 화양 6. 태양

(18) 필자의 집 주변에 살고 계시는 66세 되는 분과 아침마다 조깅을 1시간 정도하며 몇 년을 보내는데(마치 TV화면에 나오는 김일성 같은 체구로서 혈압의 충격을 45세쯤에 받고도 회복하여 건강한 육체를 지니고 약주도 거뜬히 한 두병할 정도로 생활했던 것을 볼 때, 모든 사람이 타고난 관상과 수명만큼 생존하다가 가는 구나 생각하면서 관상으로 해설해 보고자 한다), 그 분의 앞면부위는 인당이 밝고 전택궁이 넓

으며 관록궁은 좀 약하나 화양과 태양이 발달되었고, 몸은 수형으로 푸른 듯 자주빛을 띄고 살집은 많은 편이나 살결은 고와서 찰고무같이 생겼으며(혈맥이 수축을 잘한다), 신체는 상체가 약간 긴 편이었다.

연상, 수상, 준두는 좀 약하나 인중이 길며 이중겹턱을 하였고 와잠부위도 빈약하지 않고 고른 형상이었다.

걸음걸이는 약간 뒤뚱뒤뚱하는 듯한데, 후중한 성품에 여유스럽고 지각 있는 습관이 수명을 연장시키며, 항시 밝은 마음의 평화를 유지하고 있음에 필자는 앞으로도 10년은 거뜬히 살 것입니다. 하였는데 그것은 인중과 턱, 후양, 침골(후골)이 잘 짜여 졌고 눈에 담고 있는 신기와 심상이 평화를 유지함에 수명을 보장하였음이라(물론 지나온 이력도 대단한 분이었다).

이와 같이 관상은 한 치라도 속일 수 없는 학문임을 거론하면서, 독자제위도 연구를 거듭하여 주변을 통하여 생활 공부로 습관화하면 흥미 있는 삶을 살 것이라 본다.

필자는 대인 관계에서 상호인사할 적에 손을 잡아 악수를 하면서 상대의 눈을 먼저 본다. 먼저 눈이 깨끗하며 살기 없이 신기가 있는가. 다음 손이 풍만 한가(또는 깨끗한가), 그 다음으로 얼굴과 몸과 행동을 보고 그 사람의 그릇됨과 운세를 살펴봄이 습관이 되었다.

그 중에서도 눈은 기와 마음의 심성을 담고 있는 이중의 역할을 하며 혹여나 오판이 있을 수 있는 바 임상을 익히고 숙련된 체험으로 연마하면 누구나 자신 있는 관상가가 될 수 있음을 다시 한 번 강조하는 바이다.

(19) 어느 날이었다.

훤출한 키의 57세 가량 되는 아주머니 한 분이 필자에게 임상을 하러 왔다. 먼저 오행(수, 화, 목, 금, 토형) 학문으로 운명을 풀어보기 이전에 관상으로 임상을 해보고 싶었다.

그리하여 얼굴의 부위를 고루 관찰하고 입을 열었다. 아주머니는 결혼 이후 경제적으로는 풍족한 생활을 하였으나 영감님의 외도로 오랫동안 신경을 많이 써왔으며 앞으로는 경제적으로 영감님의 사업이 파산위기에 와서 시련이 있겠습니다. 하였더니 얼굴색이 부끄러운 듯 충격을 받아 변하면서 "그래서 왔습니다" 하는 것이다.

필자는 어째서 당돌히 지적하였는가 하면 그 여인의 얼굴은 귀격으로 미인형이었다.

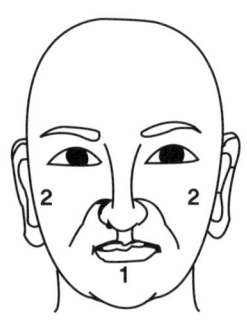

1. 승장 2. 관골

첫째, 깨끗한 이마와 초생달같은 눈썹에 귀의 뒷머리도 깨끗하였고 머리숱도 그 나이에 맞게 갈색 빛에 탁해 보이지 않았으며 목도 약간 앞으로 굽은 듯 단정하였고 언뜻 보기에는 온순한 태도의 성격으로 보였으며 오관(눈, 코, 입, 귀, 눈썹)

이 적절하게 잘 짜여 있었다.

결점은 승장 옆의 검은 점이 추하게 팥 알 만한 크기로 붙었고 눈을 자세히 보니 시샘이 강한 살기를 내포하고 얼굴이 교만한 인상을 주는 듯 보통사람과는 생각이 다른 마음을 가지고 있었기 때문이며 관골이 얼굴 전체에 비하여 낮은 편이흠이 되어 보였기 때문이었다.

나는 심성이 방정하지 못함은 곧 본인의 불행이며 운명의 영향이 크다는 것을 지적하고, 관골이 좀 빈약함은 본인이 첩으로 가거나 첩으로 인하여 고통을 받는 것은 당연한 공식이라 하겠다.

턱 가까이의 점은 중년 말년에 주거이동이 자주 있음을 지적하는 것이기 때문에 불안정한 현실로 돌변하였고 얼굴의 화색은 화장을 하여 자세히 읽지는 못했으나, 이 분이야 말로 관상보다는 심상이 먼저란 것을 보여준 아주머니가 아닌가 생각하였다.

우리는 교만과 자만 시기와 시샘, 질투는 나의 운명을 불행으로 만드는 나쁜 요소임을 먼저 알고 각자의 심성의 밭을 가꾸어 나가면 순박한 심성으로 바뀌어 길이길이 본 관상대로 남김없이 살아갈 것임을 재 강조하는 바이다.

(20) 필자는 95년 3월경에 경기도 모 시에서 고향 친목회에 참석하였는데 의외로 그 지역 현역 국회의원을 만나게 되었다.

악수로 인사를 나눈 뒤 임상을 한 바 먼저 관록궁을 보고 다음에는 눈의 신기와 오악과 오관(눈, 코, 입, 귀, 눈썹)과

후양, 태양을 두루 살피며 몸을 임상하였다.

이 분의 나이는 60세 가까운 나이이며 96년 대선에도 당선 되겠는가 알고져 왔다.

나는 한마디로 어렵다고 하였다. 그 분은 매우 불쾌한 표정으로 어느 부분이 부족하여 당선이 안되겠는가 반문을 하기에 부위별로 소상히 이야기를 하였다.

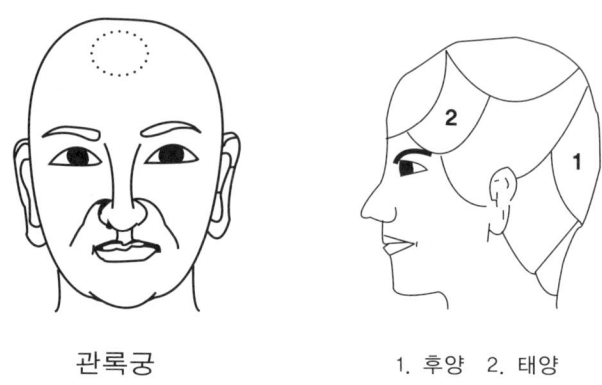

관록궁　　　　　　　　　1. 후양　2. 태양

태양이 발달하여 궁리는 남달리 뛰어나지만, 관록궁이 좀 빈약하며 인당의 외주름이 세로로 생겨서 우려되고 정기는 있으나 얼굴에 비하여 좀 작은 듯 함이 흠이며 관골은 넓으나 코가 작은 것이 결점이고 음성은 몸집에 비하여 작고 침골(후골)이 빈약하며 시골은 잘 짜여져 있으나 입이 작은 것이 흠이었다.

구각이 쳐져보이는 듯하고, 목 울대가 심하게 나왔음이 불만이며, 결정적인 점은 대운 본부위의 승장에 흠집이 있고 구각이 쳐질 듯 인당에 세로금 등이 중점적인 결손이라 지적했다.

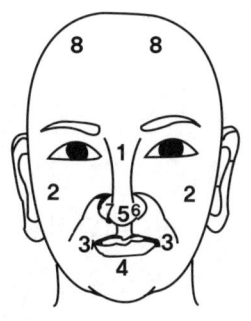

1. 인당 2. 관골 3. 구각 4. 승장
5. 준두 6. 난대 7. 정위 8. 천이궁

용모는 귀격으로 일반 외모 상으로 볼 때는 미남형이며 장구한 시민의 대변자가 되리라 보겠지만, 필자는 임상적인 실정으로 일찍 아버지를 잃고 많은 유산을 정치에 없애고 난 후, 명예로운 목적을 달성할 수 있었을 것으로 보며, 코가 관골에 비하여 너무 적고 준두와 난대정위가 얇아 어려움이 많았으리라 하였다.

그러나 나는 이제 갈 길은 정치인이니 최선을 다하여 선전하되 양미간의 인당부위를 펴고 입의 구각을 웃는 입으로 고치는 버릇을 하며 마음을 밝게 가지면, 운명의 변화는 기대해 볼 만하니 희망을 잃지 말고 최선을 다하여 달라고 부탁한 적이 있다. 어떠한 경우도, 마음의 상이 최우선이니 불행을 행운으로 바꾸는 노력을 게을리 하지 않음이 최선의 길임을 강조 하는 바이다.

(21) 어느 날이었다.
갑자기 임상을 하겠다고 40세쯤 되는 분이 찾아왔다. 물론 수, 화, 목, 금, 토의 오행 명리법으로 금년도의 임상을 보아

달라는 것이다.

　나는 먼저 신체의 삼정이 고른가, 5장(五長), 5단(五短)의 선별이 정확한가를 살피고 얼굴을 보았다.

　선생님은 섭외하는 직업을 선택하여야 하고 크게는 무역업을 하면 좋겠으며 50세에 가면 대단한 재산가가 되겠습니다. 하였더니, 그는 현재의 처한 입장과 직업을 이야기하는데 94년부터 중국과 아프리카 등지에서 섬유계통을 취급하는 작은 회사의 상무라는 것이다. 그리하여 자주 외국을 왕래하는 직업이라고 하였다.

　나는 왜 섭외하는 일을 한다고 말했는가 하면 체형상으로 하체의 다리가 길어서 앉아있는 직업에는 적당하지 않기 때문이며 상체는 군주이므로 신하인 다리와 발이 지배를 안받으려하니 부모나 윗사람의 말을 안듣는 것이 결점이어서 회사 밖을 다니고 외국도 드나들 수 있는 소지가 많다는 뜻에서 섭외활동을 지적하였다.

　50세 전후를 이야기한 것은 관골과 준두가 잘 배합되었고 인당이 밝고 천이궁과 이마가 발달하였기 때문에 활동하는 무대를 정시하는 직관력이 좋기 때문이며 오장(五長)에 결함이 없고 손가락 끝이 우후죽순 같이 귀하게 생겼기 때문이라고 지적하였던 것이다.

　※ 먼저 관상을 본다 함은 얼굴의 삼정을 살펴야 한다.
　※ 삼정 - 상정, 중정, 하정

　(1) 상정
　상정에 속한 부분은 천중, 사공, 중정, 인당을 포함한 곳으

로 다섯 곳 부위는 눈의 상하와 눈썹의 좌·우를 연결하는 곳
으로 귀하고 천함을 주관하는 곳이다. 또 부모, 관록, 직장,
초년관계를 지배하는 곳이다.

(2) 중정

중정은 산근, 연상, 수상, 준두 등의 부위를 가리키는 곳으
로 좌·우 눈아래 관골, 또 귀앞을 연결하는 곳으로 주로 재
물관계, 처자관계, 형제관계 그리고 인생의 중년을 좌우하는
곳이다.

(3) 하정

하정은 인중, 수성(입), 승장, 지각의 네 곳 부위를 관장하
고, 좌·우로 입의 상하좌우의 법령 볼 턱과 연결된 곳으로
주로 관직의 유무와 재산관계, 아랫사람과의 관계와 인생의
말년운을 보는 것이다.

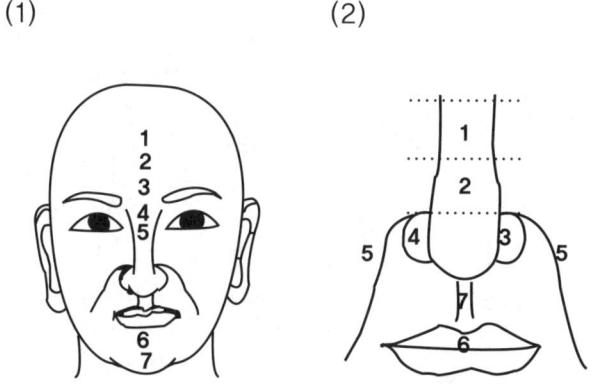

(1) 1. 천중 2. 사공 3. 중정 4. 인당 5. 산근 6. 승장 7. 지각
(2) 1. 연상 2. 수상 3. 난대 4. 정위 5. 법령 6. 수성 7. 인중

또, 13부위로 각각 다스리는 바가 있으니 앞에서 설명한 십이궁법에 속한 곳이다.

① 명궁은 인당
② 재백궁은 준두, 천창, 지고
③ 형제궁은 눈썹
④ 전택궁은 눈과 눈썹 사이
⑤ 질액궁은 산근과 연상, 수상
⑥ 처첩궁은 눈꼬리 간문(눈두덩)
⑦ 관록궁은 이마
⑧ 천이궁은 변지, 역마
⑨ 복덕궁은 천정 양옆
⑩ 부모궁은 일월각

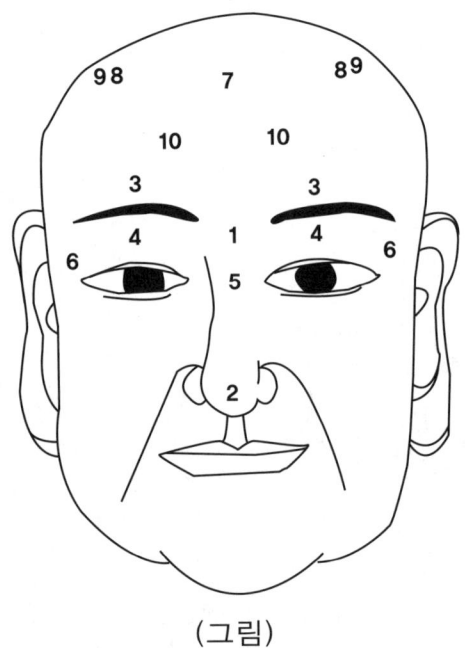

(그림)

이곳의 색상과 기를 보며 해당되는 부위가 하자 없이 반듯하고 자기위치를 지키고 있으며 기색이 밝은가 어두운가를 보고, 나이에 비례하여 주름이 적당히 밀리었는가 난잡한가를 보아, 부와 귀, 빈과 천을 먼저 선별함이 순서임을 다시 부언하는 바이다.

 (22) 필자는 치매증으로 잠깐 집을 나가신 어머니를 찾으러 개울건너 인적이 한산한 산 계곡에 이르러서 두세 번 살피니 새벽이라 적막한 곳에 얇은 철판으로 지은 움막 같은 집을 발견하였다.
 행여나 하는 마음으로 필자는 문을 두드려 보았다. 한참만에야 60세가 될까 말까 한 남자 한 분이 느릿하게 문을 열고 나오기에 선뜻 죄송합니다. 혹여나 늙은 할머니를 보신 적이 없습니까? 하고 물었더니 부드러운 말씨로 본적이 없다고 하였다.
 얼굴 어느 부위도 오관(눈, 코, 입, 귀, 눈썹)을 뜯어 보아서는 흠잡을 데가 없는 데 완전히 소외된 생활을 하는 것이 의아했다. 돌아서 생각하니 난잡한 주름이 궁상스러워 보였고 행동의 느린 모습으로 오늘의 그가 되었구나 깨달은 적이 있었다.
 이것을 보고 하루의 생활도 시간이 허용하면 손발을 자주 씻고 평화로운 심성으로 생활하는 버릇을 길러 운명을 크게 바꾸어야 한다고 본다.

 (23) 필자는 몇 년 전 단원 선생께 주역강의를 청강하던

중, 광주고를 졸업하고 연대를 졸업하여 교육계에 재직하다가 우연한 일로 사직을 하고 주역을 배운다는 분을 만났다.

머리는 송곳머리요, 관골은 빈약하고 코는 자빠진 쟁반에 바나나를 엎어놓은 듯하며 목뼈는 계란정도 나왔으며 손은 체구보다 작고, 어깨는 바람을 잡는 듯 휘젓고 걷는 걸음걸이였으며, 이마는 높으나 럭비공같이 위가 좁고 음성은 깨진 징 소리 비슷하면서도 딱딱하였다.

상대를 무시하고 앞뒤 순서 없이 상대의 말할 기회를 막으며 밉살스러운 장닭같이 행동함이 가관이었다. 나는 몇 개월 동안 곤혹스러웠는데 그 후 가까운 측근에게 들으니 지나온 생활이 거북하고 어설펐다고 한다. 가정도 몇 번 바꾸고 직장도 수번 바꾸었으며 현실은 처갓집의 농장이 있는 광명시 농막에 거주하고 있다고 한다.

관골이 없으면 권력이 없고 울대뼈가 크면 사십대에 망하고 음성이 깨지는 소리이면 늦게 불행·파산하며 머리가 뾰족하면 가정의 사랑을 못 받고 손이 작아 오장오단(五長五短)의 결함이면 운이 없어 녹녹 종신이라.

단, 이마가 높아 다소 부모덕은 있었으나 바닥을 내고 아는 것은 좀 있으니 주역을 배우는구나 생각하였다.

인간됨이 보잘 것 없어 모든 이가 상대를 피하니 주위가 쓸쓸해지는 것을 보았으며 저런 행실이라면 지나온 세월 속에 형액도 있었으리라고 나는 보았다.

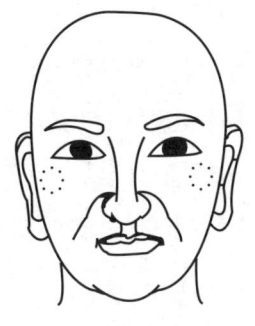

관 골

2. 학문과 임상에 응용

대개, 골은 귀함을 따라 생기고 살집은 재물을 따라 생기며 오행의 구분이 생기는 이치며 병은 배부르고 따뜻한데서 생기고 근심은 즐거움이 지극한 가운데 생긴다.

눈빛이란 동자의 신광을 말함인데, 밝고 맑음을 요하며 눈물기가 축축히 젖어 있으면 음욕이 많고, 동자가 갈색이든가 희든가 살이 있든가 하면 스스로 마음의 수양을 많이 하고 근신을 항시 하여야 될 것이고 눈은 상가운데 으뜸이니 기타 골법은 그 다음이라, 만일 눈에 신광이 비치지 않으면 하는 일을 자제하여야 할 것이다.

여자의 음성이 깨진 나팔소리와 같고 얼굴살이 옆으로 퍼져 뭉친 듯하면 과부의 운이며, 남편을 잃은 것은 두 광대뼈가 솟은 탓이요, 남편을 해치는 것은 이마가 평평치 못함이며, 남자의 음성을 내는 까닭이라

사람의 일신은 신기에 의해 주로 좌우되고 형모를 그 다음

으로 본다. 무릇 상을 보는 법은 정신과 기색을 가장 우선적으로 본다. 왜냐하면 정신은 쇠하고 왕하는 변화가 있고, 기색은 삶과 죽음의 변화가 있음이므로 자세히 살펴보면 길흉을 단정할 수 있고 생과 사를 결정할 수 있다.

우리네 생활은 조석으로 변하는 것이니 기색이 수시로 변하는 가운데, 청·흑·적색이 채기가 있으면서도 홀연히 밝고 윤택한 빛을 밝히면 근심 가운데 반드시 기쁜 일이 생기고, 만일 기색이 밝은 가운데 홀연히 어두우면 기쁨 가운데 흉액이 일어날 징조이다.

관골과 인당(명궁 ; 양 눈썹 사이)의 두부 위에 홍·황·자의 기색을 띠면 무슨 일이든 뜻대로 성취된다.

동물적으로나 고괴한 형 즉, 기이한 사람을 임상할 경우 하천상으로 취급하지는 말며 만일에 신기가 청수하고 행동거지가 특별하면 탁한 가운데 맑음이라 어찌 돌 속에 묻힌 옥이라 아니할 수 없다.

상법을 연마하는 사람으로 다시 자세히 살펴야만 하며 따라서 소리가 단전(배꼽아래)에서 울리면 음운이 심원하여 장수도 누리는 상으로 소인의 숨은 목구멍에서 나오고 대인의 숨은 배꼽에서 나오니 첨가해 보아야 정확할 지어다.

사람의 부귀와 빈천이 진실로 용모와 기색으로 인한 것이 길하나 선행를 쌓으면 실상이 따르고 악을 행하면 재앙이 닥치니 마음의 바탕을 또한 알지 않으면 안된다. 나타나는 모습으로 평생의 좋고 그름을 단정할 수는 없다.

열심히 공부하여 최고 학부를 나온 선비라도 얼굴의 기색이 밝지 못하고 어둡게 보이면 문장 실력이 제 아무리 좋아도 벼슬에 오르지 못하고 평생에 하늘을 뚫는 듯한 포부가 있어도 어찌 꾀꼬리가 높은 하늘을 날 수 있을까?

얼굴은 훤한데 눈썹이 수려하지 못하면 한낱 수재에 그친다. 남자가 여자의 상이면 수명이 짧고 여자가 남자의 상이면 음란하다.

금세부에 이르기를 8세, 18세, 28세는 위로는 발제(머리카락 나는 부분), 아래로는 산근에 이르는 곳이 중요하니 재물에 유무를 알고자 하면 이 부위를 살피고, 삼십운은 인당이니 이곳의 결함이 없어야 하며 32세, 42세, 52세는 산근위에서 준두까지의 모양으로 좌우된다.

53세, 63세, 73세는 인중에서부터 지각의 사이를 살펴야 할 때이니 대운의 위치를 보고 세운과 겸하여 다른 보조부위와 합쳐서 정평을 하여야 함이다.

여인의 상으로 남편을 왕성하게 할 상은 등이 두텁고 어깨가 둥글지만 남편을 극하게 할 여인은 관골이 높고 코가 작은 자이다. 부위가 일그러지고 아름답지 못하면 부모와 남편 자식의 복은 생각지도 말라 하였다.

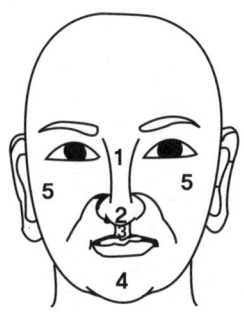

1. 산근　2. 준두　3. 인중　4. 지각　5. 관골

오늘날에 관상가들이 수권의 책을 편찬하였으나 대부분 중국고서에 수록된 내용이며 다변적인 해설로만 기록되어 난해하고 복잡하여서 간추려 집약한 바이며 또한 실질적인 임상체험을 실어 생활 속에 응용하고 도사님들의 임상과정에 참고가 되도록 노력하여 집필하였다.

〈명언〉

① 오래도록 집중하면 흐리멍덩하다 어느날 깨달음을 얻을 것이다.
② 욕심과 흥분은 상대편의 의도를 읽을 수 없을 뿐더러 자신의 스타일 마저 잊어버린다.
③ 어떤 위기에 처해도 마음을 차분히 순리를 찾으라. 그리고 객관적인 시선으로 사태를 수습하라.

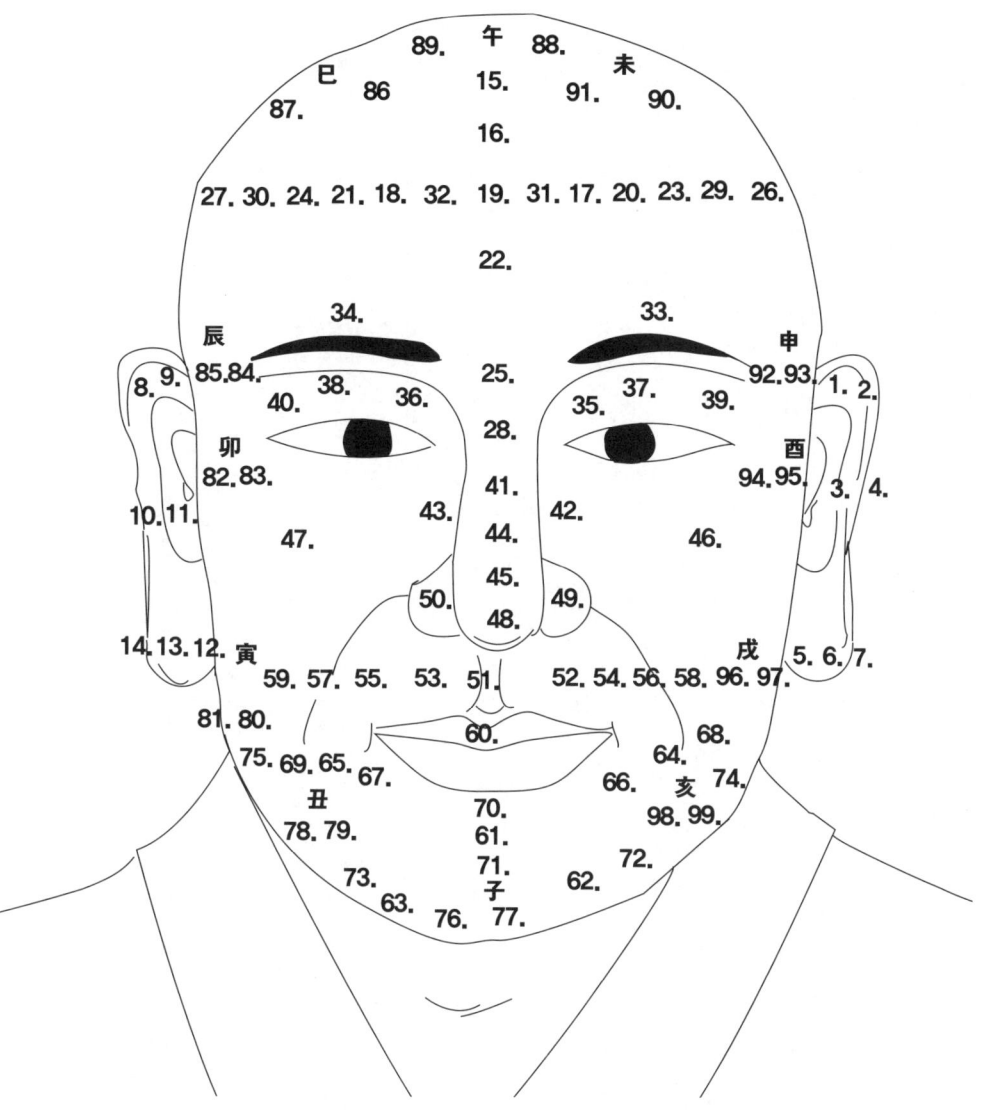

1,2,3. 천윤　4. 천성　5,6,7. 천곽　8,9,10. 천윤　11. 인윤　12,13,14. 지윤　15. 화성
16. 천중　17. 일각　18. 월각　19. 천정　20. 보골　21. 보각　22. 사공　23,24. 변성
25. 중정　26. 구릉　27. 총묘　28. 인당　29,30. 산림　31. 능윤　32. 자기
33. 번하　34. 체하　35. 태양　36. 태음　37. 중앙　38. 중음　39. 소양　40. 소음
41. 산근　42. 정사　43. 광전　44. 년상　45. 수상　46,47. 관골　48. 준두　49. 난대
50. 정위　51. 인중　52,53. 선고　54. 식창　55. 로창　56,57. 법령　58,59. 호이
60. 수성　61. 승장　62,63. 지고　64. 파지　65. 아압　66,67. 금루　68,69. 귀태
70. 송당　71. 지각　72,73. 노복　74,75. 시골　76,77. 子　78,79. 丑　80,81. 寅
82,83. 卯　84,85. 辰　86,87. 巳　88,89. 午　90,91. 未　92,93. 申　94,95. 酉
96,97. 戌　98,99. 亥

[유년 부위도]

[두 골 상]

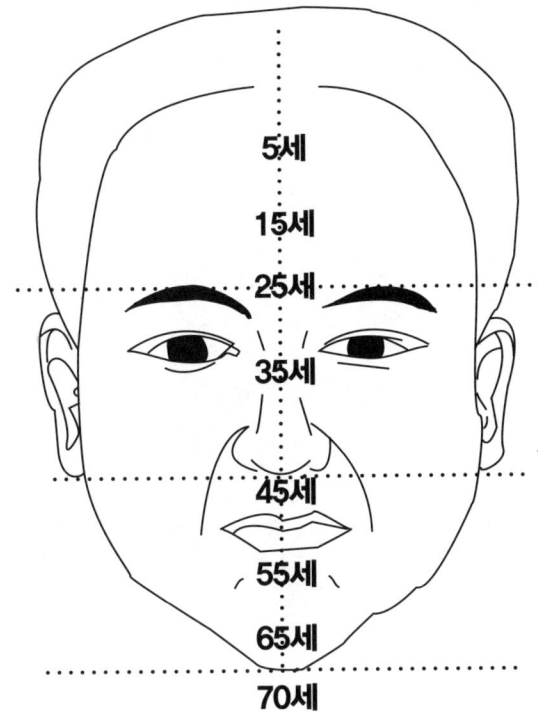

[십 이 궁]

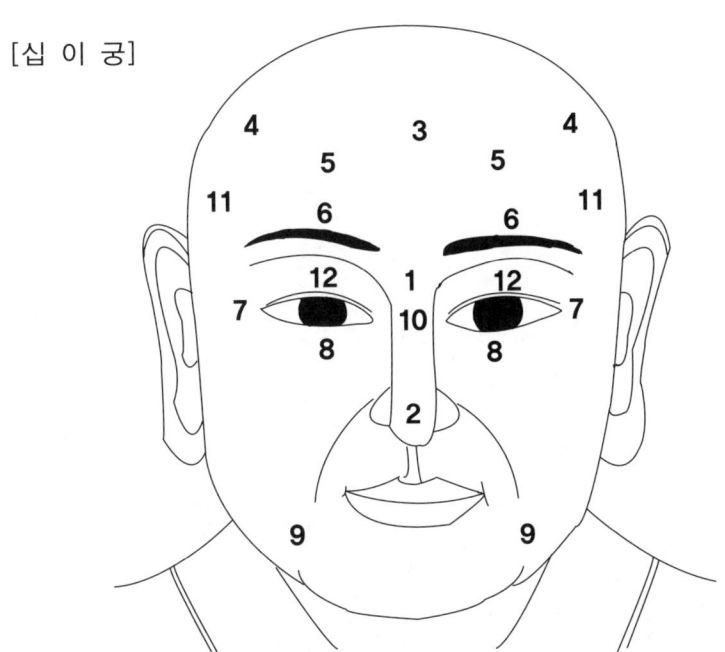

① 인당궁 ② 재백궁 ③ 관록궁 ④ 복덕궁 ⑤ 부모궁 ⑥ 형제궁
⑦ 처첩궁 ⑧ 남녀궁 ⑨ 노복궁 ⑩ 질액궁 ⑪ 천이궁 ⑫ 전택궁

```
┌─────────────────────────────────────┐
│       저자 박현수 개인지도           │
│         음양 오행                    │
│      사주, 작명, 궁합, 주역          │
│    연락처 : 011-9760-8825            │
│            031-558-3525              │
│            02 -966-1691              │
└─────────────────────────────────────┘
```

觀相과 人生論

인쇄일	2011년 1월 1일
발행일	2011년 1월 1일
지은이	박현수 길갑순
발행인	김화인
펴낸곳	도서출판 조은
편집인	김진순
주소	서울시 중구 인현동1가 19-2 대성빌딩 303호
전화	(02)2273-2408
팩스	(02)2272-1391
출판등록	1995년 7월 5일 등록번호 제2-1999호
저자연락처	011-9760-8825
ISBN	978-89-94329-10-9
정가	30,000원

※ 저자와의 협약하에 인지를 생략합니다.
※ 이 책의 내용은 신저작권법에 의하여 국제적으로 보호받고 있습니다.
  전재 및 복재, 인용시에는 저자의 허락을 받고 사용하시기 바랍니다.
※ 파본된 책을 구입처나 출판사에서 교환해 드립니다.